HISTOIRE
DES CAMPAGNES
DE 1814 ET DE 1815.

AVIS DE L'ÉDITEUR. *Les deux parties de l'Histoire des Campagnes de 1814 et de 1815, forment un seul et même ouvrage, quoiqu'elles se vendent séparément; mais nous prévenons le public que la* SECONDE PARTIE (*l'Histoire de 1815*) *ne se rattache qu'à la seconde édition de l'Histoire de la Campagne de 1814, qui est en vingt-un livres; la première édition ayant un livre de moins, n'a pas la même connexion avec le récit des événemens de 1815.*

OUVRAGES DU MÊME AUTEUR,
Qui paroîtront successivement en 1817 et en 1818.

Histoire générale de la Guerre d'Espagne depuis 1807 jusqu'en 1814; précédée d'un discours préliminaire sur la monarchie espagnole, depuis son origine jusqu'en 1807. Quatre vol. in-8° de 500 pages chacun, avec une carte du théâtre de la guerre.

Histoire complète de la Guerre de la Vendée, depuis son origine jusqu'en 1815. Quatre vol. in-8° de 500 pages chacun, avec cartes et portraits.

Cette quatrième édition, retardée par la communication successive de nombreux documens et de mémoires particuliers, sera la dernière; elle comprendra l'histoire détaillée des royalistes de l'Ouest, depuis 1790 jusqu'à la seconde paix de Paris au 20 novembre 1815.

N. B. Les personnes qui souscriront *par soumission* pour les deux ouvrages, obtiendront la réduction d'un quart sur le prix de la vente. S'adresser, franc de port, à M. le Normant, rue de Seine, n° 8, F. S. G.

OUVRAGES NOUVEAUX
Qui se trouvent chez le même Libraire.

Dictionnaire Grec-Français, composé sur le plan de l'ouvrage intitulé : *Thesaurus Linguæ-Græcæ*, de Henri Etienne; par J. Planche. Nouv. édit. Un très-fort vol. in-8° Prix : 17 fr. 50 c.

L'Angleterre et les Anglais, ou Petit Tableau d'une Grande Famille; copié et retouché par deux Témoins oculaires. Trois vol. in-8°. Prix : 15 fr.

Leçons Anglaises de Littérature et de Morale, faisant suite aux Leçons Françaises et aux Leçons Latines; par MM. Noël et Chapsal. Un vol. in-8°. Prix : 6 fr.

Itinéraire de Buonaparte de l'île d'Elbe à l'île Sainte-Hélène, ou Mémoires pour servir à l'Histoire de la seconde usurpation; par l'Auteur de la Régence à Blois, et de l'Itinéraire de Buonaparte en 1814. Deux vol. in-8°. Prix : 12 fr.

HISTOIRE DES CAMPAGNES
DE 1814 ET DE 1815,

OU

Histoire Politique et Militaire des deux Invasions de la France, de l'entreprise de Buonaparte au mois de Mars, de la chute totale de sa puissance, et de la double restauration du Trône, jusqu'à la seconde Paix de Paris, inclusivement.

SECONDE PARTIE,

Comprenant le récit de tous les événemens survenus en France en 1815.

RÉDIGÉE SUR DES MATÉRIAUX AUTHENTIQUES
OU INÉDITS,

PAR M. ALPHONSE DE BEAUCHAMP,

CHEVALIER DE L'ORDRE ROYAL DE LA LÉGION-D'HONNEUR.

TOME PREMIER.

PARIS.
LE NORMANT, IMPRIMEUR-LIBRAIRE.
1817.

IMPRIMERIE DE LE NORMANT, RUE DE SEINE, N° 8.

PRÉFACE.

« Quand la formidable puissance de Buonaparte succomba, le 31 mars, sous les efforts de l'Europe, tout le monde sentit, que les desseins du Ciel n'étoient pas accomplis, et qu'il y manquoit de grands résultats aux yeux de la morale et de l'histoire. L'observateur philosophe s'étonna de voir les arrêts de la suprême sagesse en contradiction avec sa justice. L'action de la Providence sembloit suspendue, et on pressentoit avec effroi qu'aucune puissance humaine n'étoit capable d'y suppléer. Le parti de Buonaparte résolut de se détruire de ses propres mains : il lui étoit réservé de faire contre lui-même ce que l'Europe n'avoit pas voulu faire, ou ce qu'elle n'avoit pas entrepris. »

« Qu'arriva-t-il ? Un esprit de vertige descendit tout à coup sur une petite île de la

PRÉFACE.

Méditerranée, et de là il s'étendit, avec une rapidité incroyable, à tous ceux que la justice éternelle avoit marqués pour ses châtimens. Elle-même les choisit dans tous les rangs, dans tous les états, sous tous les déguisemens, pour les conduire comme par la main, et d'une manière miraculeuse, au triomphe apparent d'une entreprise insensée. Les traîtres se dénoncèrent eux-mêmes ; les pervers se nommèrent, et chacun d'eux porta dans ses paroles le jugement de sa propre condamnation. »

« Qu'on interroge les faits, qu'on admire l'intelligence cachée qui préside à l'ordre social comme à l'ordre naturel du monde. Le roi n'avoit rien tenté contre Buonaparte ni contre ses adhérens ; personne n'avoit troublé leur repos, menacé leur liberté, compromis leur existence ; et cependant, au bout de trois mois (où le pouvoir étoit resté dans leurs mains) on les a vus dispersés, fugitifs, prisonniers ou morts, ou près de tomber dans l'abîme qu'ils s'étoient creusé en commun.

« On n'accorde pas, en général, une atten-

PRÉFACE.

tion assez sérieuse aux importantes leçons qui résultent de ces événemens, et l'on compromet souvent, par des aperçus trop frivoles, la solennité de l'histoire. Quel homme a vu de près les faits mémorables dont nous venons d'être témoins, sans reconnoître au fond du cœur que rien au monde ne peut s'opposer à l'exécution entière de la justice du Ciel, et que les grands coupables eux-mêmes en deviennent, quand il le faut, les instrumens involontaires! »

Ces réflexions, dont je ne suis que l'interprète (1), respirent une si pieuse moralité, et se rattachent à mon sujet d'une manière si intime, qu'elles m'ont paru propres à en donner une idée nette à mes lecteurs.

On y voit que les événemens de la campagne de 1815 découlent des événemens de la campagne précédente; que l'une est la conséquence de l'autre. En effet, les passions s'étant réveillées tout à coup avec un redoublement

---

(1) Elles sont tirées d'un article publié au mois d'août 1815, sans désignation d'auteur.

de frénésie, et l'Europe en armes ayant marché de nouveau vers nous, il me restoit à raconter des faits d'un intérêt plus vif, et à livrer à l'attention du public la fin du drame dont je ne lui avois retracé que les premières scènes.

Cette fois, il n'y eut aucune incertitude, il est vrai, dans les intentions et dans le but; mais les vœux de la partie saine de la nation ne furent accomplis qu'après les plus violentes convulsions et une catastrophe terrible.

On l'a dit : les temps les plus malheureux pour les peuples sont les plus riches en tableaux pour l'histoire, et les plus féconds en leçons utiles pour les dépositaires de l'autorité.

Les hommes, dit Salluste, ne conservent guère que les dernières impressions. *In omnibus postrema meminere.* Tel est le motif qui rend l'histoire contemporaine plus vive et plus attachante que celle dont les événemens sont déjà loin de nous.

Voulons-nous porter nos regards sur la plus terrible de nos catastrophes, celle du

PRÉFACE.

20 mars se présente; Fille de la Félonie, et nourrie de vertige, elle ne pouvoit avoir que des résultats funestes. S'il en est résulté la triste épreuve de l'instabilité de toute domination usurpée, on y voit aussi la condamnation d'une nation tout entière à de longs et nombreux sacrifices pour racheter les crimes de quelques factieux.

« Dans le sein de la capitale régnoit la paix
» et l'abondance, ces biens que l'homme pré-
» fère à tout; et cependant il se trouva des
» citoyens qui s'obstinèrent à se perdre eux
» et l'Etat (1). »

Ces hommes s'étoient flattés pourtant que leurs attentats resteroient ensevelis avec leurs victimes, et qu'ils échapperoient à ce redoutable témoin du temps, qui n'offre de consolations aux malheureux et d'appui à la morale que lorsqu'il s'érige en justice contemporaine.

Si les rois d'Egypte étoient épouvantés d'a-

---

(1) *Cum... domi otium atque divitiæ quæ prima mortales putant, affluerent, fuere tamen cives, qui seque, remque publicam obstinatis animis perditum irent....* (SALLUST. *in Bello Catil.*).

vance des jugemens de l'histoire, quoiqu'ils ne pussent les entendre (ils n'étoient prononcés qu'après leur mort), combien le guerrier, traître et parjure, le magistrat prévaricateur, le ministre d'Etat perfide, ne devroient-ils pas en être effrayés quand surtout elle les saisit de leur vivant, et brise leur masque! Une si utile appréhension n'est-elle pas un frein plus redoutable que ces lois muettes qu'éludent les hommes puissans, ou qu'ils font pencher à leur gré?

Ce n'est qu'à la suite des grands bouleversemens politiques que l'histoire semble reprendre tous ses droits, quand les nations lésées exercent la justice des siècles; c'est alors qu'après tant de secousses, qui jetent les esprits dans l'incertitude, dans le doute de l'avenir, dans le désespoir d'une rechute; c'est alors qu'elle vient, armée de son flambeau, pour tout éclairer, pour redresser l'opinion publique, rectifier les erreurs, ramener les peuples au devoir, à la morale et à la religion, seuls refuges qui les mettent à l'abri des tempêtes.

Tel est le but que je me suis proposé en écrivant l'Histoire du 20 Mars et de la Campagne de 1815 : je n'ai pas cherché à raconter des faits pour apprendre des faits ; j'ai cherché à exciter au fond des cœurs une forte indignation contre le parjure, la trahison, le mensonge, la tyrannie ; car cette salutaire indignation reste quand la mémoire des faits ne subsiste plus. « Frappés de se reconnoître dans ces » tableaux, quelques-uns croiront qu'on leur » reproche à eux-mêmes des crimes commis » par d'autres (1). »

Dans ce travail si pénible et si épineux, je n'ai été soutenu que par ma constance et par la grandeur même du sujet ; rien n'a pu m'en détourner. J'y ai apporté, j'ose le dire, toute l'attention, toute la maturité dont je suis capable ; je me suis hâté lentement, quoique j'eusse pu me presser, et réussir. J'ai sacrifié mon repos et jusqu'à mes intérêts personnels aux intérêts de la vérité, au triomphe de la cause légitime.

---

(1) *Reperis qui ob similitudinem morum aliena malefacta sibi objectari putent.* (Ann. Tacit. lib. 4.)

PRÉFACE.

Mais ni la pureté de mes intentions, ni ma persévérance dans le travail, ni la modération de mes jugemens ne me mettront à l'abri de l'animosité des factions, des préventions de l'esprit de parti, et du déchaînement de la malveillance. Bannir, proscrire l'histoire contemporaine (on redoute son inflexibilité), telle fut constamment l'intention de ces hommes coupables qui ont souillé nos révolutions par leurs crimes, ou qui les ont déshonorées par leur bassesse. Les nombreux antagonistes de ce genre d'écrire m'accuseront de réveiller des haines, tandis que je me suis particulièrement attaché à célébrer des actions généreuses; ils me reprocheront de troubler la paix des familles, et d'irriter les passions, tandis que je retrace des souvenirs utiles pour diriger la prudence, que je ne rappelle des malheurs et des torts anciens que pour éviter d'autres torts et d'autres malheurs.

Tous ces faits, d'ailleurs, ne sont-ils pas publics? En vain voudrions-nous oublier les cent jours. Les calamités qui en sont la suite,

PRÉFACE.

les monumens de notre législation, les débats de nos assemblées, nos dépôts littéraires, et cette foule d'écrits publiés depuis deux ans, en ont dévoilé tous les détails. La subversion du 20 mars appartient donc tout entière à l'histoire.

Mais en explorer les circonstances secrètes, en coordonner tous les faits, les réunir en un faisceau de lumières, former de tant de matériaux épars un corps d'ouvrage régulier, prouver que la nation n'a pas été complice de ceux qui ont vendu ses libertés pour des emplois lucratifs, vouer à l'exécration les perturbateurs du genre humain, présenter dans tout son lustre cette foule d'actions généreuses qui ont racheté l'opprobre de ces déplorables jours, me déclarer avec l'élite de la nation du parti du roi uni à sa famille, et du parti de la liberté légale uni à la légitimité héréditaire ; voilà des griefs qui rappelleront sur ma tête les clameurs des méchans, et peut-être leurs persécutions.

Je leur opposerai le calme de ma conscience, et les principes mêmes qui m'ont guidé. Mais tel est l'égarement de l'esprit de parti, ou plutôt telle est l'injustice des hommes que leur intérêt personnel fait pour eux toute la différence du bien et du mal. Quant à moi, fidèle aux devoirs d'un historien, je n'ai jugé les hommes que sur leurs actes. Je n'ai mis dans la bouche des personnages que l'exposition pure et simple de leur doctrine. Si, comme historien, je ne flatte ni ne pardonne, j'ai su au moins juger sans prévention comme sans colère. J'ai flétri le crime partout où je l'ai rencontré. Si j'ai montré des coupables, je ne les ai ni cherchés, ni accumulés. Je n'ai même signalé, comme tels, qu'une partie de ceux qui se trouvent nominativement dans les exceptions du bienfait de la loi (1), ou qui se sont dénoncés eux-mêmes par des actions publiques, si notoires, qu'elles sont consignées dans des écrits déjà répandus. J'ai fait plus : j'ai attendu, pour mettre au

---

(1) L'ordonnance du 24 juillet.

PRÉFACE.

jour cette histoire que les procédures instruites sur la révolte du 20 mars fussent toutes terminées; car ce n'est pas devant les tribunaux que l'histoire accuse; elle ne défère ses jugemens qu'à l'opinion publique, qui prononce en dernier ressort. Enfin, j'aurois pu, sans blesser la vérité, introduire avec ignominie, dans mon sujet, des hommes qui, en haine de mes travaux, se sont déclarés mes ennemis personnels; mais l'historien, comme l'homme public, doit être exempt d'inimitiés.

Occupé de bonne foi à la recherche de la vérité et à l'étude de l'histoire, je poursuivrai ma carrière sans être rebuté par les dégoûts, ni découragé par l'abandon, ni intimidé par les méchans. C'est dans le calme de la retraite, et loin du foyer des intrigues, que je puis braver l'envie sans l'irriter, et attaquer les factions sans les craindre.

Quant à ceux qui frémiront de recevoir l'épithète de rebelles, je leur opposerai une autorité irrécusable à leurs yeux, celle du célèbre Franklin : choqué de ce qu'une dame française qualifioit de révoltés les insurgens des Etats-Unis, il lui écrivit en ces termes : « Vous vous empressez trop de me donner » l'impertinente épithète de *rebelle*; vous » auriez dû attendre au moins l'événement; » c'est lui qui nous apprendra si c'est une » *rébellion* ou une *révolution*. » Ainsi, selon les principes mêmes des révolutionnaires, l'issue du 20 mars range dans la classe des rebelles les instigateurs et les complices de ce funeste complot.

Réduits à de vaines clameurs, réduits à défendre une mauvaise cause et un mauvais parti par des sophismes, par des moyens détournés, les adversaires de l'histoire contemporaine renouvelleront peut-être les mêmes clameurs et les mêmes accusations dont ils ont voulu m'accabler lors de la publication de la Campagne de 1814. C'est parce qu'ils reproduisent aujourd'hui les mêmes doctrines, répandent les mêmes poisons, qu'ils me reprocheront peut-être avec animosité de m'ériger en historien de nos désastres, et de blesser la nation par des tableaux humilians; car ils ont horreur de la vérité, sous prétexte de *patriotisme*. Je leur opposerai d'abord les sentimens du judicieux Polybe. « Un historien, dit-il, n'est » pas le panégyriste d'une nation ; c'est le juge » des actions et des faits (1). » Je leur demanderai ensuite en quoi la nation pourroit être humiliée d'avoir succombé sous les efforts de l'Europe en armes ?

Quoi ! parce que tout un peuple a montré plus de bravoure que de sagesse, parce qu'il a été livré à des furieux qui l'ont abusé et sacrifié, il sera interdit aux historiens de lui présenter le tableau de ses erreurs, de ses fautes, de ses égaremens ! Pourquoi ces vains ménagemens, ces lâches réticences ? Seroit-ce pour favoriser les vues cachées d'une faction détestable qui n'a jamais flatté la nation que pour la perdre, à qui sans doute il faudroit

---

(1) Fabius Pictor, sénateur romain, avoit écrit une histoire de la seconde guerre Punique; Polybe dit qu'il ne l'a pas consultée, « parce qu'un amour aveugle de la patrie l'a souvent écarté du vrai. »

laisser le champ libre, et la facilité de renouer de nouvelles trames dans une obscurité suspecte où nul n'oseroit porter la lumière. Il ne s'agit pas ici d'humilier la nation, mais de l'éclairer, et de la justifier, non par des écrits perfides pleins de poison et de venin, mais par des exemples et par des faits rapportés avec candeur et bonne foi. Il faut enfin lui dire avec courage, que ce n'est pas la valeur dans les combats qui lui a manqué (elle n'en a que trop déployé au profit des ambitieux), mais la maturité dans les conseils et la sagesse dans les déterminations; il faut lui dire qu'elle a cédé avec trop de complaisance à l'impulsion des factieux, et aux attraits d'une liberté fallacieuse.

Ainsi, loin de troubler ni d'agiter la nation, ce tableau véridique de ses désastres ne peut que l'éclairer sur ses plus chers intérêts, la prémunir contre de perfides amorces, et la ramener aux devoirs de la morale publique. C'est dans ces dispositions seulement qu'elle pourra supporter ses infortunes avec une fer-

PRÉFACE.

meté honorable, et rentrer franchement dans le système social.

Il me reste à faire connoître maintenant les sources où j'ai puisé, et le plan que j'ai suivi. Tous mes matériaux ont été tirés de sources authentiques et de communications particulières, propres à inspirer la confiance. Plus de trente mémoires manuscrits m'ont été communiqués sur les événemens de 1815. J'y ai eu recours avec discernement, et j'y ai trouvé des détails d'autant plus précieux, qu'aucun document public n'auroit pu y suppléer. J'ai souvent interrogé, dans des conversations confidentielles, des personnages influens qui avoient été auteurs ou témoins des faits principaux que j'avois à raconter. Quant aux sources publiques, je n'en ai négligé aucune : journaux français et étrangers, recueils, relations, discours, opinions, brochures, rien n'a échappé à mon attention et à mes recherches; j'ai tout consulté, et tout comparé. J'ai tout soumis à la critique lente d'un travail assidu. On trouvera, à la suite de cette préface, la liste des principaux écrits imprimés que j'ai lus d'un bout à l'autre. Ici je n'avois pas à craindre l'incertitude ni le dépérissement des preuves. Comment, en effet, élever le moindre doute sur des événemens attestés par les registres publics, par le consentement des auteurs contemporains vivant dans une capitale, éclairés les uns par les autres, et écrivant sous les yeux des principaux de la nation ?

Le plan que j'ai suivi a été subordonné à l'enchaînement des faits et à l'abondance de la matière. Je crus d'abord que je pourrois resserrer mon sujet en un volume, et terminer la rédaction en moins d'une année. Tels furent les motifs qui firent annoncer prématurément cet ouvrage.

Mon attente fut trompée, et devoit l'être. A peine eus-je rassemblé et coordonné mes nombreux matériaux, que je me convainquis de l'impossibilité de renfermer le récit de tant de faits et de tant d'événemens en un seul volume. Jamais je n'aurois consenti à tronquer ou à mutiler le sujet le plus éminemment historique qu'on puisse offrir à la méditation des contem-

PRÉFACE.

porains. Mon ambition consistoit, au contraire, à le traiter dans toute sa latitude, à mettre autant de discernement dans l'emploi de mes matériaux que de maturité dans ma rédaction. Il m'importoit aussi de ne point écrire trop près des événemens. De là une sage lenteur dont le public me saura gré peut-être. Quant à l'extension qu'a reçue cet ouvrage, il me sera facile de la justifier. Le récit de la Campagne de 1815 embrasse tous les événemens militaires et politiques de cette mémorable époque; c'est en quelque sorte l'histoire de la France et de l'Europe pendant la crise la plus étonnante qui ait bouleversé les sociétés civilisées. En donnant à ces récits moins de développemens qu'à ceux de l'Histoire de 1814, publiée en deux volumes, et dont le succès a été incontestable, j'aurois rompu et altéré les rapports intimes qui existent entre les deux ouvrages. La seconde partie (celle que je publie maintenant) se rattache évidemment à la Campagne de 1814, dont elle est la suite indispensable. De même que l'Histoire de la Campagne de 1814, celle de 1815 entre dans tous les détails des événemens qu'elle est appelée à retracer : or, l'une et l'autre demandoient à être traitées dans les mêmes proportions et avec les mêmes formes de style. Les deux ouvrages réunis, formant quatre volumes, offrent le tableau le plus varié et le plus complet du renversement de la puissance révolutionnaire de Napoléon et du rétablissement de la monarchie légitime.

Une revue sommaire des faits principaux contenus dans cette seconde partie en fera connoître l'étendue et l'importance.

Elle a pour introduction un aperçu de l'état politique de la France, et de l'administration royale, après la première restauration. Delà je passe à la conspiration du 20 mars, dont j'explore toute la partie invisible. Arrivé aux événemens publics, je suis la marche de Napoléon, depuis Cannes jusqu'à Paris ; je peins la défection de l'armée, la retraite du roi et de la famille royale, la stupeur de la France, le triomphe des factieux, et la resistance du Midi. La narration complète de la campagne de Mgr le duc d'Angoulême, liée à tous les événemens du Midi, termine le premier tome.

Le tableau des *cent jours* et du mouvement révolutionnaire auquel la France étoit en proie commence le second. Viennent ensuite les mesures énergiques du congrès, la négociation et les traités qui cimentèrent la confédération européenne, les débats solennels du Parlement britannique, sur la question de la paix ou de la guerre, les préparatifs de l'Europe contre Napoléon, ceux de Napoléon contre l'Europe, e le tableau du *Champ-de-Mai*. L'ordre chronologique des événemens amène ensuite l'insurrection de la Vendée, et la catastrophe de Murat. Ici la campagne s'ouvre; toute l'Europe est dans l'arène. La bataille de Ligny fait triompher Napoléon, et la bataille de Waterloo le précipite dans l'abîme. Suit presqu'immédiatement la seconde abdication, la résistance de l'armée et des chambres, la capitulation de Paris, et l'invasion de la France par onze cent mille étrangers.

Enfin la délivrance de la capitale, la rentrée du Roi, le soulèvement du Midi en faveur des Bourbons, les convulsions et l'accablement de l'intérieur, la soumission entière de la France et de l'armée, la convocation de la chambre de 1815, le traité du 20 novembre, et le départ des étrangers, terminent cet immense tableau.

A ce sommaire général qu'on ajoute tout ce qui peut donner une juste idée des projets et de la marche des factions, qui maîtrisoient la France; les traits les plus saillans propres à faire connoître le caractère des principaux personnages qui ont figuré sur cette grande scène politique, et on aura une idée juste de l'Histoire de la Campagne de 1815.

Elle offrira sans contredit à toutes les classes de lecteurs, un plus grand attrait que le récit de la Campagne de 1814, ouvrage où les détails militaires devoient l'emporter sur les événemens politiques. Ici, c'est tout le contraire. Toutefois la campagne de Waterloo (dont la durée n'a été que de cinq jours) a été traitée à fond avec toutes ses circonstances; et je je n'ai oublié ni négligé aucune des opérations accessoires ou épisodiques. C'est surtout après Waterloo que l'intérêt redouble; et j'ose le dire, je n'ai été précédé par aucune ébauche

PRÉFACE.

dans cette curieuse et dernière partie de mon livre: c'est jusqu'à la paix du 20 novembre inclusivement un grand morceau d'histoire entièrement neuf; c'est la fin du drame, sans réticence comme sans lacunes.

Au total, je puis présenter sans trop de présomption, l'Histoire de la Campagne de 1815, comme une création dans la littérature historique (1), et sous ce rapport j'ose me flatter que le Public ne me trouvera pas au-dessous de mon sujet.

Cette seconde partie éprouvera-t-elle le sort de l'Histoire de la Campagne de 1814? Mon repos en seroit troublé un instant, mais ma vanité en seroit satisfaite. En effet, aux clameurs, aux préventions injustes, aux poursuites de la colère, succéda l'estime publique. Telle a été la destinée de l'Histoire de la Campagne de 1814 qui est à sa seconde édition. Elle a pu même défier les *cent jours*. Maîtres alors de l'opinion, et en quelque sorte du

---

(1) De même que l'Histoire de la Guerre de la Vendée, l'Histoire du Brésil, l'Histoire de la Campagne de 1814, et la Catastrophe de Murat.

champ de bataille, mes adversaires pouvoient m'accabler de tout le poids de leur contradiction; et cependant aucune réfutation vraiment historique ne me fut opposée: ils furent réduits à leurs misérables chicanes sur l'altération involontaire de quelques circonstances de détail, et à de méprisables libelles aujourd'hui oubliés; tandis que mon ouvrage reste.

Puisse cette seconde partie, plus importante encore, triompher avec le même avantage des mêmes ennemis! Sa destinée, ils le savent, se trouve liée à une cause auguste; aussi, se borneront-ils peut-être cette fois à des attaques détournées; peut-être aussi dans l'impuissance de décrier un tel ouvrage, s'efforceront-ils de l'étouffer......

Sûr des principes que j'ai établis, fort de la pureté des sentimens qui m'ont inspiré, soutenu par le courage même que j'ai apporté à ne rien déguiser, je saurai défendre un travail qui se recommande par sa gravité et par son importance, et que je soumets avec confiance au jugement de l'élite de la nation, et à celui de tous les hommes impartiaux.

PRÉFACE.

Ceux-ci au moins avoueront qu'il sort de la plume d'un écrivain loyal, ennemi de l'intrigue et de la duplicité, qui forme le vœu sincère de l'affranchissement total de la patrie par les voies légitimes, qui provoque l'union de tous les Français avec leur roi, et l'union de la liberté avec la royauté, et qui ne cesse d'invoquer la Charte constitutionnelle, seul bien qui puisse adoucir et réparer nos maux, et nous les faire oublier!

Ouvrages que l'Auteur a consultés pour écrire l'Histoire de la Campagne de 1815.

RECUEIL de Pièces officielles; par Schœll.
L'Ambigu, ou Variétés littéraires et politiques; par Peltier; (année 1815.)
Correspondance politique et administrative; par M. Fiévée.
Histoire de la Session de 1815; par M. Fiévée.
Mélange de Politique; par M. de Chateaubriand.
Portefeuille de Buonaparte.
Trois Mois de Napoléon; par M. Breton de la Martinière.
Relation des Evénemens qui se sont passés en France depuis le 1er mars jusqu'au 20 novembre; par Miss Williams.
Histoire des Guerres de la Restauration en 1814 et en 1815; par le général Sarrazin.
Les Cinq Mois de l'Histoire de France; par Régnault de Warin.
Histoire des Quinze Semaines.
Le Second Retour des Bourbons; par Nettman.
Quelques Considérations politiques; par Billecoq.
Cent dix Jours du Règne de Louis XVIII; par Durdent.
Histoire du Cabinet des Tuileries.
Itinéraire de Buonaparte de l'Ile d'Elbe à Sainte-Hélène.
Mémoire du maréchal Soult.
Mémoire pour le maréchal Masséna.
Mémoire concernant l'arrestation du maréchal-de-camp Ameilh.

PRÉFACE.

Histoire du Procès du Maréchal Ney.
Exposé de la Conduite politique de Carnot.
Catastrophe de Murat.
Histoire des deux Chambres de Buonaparte.
Défense de la Nation française; par Emmanuel d Harcourt.
Procès de Labedoyère.
Procès du général Drouot.
Procès de Lavalette.
Considérations sur une Année de l'Histoire de France.
Les Crimes de Buonaparte et de ses adhérens.
Conduite de l'armée en 1815.
Conspiration de Buonaparte contre Louis XVIII.
Précis historique sur la Maison du Roi en 1814 et 1815.
Apologie de Louis XVIII; par Malte-Brun.
De l'Influence de la Révolution française sur les mœurs.
Du Ministère; par Léopold de Massacré.
Des Révolutionnaires et du Ministère actuel; par M. de Saint-Victor.
Nuit de l'Abdication.
Mémoire historique sur Fouché de Nantes.
Lettre de Fouché au duc de Wellington.
Lettres sur l'Interrègne des Bourbons; par Barruel-Beauvert.
Relation de la Bataille de Mont-Saint-Jean.
Relation anglaise de la Bataille de Waterloo.
Examen critique de la relation de la Bataille de Waterloo.
Précis de Journées des 15, 16, 17 et 18 juin.
Relation circonstanciée de la dernière Campagne de Buonaparte; par un témoin oculaire. 4e édition.
Mémoire concernant les Troubles du Midi, et particulièrement du département du Gard.
Relation des Événemens qui ont eu lieu à Marseille.
La Duchesse d'Angoulême à Bordeaux.
Tableau historique des Événemens qui se sont passés à Lyon depuis le retour de Buonaparte.
Récit des Opérations de l'Armée royale du Midi; par Elisée Suleau.
Tarascon au Roi.
Opération de l'Armée royale, et Règne de la Fédération dans le Midi.
Campagne de Lyon en 1814 et en 1815.
Notes sur le Département de la Lozère en 1814 et en 1815.
Causes véritables des Troubles arrivés à Nismes.
Bordeaux au mois de mars 1815.
Mémoire relatif à l'Armée royale du Maine.
Relation des Événemens qui ont eu lieu dans la Vendée, depuis le 27 mai jusqu'au 10 juin 1815; par le comte Gabriel Duchaffault.
Relation de ce qui s'est passé le 24 juin 1815 à la Tessouole près Chollet; idem.
Mémoire du général Maximilien Lamarque.
Mémoire au Roi; par M. Dumas de Champvallier.

HISTOIRE DES CAMPAGNES
DE 1814 ET DE 1815.

LIVRE VINGT-DEUXIÈME.

Situation intérieure de la France après la paix de Paris. — Administration royale. — Etat politique de l'Europe. — Congrès de Vienne. — Opérations du congrès. — Plaintes des mécontens. — Fermentation générale. — Napoléon et Murat se concertent.

La France venoit de recevoir la paix au sein de sa capitale. Ramenée presque sans dommages à ses anciennes limites, on pouvoit la comparer à un torrent débordé qui rentre dans son lit naturel. Pendant vingt ans ennemie de l'Europe, elle en redevenoit l'alliée : bientôt même elle alloit apparoître dans une assemblée de pacificateurs, à côté des Rois qu'elle avoit combattus. Mais on ne pouvoit se dissimuler qu'il ne restoit plus à la France qu'une puissance de concession, et que, dans la nouvelle organisation de l'Europe, elle n'auroit rien à prétendre. Aussi, son état intérieur étoit-il plus important à régler que ses relations diplomatiques.

Le voile qui déroboit aux regards la France telle que la laissoit, en 1814, la première paix de Paris, a été enfin soulevé. Nous pouvons sonder maintenant toutes les plaies qui rongeoient le corps politique au sortir d'une si violente maladie.

Un laps de vingt années cachoit les fondations de l'antique monarchie que le torrent de la révolution avoit renversée. Religion, institutions, coutumes; clergé, noblesse, grandes propriétés héréditaires; corporations diverses, tout avoit changé ou étoit détruit.

Après dix ans de convulsions et d'anarchie, un gouvernement militaire avoit dispersé les restes de la domination des Bourbons, et fondé parmi nous des mœurs, des usages, des principes nouveaux. Le pouvoir s'étoit arrêté dans les mains d'un soldat.

La séduction d'une fausse gloire, un fol et dangereux enthousiasme avoit enfanté le gouvernement impérial, présenté d'abord aux

Français comme les ramenant, sans secousse, à la monarchie. Mais le nouveau chef avoit fait lui-même les lois; il les avoit interprétées; il avoit donné aux Français des habitudes serviles en disposant en maître des armées, des trésors, et de toutes les ressources de l'État; en un mot, cette puissance nouvelle n'avoit pu s'appuyer que sur le glaive, la soumission, et la transmutation des propriétés.

Avant son érection, des personnages devenus fameux au milieu du trouble, des hommes qui, dans le sein de la médiocrité, s'étoient targués de leurs principes républicains, n'avoient pas long-temps dédaigné les richesses. Les uns les avoient trouvées dans des proconsulats; d'autres dans des spéculations avides; d'autres dans le commandement des armées, dans les ambassades, et les plus hauts emplois de l'administration; tous avoient passé de l'indigence au luxe, plus dignes de quelque estime dans leur première condition que dans la seconde.

Ces violens détracteurs d'une royauté tempérée ne s'étoient donné un maître, sous le nom d'empereur, que pour se perpétuer dans les charges, assurer ou grossir leur fortune. Nouveaux patriciens, ils avoient vu se mêler dans leurs rangs les plus intimes familiers du despote, ses principaux agens, ses lieutenans les plus habiles, et de brillans satellites couverts d'or et d'infamie. Quelques hommes probes, soit républicains, soit royalistes, furent aussi absorbés dans ce gouvernement corrompu : minorité honorable, mais impuissante.

En les ralliant à son diadème, Napoléon travestit les premiers en courtisans décorés et titrés; les autres en fauteurs d'une monarchie illégitime. Ceux-ci ne songeoient qu'à se rapprocher des institutions monarchiques; ceux-là, regardant la révolution comme leur propriété, vouloient en maintenir l'esprit et en consacrer les doctrines. Cet amalgame politique n'étoit pas nouveau : le directoire exécutif en avoit fait infructueusement l'essai. Mais Napoléon, balançant les partis, avoit pu jeter au milieu d'eux le poids d'une armée victorieuse et fidèle.

Avec ces élémens, et l'emploi du mobile de la corruption et de la terreur, Napoléon s'étoit créé de nombreux partisans; il avoit présenté au monde le spectacle d'une nation brave et fière, qui, faisant trembler l'Europe, étoit asservie par un seul homme.

Peu de ses créatures toutefois s'étoient dévouées dans sa catastrophe de 1814; le laissant en proie aux revers et à l'infortune, la plupart n'avoient songé qu'à sauver du naufrage leurs dignités et leurs richesses. Aussi la restauration retrouva tous les fauteurs, tous les courtisans du despote, maîtres encore de la France. Ces hommes ambitieux ou coupables, inquiets pour leur fortune, pour leur personne, pour leur avenir, recherchèrent des *garanties*. Favorisés par cette transition de quelques jours qui avoit laissé en suspens les droits sacrés des Bourbons, ils arrachèrent des concessions importantes au gouvernement provisoire, trop dominé par l'influence de l'armée et des intérêts révolutionnaires. De là cette déclaration authentique, réclamée et obtenue du monarque avant son entrée dans sa capitale. La clémence qui régnoit dans son cœur devint une loi de l'Etat, et vingt-cinq ans de révolution entrèrent tout-à-coup dans le règne d'un souverain légitime. Dès lors on put braver impunément, sous la sauve-garde de la fortune et du crédit, le pouvoir modérateur qui s'élevoit sous les auspices d'un Roi paternel. Redevenus grands de l'Etat, les patriciens de la révolution et leurs innombrables créatures restèrent en possession de l'administration publique : c'étoit une nation dans la nation.

De là cette frénésie, cet amour du gain et des places. Les plus importantes étoient comme le patrimoine de trois cents familles, qui ne virent point sans frémir l'ancienne noblesse, n'ayant d'autres titres que sa résignation et ses malheurs, entrer avec elles en partage. Le parallèle seul étoit choquant. Ces germes de rivalité alloient troubler et diviser les diverses classes de citoyens : mais il existoit encore de plus fâcheux levains de discorde.

L'armée d'un empereur soldat pouvoit-elle devenir tout à coup l'armée d'un Roi pacifique et légitime ? Fière d'avoir sauvé son chef en se chargeant de son abdication, elle avoit déjà le sentiment de son influence. Tels étoient ses élémens qu'ils ne pouvoient plus se plier au régime d'un gouvernement doux et uniforme.

A l'armée de l'ancienne monarchie, avoit succédé une milice générale de toute la race virile, successivement enlevée aux familles chastes et laborieuses.

L'ivresse des camps, l'attrait des champs de bataille, entraînoient le jeune laboureur qui, nourri dans la religion, élevé au doux repos des campagnes, devenoit en six mois complice de la guerre perpétuelle ; alloit ensuite en furieux ravager l'Europe, se croyant appelé, non à défendre l'Etat, mais à conquérir le monde. Telle étoit la composition de ces armées formidables : elles avoient changé la nature des guerres européennes, et, par leur essence même, étoient étrangères aux vrais intérêts de la patrie. Pouvoit-on se flatter de les trouver dociles au sein de la paix publique ?

Si les levées de 1814, préservées de la contagion par une campagne désastreuse, étoient rentrées avec joie dans le foyer natal, les vieux soldats, au contraire, et les prisonniers rendus à la France, frémissoient d'avoir été subjugués, ou arrêtés tout à coup dans la carrière de l'avancement. Plus dangereux encore, les officiers enclins aux projets séditieux, ne dissimulant même pas leur sombre désespoir, formoient à eux seuls une armée terrible. Les généraux, qui presque tous avoient reçu le poli de la fortune, demi-courtisans, voiloient ou taisoient leur dépit. La plupart se montroient ennemis du despote dont l'extravagance venoit de compromettre leur considération et de modérer l'essor de leur opulence. Ils auroient rendu peut-être un sincère hommage aux Bourbons, si le caractère de ces princes eût été compatible avec la guerre d'invasion et les spoliations glorieuses.

Mais l'histoire le remarquera : parmi ces braves, il y en eut un grand nombre qui, préférant la loyauté, l'honneur, aux préjugés militaires et à la séduction du pouvoir, conservèrent sans tache un nom devenu historique, et une réputation honorable.

Il ne suffisoit pas que l'armée comptât des hommes fidèles dans ses rangs : la masse n'en restoit pas moins dévouée aux intérêts de Napoléon. L'Europe en laissant la vie au despote déchu, sans exiger la dissolution de son armée, avoit compromis évidemment la stabilité de la domination légitime.

La vive commotion qui venoit d'ébranler tout l'édifice de l'Etat, avoit partagé la France en partisans et en adversaires de la restauration. La masse, il est vrai, vouloit la paix et le calme; mais la diversité des intérêts politiques redonna de l'ascendant aux deux grandes théories qui avoient prolongé nos agitations. Les Français se divisant de nouveau dès qu'ils ne furent plus contenus par l'autorité du glaive, les uns redevinrent révolutionnaires, les autres royalistes. La topographie du royaume présenta une nouvelle démarcation indiquée par les dispositions de chaque province ou de chaque zone. Paris resta armé de tous ses élémens de révolution; presque toutes les contrées de l'est, depuis Grenoble jusqu'à la Meuse et à l'Aisne, furent l'espoir des factieux. Le midi, au contraire, se prononça fortement pour la domination légitime. Le nom des Bourbons demeura chéri et révéré dans le Poitou, dans l'Anjou, la Bretagne, le Maine et la Normandie; mais si les campagnes furent là toutes royalistes, la plupart des villes servirent de refuge aux révolutionnaires. Le centre du royaume fut mixte ou incertain; le nord s'attacha au gouvernement royal, dont il sut apprécier le bienfait, mais avec ce calme qui défioit les passions et les orages.

Et c'étoit sur cette nation irritable, divisée et souffrante, que Louis XVIII alloit régner! Replacé sur le trône de ses ancêtres, par son droit héréditaire et par le vœu hautement exprimé des Français, le roi voyoit enfin par lui-même les suites déplorables du long bouleversement qui avoit perverti le caractère de la nation, dénaturé toutes les idées, corrompu presque tous les cœurs et déplacé toutes les fortunes.

Il trouvoit un peuple aigri par le malheur, écrasé d'impôts ; une armée mécontente et séditieuse ; des factieux irrités, les partis en présence, des prétentions que les trésors de l'Amérique n'auroient pu satisfaire ; des nuées d'intrigans qui assiégeoient le trône et les ministres.

C'étoit au milieu de tant d'intérêts divers, d'obstacles et de résistances, qu'il falloit passer du despotisme militaire à un gouvernement civil : transition impossible tant que les élémens de l'armée resteroient les mêmes, et que les mécontens confondroient leurs intérêts avec ceux de l'armée.

Comment le Roi pourroit-il soutenir un si pénible fardeau ? seroit-ce avec le cœur d'un despote ou d'un souverain tutélaire et réparateur de l'Etat ? Signalé par sa prudence, éclairé à l'école du malheur, révéré pour sa résignation et sa piété, le Roi dont la grande âme avoit si long-temps préféré l'infortune à l'humiliation, joignant à l'amour de la paix l'amour de ses sujets, ne voulut pas même régner avec la rigidité d'Henri IV sur une nation accoutumée à l'oppression d'un étranger. Modérateur élevé au-dessus de toutes les passions, il s'étoit montré avec une charte la main, qui limitoit son pouvoir.

Le Roi, héréditairement investi de l'autorité monarchique, au lieu d'accepter la Charte, l'avoit donnée ; et usant de la prérogative d'un monarque légitime, il accordoit aux Français un gouvernement conforme à leurs vœux, à la situation du corps politique, et à l'état moral de l'opinion, se hâtant d'appeler tous les intérêts de la grande famille à une réconciliation solennelle et durable.

Là, dans cette Charte, ne consultant que la raison d'Etat, le judicieux Monarque commanda l'oubli de tout ce que la spoliation des anciennes propriétés pouvoit avoir d'inique. Par une loi fondamentale, il légalisa l'acquisition des biens du clergé, des communautés, de la noblesse et des familles particulières : biens immenses, passés successivement à plus de trois millions d'acquéreurs, par vente, successions et transmissions à l'infini, fondées sur des lois existantes.

Voyant aussi qu'au milieu des désordres qui avoient troublé l'Etat et ébranlé l'Europe, des exploits glorieux, d'importans services, des talens supérieurs, avoient mérité des distinctions particulières, le Roi, dans sa Charte, avoit confirmé l'institution de la Légion-d'Honneur et la nouvelle noblesse émanée du gouvernement impérial. Ainsi toutes les garanties politiques et civiles y étoient offertes aux Français de tous les partis, et aux amis d'une liberté sage.

La Charte cependant trouva des contradicteurs : elle n'étoit pas assez libérale selon les révolutionnaires ; selon d'anciens royalistes, la vieille constitution du royaume eût été préférable. « C'est à peu près la même Charte,
» disoient ces derniers, qui a été présentée au
» Roi comme sauve-garde de son salut, par le
» sénat de Buonaparte, sorte de transaction
» entre le monarque et des sujets révoltés,
» mélange de toutes les constitutions anté-
» rieures, fruit des erreurs de notre fatale
» révolution. Quoi ! un propriétaire chassé et
» proscrit par ses mandataires et ses serviteurs
» rentreroit dans sa propriété en se mettant
» sous la tutelle de ceux même qui l'ont dé-
» pouillé ! il seroit réduit à souscrire un pacte
» frauduleux qui leur conserveroit leurs places,
» leurs gages et leur pernicieuse influence !
» S'il s'agit de régner avec les erremens de
» Buonaparte, alors, n'en doutons pas, ce gou-
» vernement si monstrueux, si ruineux, cons-
» pirera contre Louis XVIII et sa famille ; et
» bientôt on reverra les souverains de l'Europe

» aux prises avec une nouvelle armée de fac-
» tieux, se repentir de leur imprévoyance. Si
» la révolution a tout changé, tout boule-
» versé, si la France ressemble à un malade
» sortant d'une longue et cruelle agonie, le
» médecin, instruit par toutes les crises, ne de-
» vroit-il pas s'attacher à prévenir les accidens
» qui amèneront infailliblement de nouvelles
» rechutes ? En trouverons-nous les préservatifs
» dans cette Charte nouvelle ? suffira-t-elle pour
» contenir les factieux ? Craignons qu'elle ne
» serve de *palladium* à toutes les passions, à
» tous les crimes, et qu'elle n'enfante la plus
» funeste anarchie. Non jamais nous n'aurons
» la stabilité qu'au sein de notre ancienne
» constitution. »

Mais ces vœux imprudens pouvoient-ils jamais être accomplis ? Comment faire revivre ce qui étoit détruit sans retour, et ce que la rouille des siècles avait déjà miné sourdement avant même l'époque fatale de notre subversion politique ? Elle avoit amené un autre système par la vente des biens du clergé et des nobles ; par l'émigration de ceux-ci ; par le changement universel dans les propriétés, dans les emplois, dans les honneurs ; par l'établissement d'un nouveau clergé ; par la refonte absolue de l'armée de terre et de mer; par la dissolution des vœux, les divorces, les mariages entre les familles des deux partis opposés; par le partage égal des successions; par des crimes et des massacres; par la crainte des réactions et des vengeances; tout se réunissoit donc pour former un autre ordre social. L'empire de la nécessité faisoit une loi impérieuse de coordonner nos institutions pour les adapter à des intérêts nouveaux, et à des idées nouvelles, dont la nation s'étoit fortement imbue depuis vingt-cinq ans. D'ailleurs, comment revenir aux vieilles coutumes, lorsque tous les élémens de l'ancienne monarchie étoient détruits ou dispersés? Pouvoit-on reconstituer, et la magistrature et les deux premiers ordres de l'Etat? De vains titres sans richesses, sans propriétés territoriales n'eussent pu rétablir le clergé ni la noblesse dans toute leur considération et leur puissance.

La Charte, comme tous les ouvrages sortis de la main de l'homme, offroit sans doute quelques dispositions défectueuses ou incomplètes; mais le temps, l'expérience et la maturité pouvoient seuls y apporter le perfectionnement nécessaire. Jusque-là on y trouvoit établis les fondemens de la liberté publique.

Ainsi, après tant de malheurs, tant de souvenirs amers, tant de sujets de vengeance, le Roi, par un généreux oubli, reçut dans son palais ceux qui l'avoient servi et ceux qui l'avoient offensé. Ce fut en s'associant à tout ce que la révolution avoit produit de brillant et de glorieux, que le Roi conçut l'espoir d'effacer tout ce qu'elle avoit enfanté de honteux et d'atroce.

La déclaration de Saint-Ouen et l'établissement de la Charte maintenoient, autour du trône, tous les élémens du gouvernement impérial; il n'y avoit de changé que le monarque, sa famille, les ministres et les courtisans attachés à l'intérieur du palais.

Des débris d'un sénat formé selon les caprices de Buonaparte, on composa une chambre des pairs pour le soutien du trône légitime; de la prorogation d'un corps législatif, dont les pouvoirs cessoient de droit sous la monarchie, on forma, sous le nom de *Chambre des Députés*, une assemblée qui ne représentoit ni les communes ni les départemens; mais on feignit de croire qu'il y auroit du danger à convoquer de nouveaux députés. Le ministère fut composé en partie des mêmes hommes qui s'étoient érigés en gouvernement provisoire avant le retour du Roi, et le conseil d'Etat vit dans son sein les mêmes membres qui avoient siégé autour de Napoléon.

La magistrature resta la même. Les mêmes préfets, les mêmes administrations, les mêmes commis passèrent avec une apparente flexibilité du règne despotique d'un soldat au régime constitutionnel du Roi légitime.

L'armée resta intacte, et en vain voulut-on lui laisser une juste idée de sa gloire sans qu'elle pût en concevoir une trop haute de sa force.

La même police fut conservée ; et ceux qui naguère surveilloient les entreprises des royalistes contre Buonaparte, furent tout à coup chargés d'épier les buonapartistes contre le roi. On put admirer alors l'habileté des intrigans à se faire un patrimoine des ressources de l'Etat.

Si partout on laissoit les mêmes hommes en place, c'étoit, disoit-on, pour s'attacher plus scrupuleusement à la lettre des proclamations royales, qui, par une bonté infinie, avoient promis à tous les Français la conservation de leurs emplois et de leurs honneurs. Ainsi, c'étoit par trop de bonne foi qu'on livroit l'Etat aux ennemis naturels du trône légitime.

On n'avoit d'ailleurs à opter qu'entre deux résolutions dangereuses ; celle d'abandonner l'administration à des ennemis habiles et perfides, ou bien de la confier à des serviteurs fidèles, mais inexpérimentés ou timides : le premier parti prévalut. Or, on put dire alors de tout homme en place depuis dix ans, qu'il étoit la créature de Buonaparte ; cette règle n'eut que peu d'exceptions.

Ainsi on sembloit vouloir perpétuer sa police comme pour fomenter ou taire les conspirations; ses magistrats pour les absoudre; ses écoles pour lui former des sujets ; son armée pour le proclamer de nouveau.

Déjà les ambitieux trompés dans leurs espérances, les êtres pervers ou égarés faisoient entendre des murmures, semoient l'alarme, propageoient les défiances, se plaisoient à tout dénaturer, à tout envenimer. Selon leurs discours insensés, le retour des Bourbons menaçoit la France des plus grands malheurs : elle alloit devenir le théâtre des réactions et des vengeances ; l'armée alloit être sacrifiée; les partisans de la liberté étoient à la veille d'être proscrits; et cependant aucun acte arbitraire ne s'étoit mêlé aux bienfaits de la restauration. Elle n'avoit pas coûté une seule goutte de sang à la France : nul n'étoit inquiété, nul n'étoit persécuté pour ses opinions ; aucune prison ne s'étoit ouverte. La tyrannie venoit d'être abattue, Louis XVIII étoit remonté sur son trône, et nul n'avoit perdu sa fortune ou sa liberté. Bientôt le monarque garantit les dettes de l'Etat, comme les dettes particulières. Le domaine extraordinaire et le domaine privé furent aliénés pour la somme de quatre cents millions, à l'effet de payer tous les créanciers du gouvernement impérial. Ce plan de finances privoit l'Etat de ses dernières ressources, et en créoit aux ennemis du trône en levant de l'argent au profit des flatteurs, des agens et des complices de Napoléon ; mais le ministère le présenta comme indispensable pour rétablir le crédit et ranimer la confiance. Il est certain qu'on vit l'espérance renaître, et le crédit particulier reparoître avec le crédit public. Le commerce si long-temps paralysé reprit son ancien essor ; le rétablissement des communications maritimes, et la restitution de deux colonies précieuses, encouragèrent les spéculations ; les mers se couvrirent de vaisseaux français. La sollicitude du monarque s'étendit bientôt sur cette armée si belliqueuse, que la paix rendoit à la patrie : elle vit presque tout son arriéré acquitté. Des milliers de braves, couverts d'honorables blessures, reçurent chaque jour du monarque d'utiles témoignages de la reconnoissance publique. L'existence d'une foule d'officiers distingués ne fut plus soumise aux caprices d'un chef qui se faisoit un jeu de briser son propre ouvrage. La garde nationale, qui tend à conserver et jamais à détruire, devint une institution fondamentale de la monarchie. Une teinte d'esprit national vint se mêler à l'amour du Roi, vrai patriotisme, espoir de la France, et qui en fût devenu le salut, s'il avoit pu se développer dans tous les cœurs.

Par quelle fatalité vit-on de si heureux présages s'évanouir tout à coup, et à des jours sereins succéder une tempête effroyable? C'est dans les dispositions factieuses d'une partie de la nation, et dans les fautes du ministère royal, que l'histoire trouve les sources de ce nouveau torrent de malheurs.

Entre deux partis prononcés que la restauration faisoit renaître, venoit de s'en interposer un troisième qu'on pourroit appeler mixte, composé d'hommes flottans, sans autre caractère que celui de la conciliation; adroits, éclairés, chérissant le repos, la richesse et le pouvoir; indulgens pour le crime, indifférens pour la vertu; propres seulement à modérer le choc des passions, à tenir dans les temps calmes le gouvernail de l'Etat; mais incapables dans les tempêtes de le préserver du naufrage, hors d'état surtout de parer aux bouleversemens par une vaste prévoyance, ou par des mesures énergiques, ne voulant que se mettre à l'abri des convulsions et des déchiremens. Ces hommes flexibles, aidés par les circonstances, après s'être emparés du mouvement de la restauration, s'étoient érigés en parti *constitutionnel;* mais devenus également odieux aux royalistes purs et aux révolutionnaires ardens, ils étoient regardés par l'un et l'autre parti comme des politiques à double face, qui craignoient de compromettre leur repos par des décisions hardies, qui préféroient les voies de douceur pour se ménager des ressources auprès du vainqueur, quel qu'il fût. Ces imputations étoient exagérées.

Dans un ministère formé sous les auspices d'une réconciliation générale, les constitutionnels devoient se trouver en majorité : leurs intentions étoient louables; leur dévouement n'étoit pas suspect. Ils s'attachèrent d'abord à justifier la confiance du Roi. Dépourvus de vues profondes, ils ne purent, il est vrai, déployer cette vigueur de caractère qui apaise les révolutions et ramène les peuples à la stabilité. Soit mollesse, soit incertitude, les ministres égarèrent le vaisseau de l'Etat, le poussant comme sur une mer calme, tandis qu'il touchoit à un volcan, au milieu des écueils.

Des ordonnances irréfléchies, des démarches imprudentes, des hésitations et des restrictions continuelles, signalèrent la marche du ministère royal. Peu familiarisé avec les principes d'un gouvernement représentatif, tantôt il abandonnoit ses droits, tantôt il les étendoit au-delà des limites que lui traçoit la Charte; il la compromettoit également et par la timidité de son administration, et par la témérité de ses entreprises. Toutefois les communications entre le monarque et les deux chambres eurent un caractère de dignité et de franchise. Mais les chambres, qui méconnoissoient aussi les bornes de leur compétence, tantôt la restreignoient, tantôt la dépassoient, empiétant sur le pouvoir royal, et tantôt ne limitoient pas assez l'autorité des ministres. De là une administration vague et incertaine, qui fournissoit des prétextes aux mécontens et aux factieux.

En attirant à eux le pouvoir, les chefs de l'administration s'étoient flattés de rendre la France *ministérielle*. Mais ils ne montrèrent que de la dureté sans énergie, que de l'incertitude sans habileté. En repoussant les royalistes, en ne s'environnant que d'intrigans, en limitant la liberté de la presse au détriment de la cause royale, ils se dépopularisèrent et ne suivirent plus qu'un faux système, qui tendoit à priver la France d'un parti monarchique, le seul qui auroit pu la sauver. Tout eût cédé devant l'exemple de la cour, si l'opinion, mieux dirigée, eût exercé une salutaire influence. Mais comment se flatter qu'une administration établie au sein d'une invasion étrangère, au milieu des cris de toutes les passions, et du choc de tous les intérêts, pût éviter de tomber dans de graves erreurs ? Des ministres chargés de conduire les affaires humaines n'ont pas toujours le pouvoir de régler les passions des hommes.

Quoi qu'il en soit, une profonde intrigue insinua aux ministres de conserver tous les erremens de l'administration impériale. De là une foule d'injustices criantes ; de là leur obstination à maintenir une odieuse fiscalité, devenue un objet d'horreur à toute la France, et dont on avoit proclamé la suppression : ce fut un triomphe pour les malintentionnés.

L'armée, par des combinaisons perfides, ne put se réunir franchement au Roi : on la vouloit plus nationale que royale, et on rendit mécontentes des troupes redoutables, auxquelles le Roi venoit de sacrifier les ressources financières de son royaume. Les ministres pouvoient-ils ignorer que, dans certaines situations politiques, un mécontent devient un factieux, quand le pouvoir n'est pas affermi en proportion des dangers dont il est entouré ?

Les besoins de l'armée étoient immenses : l'état de paix et la pénurie du trésor ne permettant pas de la conserver toute sur pied, on réduisit à la demi-solde les officiers qui ne restèrent pas sous les drapeaux.

« Voilà, dirent les mécontens, une injus» tice manifeste, une faute capitale, qui pré» cipitera Louis XVIII de son trône. » Comme si dans tous les temps, et après des guerres éteintes, les gouvernemens n'eussent pas réformé la surabondance de leurs troupes ; et comme si la demi-solde accordée aux réformés eût été une mesure nouvelle !

L'opinion publique, plus saine, eût flétri les militaires qui prétendoient mettre leur sang à prix, et dont la fidélité n'étoit point à l'épreuve d'une réduction pécuniaire. Par sa douceur, sa bienveillance, Louis XVIII crut désarmer le ressentiment des uns, et réveiller l'honneur des autres : il se trompa. Les mécontens prirent sa bonté pour de la foiblesse, et se servirent de ses bienfaits contre lui-même.

Au lieu des expressions de reconnoissance que méritoit le monarque, il n'entendit que des réclamations. La nation presqu'entière, excitée par les mécontens, aveuglée par sa présomption, se plaignit de la paix comme d'un outrage fait à sa gloire, et de la Charte qui assuroit ses libertés comme d'un piége tendu à ses franchises.

Le Roi, dirent les mécontens, date le premier acte de son autorité de la dix-neuvième année de son règne, déclarant ainsi que tout ce qui a été émané de la volonté du peuple, n'est que le produit d'une longue révolte. Tel étoit le grief le plus sérieux imputé à l'autorité royale. Légitime héritier du trône, le Roi avoit dû croire, de même que tous ses ancêtres, et avec tous les publicistes, que son règne datoit du jour de la mort de son prédécesseur.

En accordant aux fidèles compagnons de son infortune des faveurs que sollicitoient la reconnoissance et la justice, il exaspéra de plus en plus les révolutionnaires. Avec quelle amère perfidie les mécontens ne saisirent-ils pas tous les prétextes de plaintes et de récriminations? Ces hommes, qui s'étoient montrés souples au pouvoir de Robespierre, souples au pouvoir de Buonaparte; ces hommes, si long-temps les esclaves d'un despote, à qui jamais ils ne demandèrent compte, ni de l'infraction des constitutions, ni de la liberté des peuples; ces hommes à qui la France avoit paru toujours assez libre, pourvu qu'on leur confiât le soin de l'opprimer, se montroient ombrageux, et pleins de zèle pour nos droits; ils voyoient partout la violation de la Charte, de l'indépendance nationale, les preuves de notre esclavage, et les entreprises du despotisme sous des princes les plus doux et les plus bienfaisans.

L'influence des factieux fut telle, que la nation égarée n'attendit plus des Bourbons qu'une tranquillité passagère et des divisions inévitables.

En effet, les principes subversifs régnoient dans l'administration même. Si les appuis conservateurs n'étoient pas rétablis autour du trône, les élémens de destruction s'y montroient dans toute leur force.

La dépravation de l'opinion publique faisoit pressentir de noirs complots; mais au moins au milieu de tant de germes de discorde, de tant de motifs d'inquiétude, la sécurité et la paix faisoient tout supporter aux citoyens honnêtes et à la masse de la nation. L'orage se formoit au sein de ce calme trompeur et de cette prospérité fallacieuse.

Enhardis par la clémence et la bonté du Roi, et par l'aveuglement du ministère, les factieux préludèrent ouvertement à une révolution, et fondèrent leurs espérances sur l'état de l'Europe, sur l'esprit de division et de vertige qui sembloit s'être emparé des peuples et des rois.

L'ordre en Europe n'avoit pas seul été ébranlé; ce n'étoit pas seulement les gouvernemens et les territoires que la subversion avoit atteints. De grands bouleversemens avoient affecté l'ensemble de l'organisation sociale; en un mot, le monde moral étoit troublé comme le monde politique. La religion n'avoit plus la même force. Le changement avoit surtout pesé sur l'état civil du clergé; presque partout il avoit perdu son rang et sa fortune. Dans les classes élevées ou opulentes, l'opposition des intérêts devenoit plus pénible encore; la terre comptoit dans plusieurs pays un ancien propriétaire, et un nouveau possesseur. Quel étoit l'emploi, quelle étoit la dignité qui n'eût pas aussi plusieurs titulaires?

Tant de spoliations et de prétentions, tant de vicissitudes, de discussions et de combats, n'avoient pas laissé les peuples dans leur état de subordination ordinaire. Tout avoit changé : l'Europe offroit le spectacle d'une société perfectionnée à certains égards, mais en état de décrépitude sous d'autres points de vue : elle étoit convulsive et souffrante.

Au milieu de cette confusion civile et politique, le gouvernement représentatif, qui tend à favoriser les innovations, devenoit à peu près celui de tous les Etats européens. Ce système avoit prévalu au sein même de la guerre, au sein de l'agitation et du trouble, et alors même que l'Europe n'étoit plus qu'un vaste camp.

Combien ne falloit-il pas de prudence et de discernement après la lutte terrible de 1814, pour qu'un nouvel incendie ne sortît pas du sein de tant d'élémens combustibles? La reconstruction de l'édifice politique de l'Europe sur de nouvelles bases, sembloit un problème insoluble. Tous les regards, toutes les espérances se portoient sur les trois puissans monarques qui venoient de la délivrer, en la préservant des débordemens de la France révolutionnaire. Au bruit des armes alloient succéder les ruses de la diplomatie et les attaques de la politique.

Celle de l'Europe, réduite encore, au seizième siècle, à un art subtil et souvent perfide, sembloit avoir pris un plus noble caractère et un nouvel essor. Après la découverte du Nouveau-Monde et de l'imprimerie, elle avoit suivi le progrès des lumières. Les différens Etats jusqu'alors concentrés en eux-mêmes commencèrent à s'observer, à s'étudier, et des combinaisons salutaires embrassèrent le continent européen. Alors se développèrent les formes de la diplomatie; alors les traités furent habilement discutés, et firent naître des ligues pour maintenir une sorte de balance et d'équilibre. Un congrès célèbre tenu à Munster consacra le système conservateur des Etats et protecteur des couronnes. L'organisation politique de l'Europe devint, sous le nom de *traité de Westphalie*, le fondement de son harmonie générale.

Comme dans une république confédérée, les différens Etats, liés par des relations et des intérêts intimes se contenoient, se balançoient sans pouvoir se détruire par la guerre. Jamais, à aucune époque, une politique si protectrice n'avoit tant favorisé la civilisation, le commerce et les arts. La guerre n'étoit plus le mobile de la société : l'Europe devenoit toute commerçante ; mais elle étoit minée par les progrès alarmans des plus pernicieuses doctrines qui sapoient les fondemens du corps social. Tout à coup une révolution, sans exemple dans l'histoire du monde, vint la détourner de sa direction paisible, et la remit en proie aux violences et à la guerre. Des souverains, armés en apparence pour le maintien des principes sur lesquels repose la paix des nations, ébranlèrent les fondemens de leur propre puissance, pour asservir des Etats indépendans, renverser des souverains légitimes, et se partager leurs dépouilles. Ce système spoliateur réagit sur l'Europe, sous la domination du soldat fameux qui, maître de la puissance révolutionnaire de la France, aspiroit à la monarchie universelle par la subversion de toutes les monarchies.

Tous les traités ne furent plus écrits qu'avec l'épée de Brennus. Dans l'espace de vingt ans, aucune trêve, aucune pacification n'avoit pu rétablir l'équilibre de l'Europe; la prépondérance et la force restoient toujours à la France, et l'on ne sait où sa domination se seroit arrêtée, si des revers inattendus n'avoient précipité sa décadence. Alors seulement les rois avoient paru se réveiller; mais la bataille de Leipsic n'avoit affranchi que l'Allemagne. Il ne fallut rien moins que la campagne de 1814 et une première invasion pour renverser le conquérant redoutable qui depuis dix ans dictoit des lois à l'Europe.

Elle respiroit enfin depuis la paix de Paris.

Des nœuds formés par la violence, entre vingt peuples divers, tombèrent tout à coup, et en un moment disparut tout ce qu'en politique la puissance révolutionnaire de la France avoit établi, à l'exception du gouvernement de Naples, qui restoit encore au pouvoir d'un soldat. Ainsi, depuis Hambourg jusqu'à Rome, tous les signes des nouvelles dominations étoient effacés, et les anciennes bannières se remontroient aux regards des peuples fatigués d'une si longue tempête.

Le succès de la ligue européenne étoit

complet; les souverains l'avoient ennobli par les déclarations les plus magnanimes. Eux que l'on pouvoit croire aigris par l'énormité des outrages, par la grandeur des pertes, par l'acharnement des combats, ne firent entendre que des paroles de liberté pour les peuples, et de clémence pour les perturbateurs. A aucune époque les puissances n'avoient tenu un langage plus rassurant, et n'avoient marché avec tant de concert vers un but aussi salutaire.

Déjà le sort de la France étoit fixé par le traité qui la rappeloit à ses antiques possessions et à son ancienne dynastie.

C'étoit avec la même promptitude que venoit de s'opérer la réunion de la Belgique à la Hollande, poids créé par l'Angleterre, dans la balance de l'Europe, pour couvrir le nord contre les attaques de la France, et préserver la France des agressions du nord.

Il restoit à régler toutes les autres parties du continent qu'avoient entamées la guerre. Où étoit le prince qui n'eût des réclamations à élever, des prétentions à faire valoir ? L'un réclamoit ses dépouilles ; l'autre imploroit d'anciennes garanties ; celui-ci se sentoit trop foible pour un voisin devenu trop fort ; celui-là signaloit le danger de l'avenir. Ici la place étoit vacante ; là plusieurs rivaux se la disputoient. De tous les cabinets partoient des cris de paix, d'équilibre, d'indemnité, de justice. C'étoit à la politique à s'emparer des fruits de la guerre. Mais qui parviendroit à débrouiller ce chaos, à poser des digues à ce torrent de prétentions diverses ?

Alors s'ouvrit le congrès de Vienne, et la capitale de l'Autriche devint le siége du sénat le plus auguste qu'eussent jamais formé les puissances de la terre. C'étoit l'Europe assemblée dans la personne de ses plus grands potentats, s'expliquant par l'organe des ministres les plus célèbres que la politique pût recommander à la confiance des peuples. Paix, stabilité, repos, tels étoient les vœux que formoient tant de nations écrasées par le poids des armes ou pliant sous le fardeau des taxes.

La faux révolutionnaire n'ayant presque rien épargné, c'étoit presque sur des débris qu'alloit opérer le congrès. Ses vues parurent d'abord élevées et généreuses. Mettre l'Allemagne à l'abri de nouveaux débordemens de la France ; puiser les indemnités dans les territoires vacans ; prendre pour base des restitutions la légitimité considérée comme principe réparateur et conservateur; stipuler en faveur des peuples des constitutions où ils trouveroient un hommage rendu aux lumières du siècle, et une garantie pour l'avenir, tels furent les principes qui semblèrent guider le congrès.

Mais la modération et la sagesse alloient rencontrer plus d'un écueil. L'histoire tout entière dépose que la politique fut de tous les temps le ressort le plus actif de l'ambition. C'étoit déjà une maxime, au siècle de Thucidide, que jamais aucun Etat, par des principes de justice, n'avoit refusé de s'agrandir. Les principales puissances, usant du privilége que donne la force, s'attribuèrent tous les pays à leur convenance. La Russie, l'Autriche, la Prusse arrivèrent au congrès, après avoir retenu d'avance, l'une le grand duché de Varsovie, l'autre l'Italie supérieure, et la troisième la Saxe. On n'eut plus à s'occuper que du mode de spoliations.

L'Angleterre seule ne permit aucune discussion sur ses invasions maritimes. Les décisions du congrès ne pouvoient donc plus tomber que sur des intérêts d'un ordre inférieur.

En manifestant l'intention de dépouiller la Saxe, on se mettoit en contradiction avec le principe de légitimité qu'on s'étoit efforcé d'établir. Ce principe sembloit violé également par la réunion de Gênes au Piémont.

L'oubli du droit des nations souleva l'opinion contre les cessions et les réunions de peuples. En France, les mécontens en profitèrent pour décrier le congrès, en rappelant que le partage de la Pologne avoit donné le premier exemple de ces infractions à l'indépendance des peuples.

« Il ne s'agit plus, disoient-ils, des sû-
» retés de l'Europe, mais des indemnités
» pour tel ou tel prince ; celui-ci réclame tant
» de millions d'âmes ; celui-là tant de millions ;
» un autre, telle nation ou tel autre peuple.
» Tout à coup, des nations entières perdent leur
» existence politique. La Norwège, Gênes, Ve-
» nise, le royaume d'Italie, la Pologne, une
» partie de la Saxe, et d'autres pays encore,
» vont changer de domination et de lois. Les
» hommes sont-ils donc des troupeaux des-
» tinés à être vendus ou partagés? est-ce là le
» fruit de la paix, ou plutôt n'est-ce pas là le
» résultat de l'humiliation de la France ? »

Ces plaintes, répétées en Allemagne, en Angleterre, en Italie, avoient pour but principal de dénigrer les puissances et de flétrir la restauration. L'opposition anglaise, faisant cause commune avec les révolutionnaires de France, se déclara contre le système politique du congrès. Usant du noble privilége d'élever la voix sur les affaires générales de l'Europe, elle tonna dans le parlement contre cette facilité de donner aux souverains de nouveaux sujets et aux sujets de nouveaux souverains. Le ministère eut à se justifier du système adopté par le congrès; il le rejeta sur la durée de la guerre et sur la dislocation complète de l'Europe.

« L'exécution de ce système, dit lord Cast-
» lereagh, a été formée sur un plan sorti
» de la grande âme et du vaste génie de
» M. Pitt. Ce plan traçoit la marche la plus
» convenable à suivre dans le cas du succès
» d'une grande confédération contre la pré-
» pondérance de la France. Je suis prêt à
» maintenir que les arrangemens préparés au
» congrès sont plus avantageux dans quelques-
» unes de leurs parties, que M. Pitt lui-même
» ne l'avoit en vue. Ce grand homme ne put
» pas deviner, en effet, ni supposer que la
» Hollande fût jamais élevée à sa hauteur
» actuelle; mais il forma le projet d'augmenter
» sur le Rhin les possessions de la Prusse, et
» de réunir Gènes au Piémont. Ce fut sur ces

» principes posés par M. Pitt, en 1805; que
» les souverains entamèrent la lutte en 1813;
» et il est doux d'avoir vécu assez long-temps
» pour voir établir en Europe le plan que
» ce grand homme eut la douleur de ne pou-
» voir accomplir avant sa mort. »

Pendant près de trois mois ce système de cessions et de partage fut l'objet des plus sérieuses discussions au congrès. L'Europe étoit dans l'attente; une sorte d'inquiétude et de fermentation y régnoit. Les apologistes du congrès soutenoient que cette manière de procéder sur les nations avoit été préparée par les opérations politiques et militaires des différens gouvernemens qui s'étoient succédé en France depuis 1792. Que n'avoit pas changé Napoléon, par exemple? que n'avoit-il pas donné, repris et réuni, pour finir par tout perdre?

C'étoit un motif de récrimination pour les mécontens. « A quelle époque, s'écrioient-
» ils, se permet-on ces attaques à la pro-
» priété la plus chère aux nations? Dans
» quel temps veut-on les morceler ainsi?
» Après que toute l'Europe s'est soulevée
» contre les empiétemens de la France; après
» qu'on a positivement reconnu le droit des

» peuples, en leur donnant l'assurance for-
» melle que tout seroit coordonné dans leurs
» intérêts. Persuadera-t-on jamais à l'Italie
» que son bonheur demande qu'elle soit au-
» trichienne? à Gênes, qu'elle tombe en par-
» tage au souverain du Piémont? à la moitié
» de la Saxe, qu'elle devienne une province
» de la Prusse? »

L'esprit public de l'Europe éclatoit en plaintes et en reproches; le mécontentement s'échappoit de tous les cœurs avec plus ou moins d'amertume, selon la différence des partis.

L'ambassade française, surtout, réclama les droits des nations, et réprouva le démembrement de la Saxe. « Les souverains, dirent » les plénipotentiaires français, aux applau- » dissemens universels, les souverains ne sau- » roient être ni jugés, ni dépouillés par droit » de convenance. »

D'un autre côté, une sorte de monarchie universelle venoit, pour ainsi dire, d'être démolie. L'Europe pouvoit-elle ne pas changer de face? Comment espérer que la guerre n'enrichiroit pas le fort des dépouilles du foible? Ici, d'ailleurs, ce qui venoit d'être reconquis ne grossissoit pas les domaines d'une seule puissance rivale; le partage se faisoit entre plusieurs souverainetés différentes, qui, se balançant l'une par l'autre, formoient et consolidoient la grande association européenne. Or, sous le point de vue général, l'équilibre étoit rétabli, puisqu'une seule puissance n'étoit plus dominatrice : le but et l'objet de la guerre se trouvoient remplis, autant que le permettoient la situation et la force relative des États confédérés.

C'étoit surtout la paix que réclamoit l'Europe. On se demandoit si, après tant d'agitations, il y auroit enfin du repos; si, après tant de changemens, il y auroit enfin de la stabilité; si, après tant de spoliations, il y auroit sûreté pour les propriétés. Les Européens ne demandoient pas seulement sous quelle domination ils vivroient, mais sous quel ordre social il leur seroit enfin permis de vivre. Toutes les armées de l'Europe, à l'exception de celle de la France, étoient debout et en armes. Comment pouvoit-on ne pas trembler pour le résultat des discussions animées qui agitoient le congrès, quand on songeoit que de tels débats s'élevoient, pour ainsi dire, d'un camp immense; car, outre les forces prodigieuses de la Russie établies sur la Vistule, on comptoit en Allemagne un million de soldats?

Sans l'interposition du ministre d'Angleterre, sans la modération personnelle des souverains, et la sage lenteur de leurs délibérations, tant de discussions épineuses eussent pu dégénérer en notes menaçantes et hostiles. Toutefois les lenteurs même, les hésitations du congrès, et les divisions qui s'y faisoient remarquer, combloient de joie les perturbateurs de l'Europe. Tandis que le congrès employoit trois mois à morceler la Saxe, à disposer de Gènes, à multiplier les fêtes et les réunions imposantes, l'ennemi veilloit. Les souverains ne surent pas suffisamment apprécier les inconvéniens attachés à la prolongation de leurs débats politiques : le temps marchoit et dépassoit déjà les négociations. Les réclamations même, dont plusieurs actes du congrès devinrent l'objet, formèrent une partie des élémens de la tentative audacieuse que méditoit Buonaparte.

Déchiré par l'orgueil et les remords, par les sentimens opposés de sa misère présente et de sa gloire passée, il rugissoit dans sa captivité, et complotoit de nouvelles vengeances; tel qu'Encelade frappé de la foudre, ou plutôt tel que Prométhée, qui défioit encore Jupiter sur le roc où l'enchaînoit le Destin. Ses regards avides et menaçans se portoient tour à tour sur la France et sur l'Italie.

Dans cette péninsule, berceau de sa grandeur, il apercevoit au loin l'instrument qui pouvoit le rétablir. Joachim Murat lui devoit sa couronne; il faisoit partie de sa famille. Roi, il n'avoit cessé d'être son sujet qu'après les revers de Moscou et de Leipsick. Alors seulement il avoit osé avoir une volonté, une politique et des intérêts opposés à ceux de Napoléon. Sa défection ne fut qu'une lâcheté apparente, imposée par la nécessité. Il l'expia bientôt. Il dut frémir à la chute du grand empire et à l'aspect du rétablissement de la monarchie des Bourbons. Ces grands événemens faisoient naître une incompatibilité invincible entre l'Europe telle que le congrès la reconstituoit, et les souverains établis par la volonté de Napoléon. De tous ces rois éphémères, Joachim Murat étoit le seul qui fût encore sur le trône : pouvoit-il s'y maintenir tandis que la politique du congrès faisoit revivre le principe de l'hérédité et de la légitimité des rois? Toutes les branches de la maison de Bourbon se prononcèrent contre la reconnoissance de celui qui avoit usurpé l'héritage de Ferdinand IV. Un comité formé au sein même du congrès, pour traiter les affaires d'Italie, jeta l'alarme à la cour de Murat. On y fut informé par des émissaires, que le prince de Talleyrand étoit chargé de revendiquer les droits des Bourbons sur la couronne de Naples, et de poursuivre le roi intrus. Le plénipotentiaire français s'efforçoit en effet de convaincre l'empereur d'Autriche que la tranquille possession de l'Italie ne lui seroit assurée que par le renversement de Murat et le rétablissement de Ferdinand. Cette négociation ne put rester secrète, tant les cabinets étoient encore accessibles à un parti abattu, mais fier de son énergie et de son audace.

Bientôt des bruits plus alarmans se répandirent, avec une intention perfide, à la cour de Joachim. On y affirmoit, avec une sorte de mystère, que la maison de Bourbon faisoit des préparatifs, en France et en Espagne, pour un prochain débarquement sur divers points du royaume de Naples, et que la mission extraordinaire du comte Jules de Polignac à Rome avoit pour objet réel, non la révision du concordat, mais le passage d'un corps de douze mille hommes, qui aborderoient à Civita-

Vecchia. Soit que ces bruits fussent fondés, soit qu'ils fussent supposés, Murat, cédant aux alarmes, crut ne pouvoir plus retenir son pouvoir usurpé qu'en évoquant le génie des révolutions. L'instinct de l'intérêt commun le ramena vers le banni de l'île d'Elbe. Une correspondance suivie s'établit entre Naples et Porto-Ferrajo, par l'intermédiaire de la princesse Pauline Borghèse. Sûr de la coopération de Murat, sûr d'être secondé par les révolutionnaires de France et d'Italie, sûr du dévouement de ses anciens soldats et de ses partisans personnels, Napoléon rouvrit son âme à l'espérance. Tout marcha vers un but unique : l'explosion d'une révolution nouvelle. La cour de Naples devint l'espoir des factieux, l'appui des conspirateurs, le pivot de cette machination infernale, ourdie pour ramener le deuil sur la terre.

Ainsi furent préparés les premiers fils de la trame qui bientôt alloit s'étendre des rivages de Naples et de l'île d'Elbe aux rives de la Seine, pour replonger la France dans un abîme de calamités.

LIVRE XXIII.

Conspiration du 20 mars.

―――――

Nous avons souffert, et la Providence a permis qu'après onze mois du règne le plus doux, une entreprise exécrable, renversant le trône légitime, attirât sur la patrie le double fléau des discordes civiles et de la guerre étrangère. Tel a été l'excès de nos maux depuis la subversion du 20 mars, que toute la sagesse humaine sauroit à peine les réparer. La France est-elle complice, ou seulement victime de cette révolte de *cent jours* ? Doit-elle ses malheurs à elle-même, à l'audace d'un seul homme, ou à la perversité de plusieurs ? Enfin, cet attentat qui n'eut pour cause ni l'injustice, ni l'excès du malheur, est-il purement militaire, ou a-t-il pris naissance à la fois dans l'armée et dans l'ordre civil ?

Non, la France n'est point coupable ; mais

l'agression du 20 mars, événement le plus triste de nos annales, leçon la plus terrible que les hommes aient jamais reçue de l'expérience, n'est pas non plus une simple expédition, une prise d'assaut de la France par une poignée d'aventuriers.

Si la politique, transformée en raison d'Etat, si l'inépuisable clémence d'un roi, père de son peuple, ont dérobé ce grand crime aux recherches de la justice, l'inexorable histoire n'en a rien perdu de ses droits. A elle seule appartient maintenant l'investigation de cette immense trame ; elle seule soumettra au jugement de la postérité les résultats de son enquête, instruite sans passion comme sans crainte.

Deux opinions opposées partagèrent la France, et peut-être l'Europe, sur le retour de Buonaparte. Tout ce qui se précipita au sein de la rébellion, n'y vit qu'un simple incident, une insurrection inopinée sans ramifications comme sans complices ; au contraire, ceux qui, détestant le crime, en demandoient la punition, n'élevèrent jamais aucun doute sur sa préméditation par des conjurés habiles. Le premier sentiment fut suspect; le second trop absolu,

et l'opinion demeura incertaine. Les adhérens du 20 mars opposèrent d'abord à leurs adversaires trois jugemens capitaux (1), dépouillés de preuves matérielles propres à établir l'existence d'un attentat froidement préparé. Rien n'étoit moins victorieux qu'un pareil argument, les trois procédures n'ayant pas été dirigées contre la préparation du complot, mais contre sa manifestation. « Ne sait-on pas, dirent les
» royalistes, que les chefs de la révolte,
» maîtres encore de l'Etat, et cruellement
» trompés par le désastre de Waterloo, ont
» fait disparoître dans les divers ministères
» tous les papiers, tous les documens qui auroient pu les trahir? Mais déjà ils s'étoient
» décelés eux-mêmes. S'ils ont anéanti les
» pièces irréfragables qui les exposoient à
» l'action criminelle, n'ont-ils pas laissé aux
» contemporains, n'ont-ils pas légué à la postérité leurs discours, leurs démarches, leurs
» témoignages et leurs propres actes ? O artisans de révolutions ! cessez de vous en défendre ! C'est vous qui avez ouvert à Napoléon le chemin de l'île d'Elbe à Paris. Vous
» invoquez vainement les faciles succès de sa

―――――――――

(1) Les procès de Labedoyère, de Ney, et de Lavalette.

» marche des côtes de Provence aux plaines
» de Villejuif, marche que vous avez tant
» célébrée. La postérité saura que presque
» toute la nation, abjurant les troubles, et
» se vouant au repos, goûtoit enfin les dou-
» ceurs de la paix quand, au sein même d'une
» prospérité récente, vous avez trafiqué de
» nos libertés et de notre sang, pour livrer à
» votre ancien maître notre tranquillité,
» notre Roi, notre plus cher avenir; en un
» mot, vous avez préparé en secret le triomphe
» du parjure et de l'usurpation. En vain vous
» voudriez échapper au blâme de l'histoire,
» elle vous poursuivra. La vérité, reprenant
» tout son empire, sera dégagée enfin du voile
» mystérieux derrière lequel vous la tenez
» cachée depuis la ruine de votre puissance
» et les jours de votre confusion. » Telle étoit
l'accusation que portoient les royalistes ; et,
en effet, toutes les traces de la conspiration
n'étoient pas anéanties ou effacées. Des pièces
authentiques (1), émanées des conjurés eux-
mêmes, avoient échappé aux précautions minutieuses qui devoient en faire disparoître jus-

---

(1) Voyez les pièces du procès de Lefebvre-Desnouettes, du général Rigau, de Clausel, et de Savary.

qu'au moindre indice. La Providence a voulu, pour l'honneur de la nation, qu'elles fussent déférées en quelque sorte à l'Europe par un ministre dévoué à son Roi (1). Elles fixent irrévocablement l'opinion sur la trame du 20 mars, et en appuient le récit de toute leur authenticité ; elles prouvent que sous la direction de conspirateurs rusés, des officiers-généraux débauchoient les troupes pour relever le trône de l'usurpateur. Les grands coupables, il est vrai, n'osant proclamer eux-mêmes la défection, cherchoient dans l'armée des instrumens, des complices, et livroient aux militaires l'exécution du complot ; c'est ainsi que la préméditation est restée vague et obscure à l'égard des conjurés de l'ordre civil, plus savans dans l'art des conspirations.

Des considérations plus générales forcent aussi de reconnoître que le 20 mars n'appartient pas seulement aux adhérens de Buonaparte, mais encore à la politique imprudente de l'Europe, aux dispositions factieuses d'une partie de la nation, à l'aveuglement du ministère, au découragement et aux dissensions des royalistes ; il seroit donc aussi injuste d'imputer tous nos malheurs à l'universalité de

---

(1) Le duc de Feltre.

l'armée qu'à la nation tout entière. Que d'hommes égarés, en effet, par de faux prestiges, gagnés par de perfides insinuations, dominés par de vaines frayeurs ! Non, l'histoire ne confondra point l'entraînement avec la préméditation; l'erreur avec le crime. Remontant aux causes morales de tant d'excès et de désordre, elle les trouvera dans cette indifférence universelle pour le bien et pour le mal; dans cette ignorance du juste et de l'injuste, qui ne cessa d'égarer l'opinion; dans cette funeste incertitude sur ce qui est légitime et sur ce qui ne sauroit l'être. De là l'oubli des principes sociaux et des maximes fondamentales sur lesquels repose la sécurité des empires; de là aussi ce dogme affreux qu'en politique il n'y a point de crimes, et que le succès justifie tout.

Ces réflexions préliminaires répandront peut-être quelques lueurs sur un sujet mystérieux et terrible. Ce n'est d'ailleurs qu'en remontant aux sources des révolutions qu'on peut en assigner l'origine, et en suivre les traces au milieu de la confusion qui les accompagne.

Ils ne furent que trop fugitifs les jours heureux de la restauration (nous en avons retracé le tableau); et pourtant ce dénouement inattendu, ou plutôt ce miracle, car il trompoit tous les calculs humains, avoit rempli la France d'espérances et de joie. Les révolutionnaires, les régicides eux-mêmes en avoient été frappés. Tous avouoient qu'ils s'étoient trouvés entraînés à partager l'alégresse publique. La France marchoit vers la plus brillante prospérité. Mais bientôt l'avenir parut obscur et incertain. On agissoit, il est vrai, sans contrainte ; on pensoit tout haut ; les arts, les lettres, le commerce, les plaisirs renaissoient, et cependant on ne retrouvoit ni le repos de l'esprit, ni la sécurité de l'âme ; un malaise général, ou plutôt une maladie morale tourmentoit la nation. Les royalistes s'affoiblissoient en se divisant. Les uns vouloient affranchir le Roi de tous les liens de la révolution, et en s'épurant ils s'isoloient ; ils sembloient perdre leur énergie depuis qu'ils avoient recouvré l'objet respecté de leur culte ; d'autres plus nombreux tenoient au maintien d'un régime mixte ; et pour conserver l'autorité, ils s'efforçoit d'enchaîner le roi dans un cercle d'attributions. Plus impatiens, plus audacieux, les révolutionnaires frémissoient au nom seul des Bourbons, dont il se refusoient à reconnoître les droits. Sous ce dernier point de vue ils faisoient déjà cause commune avec les adhérens de Buonaparte qui, déconcertés un moment, s'étoient ralliés de nouveau. Alors s'opérèrent des rapprochemens que peut seul expliquer la perversité du cœur humain. On vit le républicain, spéculatif en proie à ses illusions, s'unir au partisan du despotisme militaire; on vit le révolutionnaire obscur, délaissé, méconnu par celui qu'avoient enrichi les spoliations, ajourner ses ressentimens jusqu'au jour où la chute du trône légitime, devenu l'unique ennemi, lui permettroit d'invoquer de nouveau cette égalité fallacieuse qui l'avoit abusé si long-temps. Des hommes abîmés de dettes, perdus de réputation, couverts d'infamie, s'enrôlèrent dans un parti qui promettoit aux uns le pouvoir et la richesse, aux autres l'espoir de se soustraire à la flétrissure de l'opinion publique. Ce fut sur l'armée que s'appuyèrent les factieux, persuadés qu'elle souffroit impatiemment un prince pacifique : rien ne fut négligé pour l'irriter. On lui présenta, sous des rapports capables de blesser sa fierté, le rétablissement de la maison militaire du Roi ; institution qui contrarioit le système révolutionnaire. Des vues, tout à la fois de convenances pour la majesté du trône, des récompenses pour ses anciens serviteurs, et de faveur pour quelques officiers de ligne, avoient porté le roi à cet acte de justice.

Recréées par Buonaparte, les armées le regardoient encore comme l'unique arbitre de leur existence. La plupart des généraux se trouvoient éloignés du souvenir de nos rois, presque autant par leur âge que par la nature des gouvernemens qui s'étoient succédés, et qu'ils avoient servis. Les dotations, institution féodale, fondement de leur fortune et de leur dignité, les avoient rendus l'appui naturel de la domination impériale. Tout étoit pour eux un motif de regret ou d'espérance.

Ce n'étoit pas un roi pacifique et sage que vouloient tant de jeunes militaires pliés aux volontés d'un maître toujours armé, enivrés du prestige des grades, accablés de décorations et d'opulence, et à qui les défaites même laissoient toujours la perspective de l'avancement. Il leur falloit un Attila, un Gengis-Kan, un Buonaparte enfin. La possibilité de son retour, rangée d'abord parmi les chimères, formoit déjà leur idée favorite. Un jour que devant plusieurs de ces aspirans à la gloire, on blâmoit Napoléon de n'avoir pas su mourir et de s'être soumis à une abdication pusillanime : « Il nous a au moins laissé l'espérance ! » s'écria un jeune colonel.

Toutefois, la nation inclinoit généralement pour le repos; mais il restoit dans les esprits un mouvement désordonné, que chaque parti essaya de tourner à son avantage. Divisées d'intérêts, et cependant unies dans leurs efforts, les factions s'approchèrent du trône pour en sapper les fondemens; chacune d'elle eut ses apôtres, ses écrivains, ses comités secrets et ses chefs. La moins redoutable en apparence, celle des buonapartistes, devança toutes les autres, se trouvant tout organisée, et la première en état d'agir. Pouvoit-on croire que des hommes, comblés naguère des faveurs de la fortune, entraînés tout à coup dans la ruine de leur maître, qui ne voyoient d'autre moyen de recouvrer le crédit et l'opulence qu'en rétablissant Napoléon, restassent spectateurs paisibles d'un ordre de choses qui non seulement les excluoit du pouvoir, mais les tenoit encore sous le blâme de l'opinion soulevée contre leur active participation à la tyrannie? On ne pouvoit admettre non plus que l'artisan des maux de l'Europe, plus habile encore à préparer des intrigues et à tramer des fraudes qu'à remporter des victoires, ne cherchât l'appui de ses adhérens, et ne formât de concert avec eux le plan d'une tentative pour se ressaisir de la couronne.

Traité avec une générosité que sembloient désavouer la raison et la politique, Napoléon qui, pendant dix ans, avoit fait trembler tous les rois, étoit, quoique vaincu et déchu, salué encore empereur. Il avoit fait son entrée à Porto-Ferrajo le jour même que Louis XVIII avoit fait la sienne à Paris; et le plus audacieux comme le plus turbulent des hommes étoit placé à dix milles seulement de la côte de Toscane, et à trois cents lieues de la ville qu'il avoit appelée la capitale du Monde. Tous les moyens de ruse et d'audace que son génie put lui suggérer, il les employa pour fomenter des troubles en Italie; pour alimenter en France le zèle de ses partisans, et pour préparer le réveil terrible de son ambition. Il s'enveloppa de mystères; il affecta d'être absorbé dans l'administration de son île, dans des travaux d'amélioration, et jouant le Dioclétien, promettant même, à l'exemple de Sylla, d'écrire les mémoires de sa vie militaire, le plus dur et le plus vain des hommes faisoit dire à son maréchal du palais qu'il se consoloit de la perte d'un empire, en songeant qu'il alloit régner sur des cœurs simples et fidèles. Il accueilloit les étrangers de marque, empressés de perpétuer sa renommée; il s'efforçoit de leur persuader que l'adversité n'avoit aucune prise sur son âme : et c'étoit derrière ce voile imposteur qu'il tramoit de nouveau le bouleversement de l'Europe.

Ses anciens confidens, ses affidés les plus intimes, tels que Bassano, dépositaires de tous les secrets de sa politique; Savary, qui en avoit consommé les forfaits; Regnault, le plus décrié, mais le plus habile de ses courtisans; Cambacérès, pour qui l'autorité a été la plus complète dégradation; Chamans de Lavalette, moins guidé par l'ambition que par la reconnoissance, rêvoient son retour, et nouoient déjà les fils d'une trame secrète, tous en pleine sécurité au sein de Paris, tous retranchés derrière le rempart de la Charte royale. Ils transmettoient séparément, ou de concert, à l'île d'Elbe, les rapports les plus circonstanciés sur l'état intérieur de la France, sur la marche de l'administration, sur les dispositions et la force des différens partis qui se disputoient l'opinion et le pouvoir. Le mystère et la circonspection présidoient aux conciliabules de ces créatures de Napoléon, trop signalées pour rien hasarder à découvert. Lavalette seul se trouvoit placé, dans l'opinion publique, sous un jour plus favorable. Ancien aide-de-camp, ancien émissaire de Buonaparte quand il n'étoit que général, Lavalette, devenu son allié par un mariage, peut-être même son ami quand il n'étoit que sur le chemin du trône, lui devoit sa propre élévation et sa fortune; il l'avoit servi depuis avec autant de désintéressement que de zèle. C'étoit, de tous les adhérens de Buonaparte, celui qui se recommandoit le plus, par son éducation soignée et par ses formes polies. Ami fidèle, administrateur complaisant, il n'avoit cessé de faire éclater, envers ses subordonnés, sa bienveillance et sa douceur. Napoléon, dans son infortune, tourna ses regards sur lui avec confiance. Lavalette conservoit, sur la direction générale des postes qu'il avoit administrée long-temps, une influence qui n'étoit pas même dissimulée : presque tous les courriers, plusieurs employés même lui étoient dévoués secrètement. Nul ne connoissoit mieux la France; nul n'étoit plus en état de faciliter le retour de Napoléon, l'objet de tous ses vœux. Aussi fut-il un des principaux artisans du 20 mars, dont il connut tous les ressorts.

Il falloit aux conjurés une contre-police pour éventer toutes les investigations de la police royale. On n'osa point confier cette mission délicate à Savary, le seïde de Buonaparte, à Savary, dont le nom seul excitoit la défiance et l'horreur, et dont l'ardeur imprudente pouvoit être plus nuisible qu'utile. On choisit, dit-on, Réal, tout aussi effrayé du pouvoir légitime, et qui avoit su débarrasser Buonaparte de Pichegru et de Moreau. Sous les dehors d'un homme aimable et bon, Réal, cupide et prodigue, passionné pour l'espionnage, ne rêvant qu'argent et police, étoit capable de signer en riant l'arrêt de mort de celui qu'il auroit protégé la veille. Il fit avec joie la police de Napoléon déchu, tout en feignant de s'occuper exclusivement de chimie, tout en déplorant le délabrement de sa fortune, et abandonnant même son hôtel pour mieux s'environner de mystère. Les rôles étant distribués, Joseph Buonaparte devint, en Suisse, l'intermédiaire entre l'île d'Elbe et Paris, facilitant la correspondance secrète et les relations conspiratrices. Surpris par la tempête du 31 mars, Joseph n'avoit eu que le temps de dérober et d'enfouir dans le environs de Paris ses richesses pour les mettre ensuite à couvert. A peine fut-il lui-même en sûreté, qu'elles devinrent l'objet de sa plus inquiète sollicitude. Il ne négligea rien pour en obtenir l'extradition furtive. Trois fourgons remplis des dépouilles de l'Espagne, évalués à plus de quarante millions de francs, filèrent vers la Suisse par Moret, non sans laisser des indices et sans éveiller quelques soupçons. Le gouvernement royal fut averti; on suivit la trace des fourgons de Joseph; on les atteignit même; et cependant ces riches dépouilles, fruit de tant de rapines, passèrent la frontière, malgré des ordres positifs. Dès que Joseph eût sauvé ses richesses, il ne songea plus qu'à en acquérir de nouvelles, et il se montra l'artisan le plus actif de la conjuration, dont le foyer étoit dans Paris. Etabli au château de Prangin, dans le pays de Vaud, l'aventurier Joseph, couronné deux fois et deux fois renversé du trône, retrouvoit, dans le dépit de sa vanité déçue, et dans la soif de l'or, assez de pénétration pour faire mouvoir les premiers fils de la trame qui alloit entraîner la ruine de la France. D'autres relations clandestines s'établissoient de Paris à l'île d'Elbe. Les émissaires des conjurés étoient porteurs de signes convenus, entr'autres de croix de la Légion-d'Honneur et du Lis, qui, s'ouvrant au moyen d'un ressort, laissoient voir l'effigie de Napoléon. Ils se rendoient directement à Marseille, sans paquet ni lettres; là ils les trouvoient, poste restante, sous des noms supposés, ou retirés par d'autres agens. Les preuves de ces relations suspectes étant venues à la connoissance du ministre de la maison du roi, on sut positivement qu'un agent secret (1) avoit abordé à Porto-Ferrajo le 1ᵉʳ juillet; qu'il avoit vu Buonaparte, et s'étoit entretenu avec lui sous les fortifications de la porte de terre; qu'il étoit revenu en France, et que deux autres émissaires (2) alloient partir séparément pour la même destination, après s'être donné rendez-vous à Marseille. L'un fut arrêté à Essonne le 3 août, et l'autre le 5, entre Château-Thierry et la Ferté-sous-Jouarre. Les pièces saisies étoient d'accord sur le projet du retour de Buonaparte. Une procédure fut instruite contre ces agens obscurs, sous la prévention d'être auteurs et complices d'un complot tendant à renverser le gouvernement royal. Mais l'intrigue et l'influence des conspirateurs firent avorter toutes les recherches, toutes les poursuites. On allégua que les charges n'étoient

---

(1) Le Sʳ P......
(2) Les Sʳˢ R.... et L....

pas suffisantes. Cet incident retarda peu le développement de la conjuration. La correspondance du comité secret fut confiée à des agens plus habiles. Comme tels, ont été désignés depuis l'émissaire Babeuf (1), fils du démagogue Babeuf, famille toujours conspirant, et toujours malheureuse : il revenoit de l'île d'Elbe avec des instructions indifférentes en apparence, mais dont la clef étoit connue des initiés de Paris ; et l'émissaire Randon, émule de Babeuf, dans ces missions clandestines, lequel mérita parmi les affidés de Buonaparte, par la célérité de ses voyages, le surnom de *Télégraphe* (2).

Les conspirateurs se jouoient de la police royale, dont presque tous les agens leur étoient vendus. Nul sans doute n'est doué de plus de lumières que le conseiller d'Etat qui dirigeoit alors la police ; nul n'est orné d'une

---

(1) Robert Babeuf, condamné en 1816, à la déportation, comme l'un des auteurs du *Nain tricolore*.

(2) Condamné à mort à Bordeaux, en mai 1817, pour avoir conspiré au nom de Buonaparte. Charles Monnier, adjudant du génie, l'un des chefs de la société secrète de l'Epingle Noire, condamné à mort en 1816, et dont la peine a été commuée par suite de ses révélations, faisoit aussi, dit-on, le voyage de l'île d'Elbe.

3*

instruction plus solide ; nul n'a des habitudes plus libérales : mais les talens d'un tel administrateur se trouvoient comme étouffés dans une sphère où l'on ne respiroit que la haine des Bourbons. Il ne suffisoit pas de donner à des bulletins secrets le style d'une composition académique, quand tout devoit être envisagé sous le point de vue de la perversité humaine, quand il s'agissoit de dissiper les factions qui minoient sourdement le trône, quand il importoit de ne pas laisser amortir toutes les lueurs d'une conspiration menaçante. La police du roi réclamoit un chef capable de sonder toutes les profondeurs de l'abîme révolutionnaire.

Les relations des conspirateurs, par la Suisse, quoique moins directes que par la voie de Marseille, étoient plus suivies et plus sûres. La position intermédiaire du château de Prangin, entre Naples et Paris, facilitoit singulièrement les communications avec l'île d'Elbe.

Dès le mois d'août, les magistrats de Berne, instruits que la frontière du pays de Vaud devenoit le centre de démarches suspectes, chargèrent M. Fauche-Borel, ancien agent royaliste, d'une adresse à Louis XVIII, pour les lui signaler. Après avoir témoigné le désir de renouer leurs anciens rapports avec la France, les magistrats de Berne représentent la nécessité de surveiller les trames qui s'ourdissoient visiblement ; et ils désignent les personnages dont le séjour dans le pays de Vaud causoit de l'inquiétude, éveilloit les soupçons, et justifioit les craintes. Une autre adresse du canton de Lausanne dénonça ouvertement la correspondance de Joseph Buonaparte avec l'île d'Elbe ; ses intelligences avec l'intérieur de la France, et les sommes considérables qu'il en recevoit.

De tels renseignemens eussent mérité, sans doute, d'attirer l'attention des ministres du roi ; mais la plupart les transformoient en alarmes vaines et puériles, propres à faire dévier la marche *constitutionnelle* du gouvernement. On n'apercevoit point dans le ministère la main puissante capable d'imprimer à l'administration cette vigueur salutaire contre laquelle viendroient échouer les tentatives des factieux.

Parmi les ministres, il en étoit un que les mécontens de tous les partis élevoient au-dessus de ses collègues pour l'environner de plus de préventions et de haines. Honoré de la confiance particulière du monarque, M. le comte de Blacas recherché par tous les partis, et ne voulant en servir aucun, se trouvoit, par là même, exposé à l'importunité de toutes les prétentions et au délire de toutes les espérances. L'ignorance de sa véritable position étoit telle, qu'on le regardoit généralement comme un ministre principal, sous la volonté duquel tout plioit dans le conseil, tandis que chacun de ses collègues jouissoit, dans la sphère de son département, de l'indépendance la plus complète.

En butte à toutes les intrigues, le comte de Blacas ne montra point cette connoissance profonde des hommes, fruit d'une longue expérience, et que réclament les temps difficiles. Mais les lumières de son esprit, la noblesse de ses sentimens, la droiture de son caractère, et la pureté de son amour pour le roi, n'ont pu être méconnus ou calomniés que par la haine la plus aveugle. Comme homme d'Etat, ses principes n'étoient pas moins louables. « Quiconque a servi Buo- » naparte dans l'intérêt de la France, a servi le roi. » Telle étoit la règle de son jugement. Le public supposoit ce ministre tout-puissant, tandis que tout le maîtrisoit. Un jour que le marquis de Chabannes sondoit devant lui le précipice où étoit entraîné le roi, ces paroles lui échappèrent : « Si, comme vous le pensez, j'étois le » maître, mon cher marquis, vous ne verriez » pas tout ce que vous voyez, et vous verriez » tout ce que vous ne voyez pas. » Une autre fois, à la suite d'une explication très-vive, il s'exprima en ces termes : « Tout ce que je désire, » c'est que le roi me permette de me retirer. » Ces deux traits peignent à la fois le ministre et la difficulté de sa position. Personne alors n'avoit un pouvoir réel, ni le roi, ni les chambres, ni les ministres. Environnée d'obstacles et de fermens de discorde, l'administration ne pouvoit consolider le trône des Bourbons avec les seules ressources constitutionnelles : dans ses mains, la constitution, n'étoit pas une autorité. Les factieux ne l'invoquoient que pour arrêter l'action du pouvoir, tandis que la dictature royale (1) eût été seule capable de sauver l'Etat. L'idée de donner plus de force au gouvernement, choqua toutes les ambitions ; et aucune ne se déguisa quand il fut question de porter dans le cabinet

---

(1) Accordée ensuite par les deux chambres, dans la session de 1815.

du monarque l'unité de l'administration et de la police. On fit suspecter les intentions du roi, de sa famille, de ses vrais serviteurs; et toutes sortes d'entraves furent opposées à un gouvernement qui n'auroit pas cessé d'être paternel, tout en blessant les maximes révolutionnaires. Le roi ne s'attacha que plus fortement à la charte constitutionnelle, essayant d'arracher cette arme à ceux qui ne vouloient s'en servir que pour miner l'autorité royale.

Ainsi, la France, forte de ses sentimens, de ses opinions, de ses intérêts et de ses propriétaires, resta sans action : les agens soldés gouvernèrent seuls. Dès lors s'évanouit tout espoir de rallier les différens partis au roi; d'épurer les tribunaux et les administrations; de les peupler, non de royalistes, mais de fonctionnaires et d'employés qui voulussent bien se soumettre au roi, ou tout au moins le souffrir. Alors s'introduisit parmi les serviteurs du roi, ce pernicieux système de contracter des engagemens avec les partis de la révolution, sorte de pacte imaginé pour la sécurité des conspirateurs. Dès lors la France fut tout aux factions ennemies du trône légitime.

Napoléon, toutefois, n'eut d'abord d'autres

adhérens que cette poignée d'hommes attachés spécialement à sa fortune, parti peu nombreux, généralement décrié, mais qui se recrutoit chaque jour parmi les mécontens les plus exaspérés de l'armée et de l'ordre civil. Déjà ses plus zélés partisans se rassembloient et se concertoient, tantôt à Neuilly, tantôt dans une maison écartée du faubourg Saint-Marceau, tantôt à Saint-Leu, chez l'ex-reine Hortense, à qui l'opinion publique prête un si grand rôle dans la trame du 20 mars. Cette femme devenue célèbre par l'empire secret qu'une mère, aussi complaisante qu'habile, lui avoit ménagé sur les sens d'un soldat, capricieux dans ses amours comme dans ses autres entreprises, souvent délaissée, avoit perpétué son crédit dans une cour où les intrigues galantes étoient les seules que tolérât la défiance. Elle s'étoit montrée inconsolable de la chute de celui qu'elle regardoit plutôt comme un dieu que comme un homme. Rongée de regrets et de dépit, consumée par des feux mal éteints, elle jeta, dit-on, les fondemens de la première association secrète en faveur de Buonaparte : son hôtel, sa maison de Saint-Leu, devinrent le rendez-vous des buonapartistes. En peu de temps le parti se régularisa. La correspondance active, dirigée spécialement par Bassano, Savary et Lavalette, fut confiée à des agens actifs, qui la transmettoient en toute hâte, soit à l'île d'Elbe, soit à Naples.

Les rapports de Paris ne déguisoient rien. Napoléon connut, avec la même exactitude qu'au temps de sa haute fortune, l'état moral et politique de la France, qui venoit de le rejeter de son sein. Il ne pouvoit plus se dissimuler que la majorité de la nation l'avoit en horreur, et ne le reverroit qu'avec effroi; qu'il avoit peu de partisans réels, même parmi les ennemis des Bourbons et les adversaires les plus acharnés du principe de la légitimité. Il sut que les révolutionnaires lui reprochoient avec amertume d'avoir compromis tous les fruits de la révolution, dont il s'étoit montré dépositaire aussi imprudent qu'infidèle; il reconnut, enfin, que son rétablissement seroit impraticable sans la jonction et la coopération de ce parti, dont la force augmentoit en proportion du relâchement des ressorts de l'État; et qu'il ne pouvoit se flatter de rattacher à sa cause sans d'immenses concessions.

Deux hommes presque aussi fameux, Carnot

et Fouché, en étoient réputés les chefs; mais l'un alloit l'emporter sur l'autre, autant par la vieille renommée de ses crimes, que par celle de sa dextérité politique.

Tous deux régicides, tous deux sortis de cette assemblée, dont les dangereux débris se traînent aujourd'hui dans des contrées qui les repoussent, ils tenoient, pour ainsi dire, dans leurs mains le sceptre de la puissance révolutionnaire. L'un, Carnot, fier du renom de républicain rigide, de militaire savant, d'administrateur intègre, se présentoit comme en étant l'élite. C'étoit lui, en effet, que les hommes de la révolution avouoient avec le plus d'espoir et de complaisance; lui qui avoit participé au gouvernement de la terreur et des échafauds; lui qui, victime de ses passions haineuses, s'étoit fait proscrire comme royaliste par ceux même qui l'avoient élevé à la première magistrature républicaine; lui enfin qui, après avoir d'abord opposé une résistance honorable aux premières usurpations de Buonaparte, lui avoit vendu ses services quand il n'avoit plus été que l'oppresseur de la patrie. L'autre étoit ce Fouché de Nantes, qui ne devoit qu'à une impitoyable révolution d'avoir été porté au premier rang des person-

5.

nages contemporains de cette cruelle époque. Sorti d'une corporation religieuse pour se jeter dans nos troubles sanglans, Fouché figura aussi dans cette assemblée, devenue l'écueil de la vertu et l'effroi du monde. Là, se montrant le plus fougueux adepte de la démagogie et de l'impiété, niant l'immortalité de l'âme, propageant ce dogme affreux dans ses proconsulats, il se couvrit à Lyon du sang de ses concitoyens; il montra, au milieu des ruines, des larmes et des cadavres, la froide cruauté de ces tyrans qui se jouent de la vie des hommes.

Mêlé depuis à toutes nos agitations populaires, artisan de troubles, rusé conspirateur, Fouché, abjurant l'égalité, ne se montra plus avide de sang, mais de pouvoir et de richesses. Ce fut dans l'exercice de l'autorité la plus sinistre, qu'il fonda sa haute fortune. Maîtrisant les factions, par un patronage hypocrite, tandis qu'il aidoit à arroser de sang le trône de Napoléon, et qu'il traînoit lui-même à ses pieds, royalistes et républicains, il les vainquit à la fois par la peur, la corruption et la perfidie. Bientôt toutes les opinions, tous les partis s'étonnèrent d'avoir un protecteur commun, et ce protecteur étoit un ministre de la police. Son extrême habileté consistoit à anéantir tout principe de morale publique, pour tout rattacher à la force et au pouvoir de l'or. Aucune classe qui ne fût avilie; aucun sentiment noble qui ne fût éteint; la bassesse seule prospéra; elle fonda la sécurité de l'usurpation. Qui le croiroit? Fouché essaya de donner du lustre à ce que les hommes ont imaginé de plus vil, la délation et l'espionnage. Tels furent les trophées de ce corrupteur de l'honneur français, érigé en homme d'État par tout ce que l'État renfermoit de plus impur; devenu l'arbitre de tous les partis, de toutes les personnes, de tous les intérêts; le régulateur de l'opinion; le mobile de toutes les affaires secrètes. Environné et soutenu par une armée de cliens et de flatteurs; caressant toutes les factions pour s'en faire un appui; n'ayant plus d'autre vue que de rester ministre, quel que fût le gouvernement; quel que fût le souverain, ce demi-Séjan excita la défiance du nouveau Tibère, et encourut sa disgrâce. La restauration trouva Fouché relégué loin de la capitale; puni dans son ambition, et rongé de chagrin de n'avoir pu aider au renversement de l'édifice colossal qu'il s'étoit complu à élever. Il accourut au pied du trône légitime, affectant les remords, et offrant, à tout prix, ses services à l'auguste famille qu'il avoit outragée. L'opinion, tant elle étoit déjà flétrie, le désignoit dès lors comme le seul homme capable de fonder la sécurité des Bourbons; mais le cri de l'indignation le repoussoit. Fouché, l'adversaire le plus dangereux du principe de la légitimité des couronnes, n'aspira plus qu'à faire lui-même un roi pour régner en son nom. Ce fut dans ces dispositions que le trouvèrent les mécontens: ils eurent bientôt en lui un chef plein de sagacité, et pouvant disposer encore d'une partie des élémens du corps politique. Une sorte d'affiliation révolutionnaire s'établit alors de proche en proche, dirigée secrètement par Fouché, et composée des hommes les plus déterminés dans toutes les classes, d'autant plus dangereux, qu'un même esprit et un même intérêt les réunissoient; qu'ils avoient des chefs secondaires, des ramifications dans l'armée, dans les administrations de l'Etat, et qu'ils pouvoient s'entendre en même temps sur toute la surface de la France. Aucun succès ne parut possible sans la coopération de Fouché, devenu l'espoir et la boussole de ce parti. Mais il falloit un point de ralliement, il falloit aux révolutionnaires un éclat pour constater leur force : Carnot, arborant le premier l'étendard, entra le premier dans la lice, armé d'un écrit incendiaire en forme de mémoire, où il distilla tout le fiel de sa haine contre les Bourbons et contre les prêtres. Il y évoqua toutes les passions populaires ; il attaqua tout ce qui est respectable, caressa le penchant qui pousse la multitude à l'irrévérence, à la révolte ; et proclamant le régicide, enveloppa toute la nation dans le crime des meurtriers de Louis XVI. La foiblesse du ministère servit comme d'égide à la publicité scandaleuse de cet écrit, vrai brandon de discorde. Le comble de l'audace fut de l'adresser au Roi. Ainsi le mémoire de Carnot devint non-seulement un manifeste contre la royauté, mais une victoire remportée sur elle. La lice étant ouverte, on vit succéder à Carnot, le coryphée du parti révolutionnaire, Mehée de la Touche, qui en étoit la honte. Cet homme, délateur aux gages de Napoléon, couvert d'opprobre, écrasé sous le poids de l'accusation la plus terrible qu'aient jamais fait naître nos discordes civiles (1) „ se montra avec impudence, à l'ombre de son impunité consacrée.

────────────

(1). Les massacres de septembre 1792.

Il décria la restauration dans d'insidieux pamphlets; il attaqua les ministres, les émigrés, les prêtres, le Roi lui-même, exaspérant toutes les idées révolutionnaires, et alarmant tous les intérêts émanés de la révolution.

Puisqu'un tel nom, une telle plume, n'inspiroient pas une horreur universelle, il n'étoit que trop évident que l'esprit de faction triompheroit désormais de la morale publique.

Carnot et Méhée apprirent aux factieux tout ce qu'ils pouvoient tenter impunément contre la religion et la monarchie. On les réfuta; mais sans utilité, sans succès. La dépravation de l'opinion, ainsi accélérée, marcha vers la subversion générale. Alors quelques hommes attentifs se rappelèrent cette prédiction de Burke : « Si après la res-
» tauration la punition des régicides est né-
» gligée, avant un an le gouvernement sera
» renversé de nouveau. » Comme s'il eût été réservé à ce politique profond de prédire, avec une certitude rigoureuse, un événement dont la prévoyance devoit échapper douze ans plus tard à l'Europe entière.

En effet, la plupart des régicides, et tous les révolutionnaires consommés, plus particulièrement ceux qui, sous le régime impérial, avoient eu de l'influence et du crédit, se groupèrent autour de Fouché et de Carnot : ils les reconnurent pour chefs et pour guides. Dans l'armée comme dans l'ordre civil, les partis se prononcèrent avec les mêmes nuances. Les officiers généraux en activité ou en retraite, dont le nombre sembloit plutôt avoir grossi que diminué par tant de guerres, se divisèrent en buonapartistes, en révolutionnaires, et en royalistes; mais, comme dans l'ordre civil, les adhérens de l'usurpateur furent les premiers qui se rallièrent.

Ceux qui se sont condamnés eux-mêmes, par leur coopération active au 20 mars, sont réputés aussi n'avoir pas été étrangers aux comités d'insurrection établis à Lyon, à Grenoble, à Metz, à Lille, à Paris, et dans d'autres divisions militaires. Citer Drouet d'Erlon, Grouchi, Piré, Lefebvre-Desnouettes, Clausel, Hullin, Excelmans, Dejean fils, et Arrighi; citer Lobau, Brayer, Fressinet, Gilly, Vandamme, les frères Lallemand, Mouton-Duvernet, Cluys, Ameilh, Marbot, et Alix, c'est désigner la plupart des généraux nominativement exclus du pardon de la loi! Il en est d'autres encore qui, pour s'être soustraits à la vindicte publique, n'ont pu échapper à la notoriété du blâme, et dont les noms viendront se mêler aux événemens. Mais on ne vit d'abord figurer dans les réunions factieuses aucun des chefs de l'armée, de ces grands officiers de la couronne, de ces héritiers naturels de l'honneur français; aucun maréchal de France enfin. Sûrs des faveurs du monarque, comblés presque tous des plus honorables distinctions, ils suivoient la plupart une ligne de conduite si loyale, que les conspirateurs les plus hardis n'osèrent d'abord les sonder. Un seul, le maréchal Davoust, éloigné de la cour, et dans une sorte de disgrâce, leur parut plus accessible. Aussi célèbre par ses sévérités que par ses talens militaires, exécuteur inflexible des volontés de Buonaparte, on l'avoit vu quand la fortune avoit trahi son maître, défendre contre une armée entière Hambourg, devenue la clef de l'Allemagne septentrionale. Mais dans sa résistance opiniâtre et courageuse, il avoit accablé cette ville de maux inouïs. Tant de sacrifices étant perdus, il n'en resta bientôt plus que de douloureux souvenirs. Rentré en France après la restauration, le maréchal fut poursuivi par une accumulation de plaintes graves : elles parvinrent au roi. Forcé alors de se justifier d'avoir dépouillé la banque de Hambourg, d'avoir rendu odieux le nom français par des actes arbitraires, d'avoir fait tirer le canon sur le drapeau blanc qui lui annonçoit le rétablissement des Bourbons, le lieutenant de Buonaparte adressa un mémoire au roi. Aucune enquête n'ayant été ordonnée, sa justification resta incomplète, tandis que des cris de blâme retentissoient de toutes parts. Dans cet état de défaveur pour une cause que les adhérens de Napoléon vouloient faire revivre, le maréchal nourrit l'espoir des factieux, par cela même qu'il excitoit la défiance du gouvernement royal. Nous ne scruterons ni ses vœux, ni ses démarches, pendant que s'ourdissoit la trame en faveur de l'homme qu'il étoit disposé à servir avec tant de zèle; nous aurons une tâche moins pénible à remplir, quand, plus tard, nous le verrons déposer son épée aux pieds de son roi; mais son nom que les factieux invoquoient, ne pouvoit échapper à l'investigation du 20 mars.

L'histoire ne sauroit donc percer tous les nuages qui enveloppent les premières menées de cette sourde intrigue, ni démêler ce qui appartient plus spécialement à la faction révolutionnaire, ou à la faction buonapartiste,

Assigner positivement leur participation respective à ces mouvemens précurseurs, seroit aussi difficile que de déchirer tout-à-fait le voile qui couvre les opérations ténébreuses des conjurés. Ce qu'il importe d'établir, et à cet égard les témoignages sont unanimes, c'est que le parti révolutionnaire étoit alors distinct du parti de Napoléon, qui agissoit à part, et méditoit le retour de l'homme dont les destinées n'étoient pas accomplies. Ses adhérens avoient d'ailleurs l'avantage d'un but fixe, et d'un plan déterminé. Plus militaire que civile, cette faction tendoit, concurremment avec le parti révolutionnaire, à détrôner la dynastie légitime. A peine pourrions-nous suivre leurs traces, si parmi les coopérateurs du 20 mars, il ne s'en étoit trouvé qui, laissant échapper, ivres de leur triomphe, l'indiscret aveu de leur préméditation, n'en eussent révélé eux-mêmes quelques circonstances secrètes. Transformées en dépositions judiciaires, elles ont acquis tout le poids de documens historiques. En combinant les déclarations faites au procès du maréchal Ney et du lieutenant-général Clausel, les preuves matérielles produites dans d'autres procès capitaux, les détails divulgués pendant les *cent jours*, et ceux dont nous ne sommes redevables qu'à nos propres recherches, voici ce que nous trouvons de plus avéré sur le développement de ce vaste complot divisé d'abord en deux branches.

On attribue à Fouché les bases d'un premier plan qui consistoit à détrôner le roi, et à proclamer ensuite soit un prince d'une autre dynastie, soit une république provisoire, pour mettre la couronne à l'encan, ou pour déférer la dictature à Eugène Beauharnais. Frappés de l'idée que leur gloire est compromise, ou plutôt poussés par l'ambition, quelques officiers généraux, parmi lesquels on désigne Drouet d'Erlon, Clausel, Excelmans, Fressinet, arrêtent, de concert avec les principaux révolutionnaires, de s'emparer de la personne du roi, et des princes de la famille royale ; et après les avoir expulsés du royaume, de proclamer le duc d'Orléans(1). Ils ne peuvent être arrêtés par

---

(1) Selon la déposition faite, dans le procès du général Clausel, par M. de Martignac, chef d'escadron de la garde nationale de Bordeaux, envoyé vers Clausel comme parlementaire, le 31 mars 1815, cet officier-général lui dit « que la » France ne pouvoit exister sous le gouvernement du Roi, » que l'armée vouloit absolument un autre chef ; que l'offre » du trône avoit été faite à un autre prince par plusieurs géné- » raux, du nombre desquels, lui Clausel avoit été, et que sur

les sentimens de fidélité et d'honneur, manifestés par ce prince, rien n'indiquant de sa part des vues ambitieuses ou criminelles. Les conspirateurs se persuadent qu'on peut fuir la couronne, mais qu'on ne la rejette jamais ; et cette opinion, ils l'expriment dans des repas clandestins où, se levant de table, ils portent le toast suivant : *Pour lui et malgré lui*. Dans leur vive impatience de se donner un maître à leur gré, ils jurent d'enlever le roi à la première occasion favorable, aidés par de nombreux affidés militaires répandus dans Paris. Ceux-ci n'attendent que le signal de leurs chefs pour tout entreprendre, brûlant de s'enfoncer dans une nouvelle révo-

---

» le refus de ce prince, on avoit rappelé Buonaparte qui ne » pouvoit plus être despote, parce qu'il avoit promis d'obéir » aux lois qu'on lui avoit imposées. » Ces aveux étoient parfaitement conformes à ceux qui venoient d'échapper au maréchal Ney (ainsi qu'on le verra bientôt), immédiatement après sa défection. Le témoignage de M. de Martignac est d'autant moins suspect, que Clausel lui-même (dans son Mémoire justificatif) regarde cet officier comme un homme loyal et un homme d'honneur. D'autres dépositions et plusieurs documens, tels que la lettre de Fouché au duc de Wellington, et plusieurs discours tenus dans les deux chambres de Buonaparte, après la seconde abdication, confirment pleinement l'existence d'une faction active, formée en 1814 et en 1815, en faveur d'une dynastie illégitime, autre que celle de Buonaparte.

lution qui leur ouvre la carrière de l'avancement et de la fortune. Déjà les conjurés ont été avertis que le roi doit se rendre au spectacle de l'Odéon, et ils décident que ce jour-là même éclatera le complot qu'ils qualifient d'expédition militaire. L'exécution en est confiée au général Fressinet, l'un des plus ardens promoteurs de la trame. Le soir même, la famille royale doit sortir du palais, et traverser le faubourg Saint-Germain. Tout étoit déjà réglé à la cour, quand le duc de Raguse (1) reçut l'avis secret qu'on tenteroit d'enlever le roi. Le maréchal, sans différer, se rend auprès du monarque, et le conjure de ne point sortir du palais ; c'étoit aussi l'opinion des courtisans. Mais le roi montrant cette fermeté calme qui sied si bien à un grand pouvoir, résiste aux instances, et repousse toute représentation par cette seule parole : *J'irai*. On se borne alors à de simples mesures de précautions ; les postes sont doublés ; toute la maison militaire est sous les armes. Les factieux étonnés, ou plutôt instruits que leur dessein est pénétré, se dispersent, et laissent les ministres incertains, si la conspiration est

_____

(1) Alors capitaine des gardes en fonctions.

réelle ou imaginaire. Cette dernière opinion étoit celle du comte Beugnot, chargé de la police du royaume ; aucune trace, aucun indice de conspiration ne lui étant parvenu avant l'avis donné par le duc de Raguse. Les plus promptes recherches n'avoient produit aucune découverte ; on avoit même trouvé couché, et se disant malade, l'officier général réputé l'auteur du complot. Selon les uns, il étoit réellement imaginaire, et ne tendoit qu'à égarer le ministère royal dans les voies d'une fausse trame. Selon d'autres, les chefs du parti révolutionnaire, et ceux de la faction de l'île d'Elbe, aspirant aux mêmes résultats par des moyens différens, se croisèrent dans leur route ténébreuse. Les buonapartistes, avertis du plan formé par leurs concurrens, le firent avorter en le divulguant eux-mêmes, pour fondre tous les intérêts de la révolution dans un seul et même intérêt, celui du rétablissement de Buonaparte. On attribue cette idée à Thibaudeau, voué à son ancien maître, et qui brûloit de faire prévaloir l'usurpation. Il est positif qu'il rapprocha les deux partis. Ce rôle convenoit à un homme avide d'or et de pouvoir, inscrit en lettres de sang sur le contrôle des régicides, et l'un des plus ardens promoteurs du despotisme militaire et de ses excès. N'avoit-il pas aspiré ouvertement aux grandes préfectures, pour se gorger de richesses à Bordeaux, à Marseille, fatigant ses administrés par sa cupidité effrénée, se jouant de leurs plaintes, étalant le luxe d'un Sybarite, lui qui, pendant le régime de la terreur populaire, avoit affecté la rigidité d'un Spartiate; lui qu'on avoit surnommé *la barre de fer*, pendant nos divisions sanglantes auxquelles il avoit participé : l'or seul pouvoit l'amollir. Se montrant, depuis le retour du roi, l'un des ennemis les plus acharnés des Bourbons, il jouissoit d'une égale prépondérance auprès des buonapartistes et des révolutionnaires. Il représenta, dit-on, à ces derniers que la réunion seule de deux partis dont les intérêts étoient les mêmes replaceroit la révolution sur le trône; mais que, sans l'appui de l'armée, rien n'étoit praticable; qu'il falloit appeler l'armée pour décider la victoire, et appeler Buonaparte pour entraîner l'armée; que son apparition seule frapperoit les esprits, feroit frémir de joie le soldat, et produiroit un ébranlement général, gage certain du succès de l'entreprise : qu'une révolution sans Buonaparte ne produiroit qu'anarchie dans l'armée et dans l'Etat; que la masse compacte de tous les partis nés de la révolution, et ralliés sous la même égide, devenoit indispensable, afin de rompre cette ligue de rois qui se montroient disposés à s'immiscer dans nos querelles; que la cause de la révolution avoit rétrogradé le 31 mars, et que, depuis, ses plus fermes vétérans étoient partout menacés d'une ruine totale et de réactions funestes; mais que, partout aussi, le danger étoit aperçu, et que les amis de la liberté formoient déjà, dans toutes les parties de l'Europe, une fédération secrète, capable de balancer les efforts et le crédit des partisans des vieilles maximes, et de ménager aux amis de la liberté un triomphe plus solide et plus durable; que, pour atteindre ce but, les partisans de l'indépendance n'avoient plus qu'à se rallier sous un chef unique, dont le génie fût capable de régler la politique de l'Etat et de conduire à la victoire les phalanges de la liberté; que ce rôle dominant n'appartenoit qu'à Buonaparte, rendu plus sage par le malheur, et dont l'ambition seroit plus aisément contenue dans les limites d'un pouvoir raisonnable; mais, surtout, qu'il falloit associer les soldats et le peuple à cette grande entreprise, sans négliger aucun moyen accessoire, ni aucun artifice; car succomber en politique, étoit un crime, et qu'il n'y avoit de louable que le succès.

Thibaudeau eut ensuite des conférences avec les officiers généraux qui repoussoient à la fois Buonaparte et le roi légitime, et par degrés il les ramena à son opinion. Ceux-ci sondèrent un grand nombre d'officiers supérieurs et subalternes, qui tous affirmèrent, soit qu'ils fussent subornés, soit qu'ils le crussent réellement, que les soldats n'aspiroient qu'après le retour de Buonaparte. On renonça dès-lors au projet de faire au duc d'Orléans des propositions directes, ou de rétablir le gouvernement républicain. Fouché lui-même, contrarié dans ses combinaisons par l'existence avérée d'un parti buonapartiste, jugea que Napoléon serviroit au moins de drapeau pour rallier l'armée aux révolutionnaires et les révolutionnaires à l'armée, sauf à le culbuter ensuite; car Fouché, au fond de l'âme, haïssoit Buonaparte, qui n'étoit plus à ses yeux qu'un personnage usé et flétri. Il consentit à ce qu'on fît des ouvertures aux affidés de Napoléon, par l'intermédiaire de Thibaudeau. Ce dernier réconcilia d'abord Fouché avec Savary, proposant ensuite d'admettre dans les conférences, Bassano, Lavalette, Regnault, Cambacérès, Boulay de la Meurthe, Defermon, Merlin de Douai.......... Les débats furent fort animés, les principaux révolutionnaires exigeant, par l'organe de Fouché, des concessions et des garanties, refusant même de se joindre à Buonaparte, si, abjurant le despotisme, il n'adoptoit le système de gouvernement qu'ils appeloient *libéral*. On rédigea une sorte de convention politique signée en commun, et Thibaudeau fut chargé d'aller présenter à Buonaparte ou à ses fondés de pouvoir les conditions que proposoient les conjurés.

En même temps Fouché envoyoit un émissaire à Rome et à Naples pour sonder Murat et Lucien; Murat surtout, accoutumé à céder à ses impulsions, et qu'il avoit détaché de Napoléon en 1813. Il se flattoit de le faire entrer dans ses vues, ainsi que Lucien, pour former une prompte coalition de tous les élémens révolutionnaires de la France et de l'Italie, afin de l'opposer à la ligue des rois.. La grande infortune de Napoléon avoit touché Lucien qui rêvoit aussi la restauration de sa famille. Les deux frères s'étoient réconciliés. Quant à Murat, menacé des mêmes revers que Napoléon, il continuoit avec l'île d'Elbe ses relations mystérieuses. Persuadé que l'union seule feroit sa force, et que le concert, si nécessaire à Napoléon pour ressaisir le sceptre du Monde, ne lui étoit pas moins commandé à lui-même pour affermir sa couronne chancelante, il envoya des agens secrets s'aboucher à Rome avec ceux de Napoléon et avec Lucien. Tous délibèrent sur l'adoption des moyens les plus propres à soulever la France et l'Italie au nom de la liberté et de l'indépendance des peuples ; tous flattent Murat d'être enfin l'arbitre de l'Italie. Dès-lors il n'hésite plus de s'abandonner à sa destinée, grossissant chaque jour ses forces des déserteurs et des réfugiés italiens qui se déroboient aux enrôlemens de l'Autriche ; formant des plans vastes pour l'avenir, et combinant tous les élémens d'une révolution militaire et politique.

Quand Lucien eut la certitude que les révolutionnaires de Paris consentoient au rappel de son frère, il promit sa coopération, ne dissimulant pas néanmoins les inconvéniens et les hasards de l'entreprise. Une grande célérité, avec l'annonce d'une liberté jusqu'alors chimérique, présentée comme réelle, telles étoient les bases du plan de Lucien. Il insistoit, surtout, pour qu'on frappât les esprits par une convocation nationale, qui pût réveiller les passions et les espérances, sous le nom d'*Assemblée du Champ-de-Mai*, idée tout entière à Lucien, et qu'il avoit puisée dans son poëme de *Charlemagne*. Rien, dans ce projet, ne choquoit les vues des principaux révolutionnaires de Paris, qui vouloient aussi opposer à l'ascendant militaire de Buonaparte les idées primitives de la révolution, et les passions qu'elle avoit fait naître. Deux hommes aussi prépondérans que Fouché et Lucien, une fois d'accord, il leur devenoit facile de régler la détermination de Buonaparte, qui ne pouvoit plus rien sans le secours des factions agissantes. A mesure que la trame prenoit plus de consistance, des émissaires moins obscurs que les Randon et les Babœuf étoient envoyés à Porto-Ferrajo. Le docteur Renoult, médecin de Mme de Rovigo et de ses enfans, devint le coopérateur et l'intermédiaire entre l'île d'Elbe et les conjurés (1). Sur le premier avis

---

(1) Les archives de la police ont fourni à ce sujet un document très-important; c'est une recommandation adressée par Savary, après le 20 mars, à Fouché, duc d'Otrante, et con-

positif que reçut Napoléon de l'état des partis et du départ projeté de Thibaudeau, il fit prévenir Lucien que Bertrand se rendroit à Rome, muni de ses instructions particulières, afin de discuter et de régler le plan de conduite qu'exigeoient de si graves circonstances. Il sut bientôt que ces conférences ne pourroient s'ouvrir qu'au mois d'octobre, l'envoyé Thibaudeau se détournant d'abord dans les Pays-Bas et en Allemagne; par là il vouloit dissimuler le but de son voyage, s'assurer de la disposition des esprits, et rattacher les révolutionnaires étrangers à la cause des perturbateurs de la France. Ces lenteurs excitèrent d'abord l'impatience de Napoléon, et celle de ses plus fougueux adhérens, qui déjà s'étoient flattés de son prompt débarquement après

---

qué en ces termes : « J'avois nommé le docteur Renoult, méde-
» cin des prisons; il a été renvoyé; et c'est lui, qui *dans*
» *l'année qui vient de s'écouler, a été le coopérateur et l'in-*
» *termédiaire entre l'île d'Elbe et* nous. Il est connu au minis-
» tére, et fera bien ce que l'on demande de lui. Il a fait les
» guerres d'Italie, d'Egypte et de Pologne. » Cette preuve matérielle de la conspiration a été produite au procès de Savary. Le docteur Renoult a nié, comme on devoit s'y attendre, sa coopération au complot du 20 mars; il est d'ailleurs couvert par l'amnistie, mais la lettre de Rovigo n'en est pas moins une pièce de conviction accablante.

l'équinoxe d'automne. Toutefois les conjurés ne négligent point ces délais; ils en profitent pour imprimer à la conspiration une marche plus régulière et plus sûre.

La jonction des deux partis étoit cimentée par la promesse solennelle entre les chefs respectifs d'un partage égal du pouvoir, soit dans le ministère, soit dans un gouvernement provisoire, au moment même de l'agression. Ils avoient arrêté préalablement de s'emparer du ressort de l'opinion que les ministres du roi laissoient flotter au hasard, et de donner aux esprits la direction la plus convenable à leurs desseins. Une protestation apocryphe de l'archiduchesse Marie-Louise contre l'abdication de Buonaparte, étoit sortie de l'imprimerie clandestine établie dans les caves de la maison de Regnault (1); on l'avoit répandue secrètement dans les garnisons et dans les casernes parmi les soldats. En même temps les affiliés révolutionnaires, qui recevoient l'impulsion de Paris, s'organisoient, soit dans les provinces, soit dans presque toutes les villes. Paris, cet immense chaos, surchargé de population et de richesses, fut divisé en

---

(1) Rue Chantereine.

plusieurs quartiers, soumis chacun à l'influence d'un comité secret chargé d'altérer l'esprit public, de le surveiller par une contre-police, de le remuer par des journaux, des libelles, des chansons et des caricatures. Les grandes administrations de l'Etat, les chambres législatives, les salons des ministres, ceux de la Chaussée-d'Antin et du faubourg Saint-Germain furent soumis à une influence plus relevée. De l'élite de tout ces comités fut composé un directoire mobile et central d'où partoient, comme d'un principe unique, tous les mouvemens qui, par des rouages secondaires, se communiquoient aux divers rayons de la circonférence; c'est ainsi que les conspirateurs enveloppèrent Paris et même la France d'un vaste filet politique. Les ministères furent circonvenus, et l'administration paralysée. On ne dédaigna point le plaisir comme exerçant une influence plus entraînante : de longs repas, des fêtes somptueuses, des spectacles, des jeux, entrèrent comme élémens dans cette vaste intrigue. Un premier conciliabule central fut tenu à Nanterre : là les principaux conjurés décident de parler toujours du roi avec respect, mais de décrier la famille royale, et d'exciter partout la défiance sur les vues ultérieures de la cour; de jeter, surtout, l'alarme parmi les hommes liés aux intérêts de la révolution; d'entretenir parmi le peuple les illusions militaires, en exaltant la gloire des armées; en rappelant sans cesse les idées de victoire, et en présentant comme honteux pour la nation les résultats de la paix. Ils arrêtent aussi, pour ne pas éveiller le soupçon, de garder un silence absolu sur la personne de Buonaparte. Tout à coup les révolutionnaires cessent de parler de révolutions; le républicain semble ne plus songer à ses théories chimériques; le buonapartiste ne profère plus le nom de Buonaparte; mais tous, de concert, déclament contre la noblesse, contre la féodalité, contre les prêtres; tous répandent les plus horribles diffamations contre la famille royale; tous s'élèvent, avec une sorte de rage, contre les prétendus projets de dépouiller les acquéreurs de domaines nationaux, de rétablir les droits féodaux, la superstition et les dîmes, de proscrire tous les hommes qui ont pris part à la révolution, et servi Buonaparte.

Cependant aucun ministre, aucun homme en place, ni en crédit, n'avoit rien autorisé, rien fait qui pût laisser entrevoir le dessein de renverser les intérêts nés de la révolution, ni de séparer les services rendus à la France des services rendus au roi. La question délicate de la restitution aux émigrés de leurs biens non vendus donna lieu, il est vrai, dans la chambre législative, à des débats qui se prolongèrent ; toutefois les opinions y furent libres, et les résultats de la discussion concilièrent tous les intérêts. Mais, l'esprit infernal, tel qu'un souffle pestilentiel, empoisonnoit toutes les mesures du gouvernement, et tout le bien qui émanoit de l'autorité légitime.

Tandis que les échos des factieux se répandoient dans la haute société, alloient de salon en salon exaspérer la nouvelle noblesse contre l'ancienne, répétant, d'une voix plaintive, ces mots : *Mesures inquiétantes, fausses démarches du gouvernement, violation manifeste de la Charte;* tandis que des émissaires obscurs se répandoient hors des villes, pour soulever l'opinion des habitans des campagnes contre le vain épouventail du rétablissement des dîmes et de la féodalité, une multitude d'orateurs stipendiés s'emparoient de presque tous les esprits par des déclamations et des insinuations perfides. S'adressant aux anciens patriotes : « Vous êtes perdus, » leur disoient-ils ; vous serez tous proscrits ; aucun de vous ne trouvera grâce devant cette famille que vous avez offensée : » si elle suspend ses vengeances, c'est pour » frapper des coups plus sûrs. » S'adressant aux philosophes et aux gens de lettres : « Il faut renoncer aux lumières, disoient-» ils, à la liberté de la presse, aux journaux. Nous rétrogradons vers le douzième » siècle. Ne voyez-vous pas que les prêtres » secouent dans les provinces les torches du » fanatisme, et que bientôt nous aurons les » Jésuites et l'Inquisition ? » S'adressant aux constitutionnels : « Il est impossible que vous » ne voyiez pas que la constitution n'est qu'un » piége que tend le roi à votre bonne foi, à » votre crédulité ; et que c'est la chaîne qui » vous lie à son pouvoir, sans le lier lui-même » à nos libertés et à nos franchises. »

Ils s'attachoient plus encore à effrayer les acquéreurs de domaines nationaux, par ces paroles pleines de perfidie et de venin : « Vos » biens sont mal acquis ; vous ne devez plus » y compter ; si le roi vous en laisse encore » la jouissance, c'est pour vous en priver » quand il sera plus affermi sur son trône ;

» attendez qu'il ait une armée à sa disposi-
» tion, et vous verrez les émigrés vous chasser
» de vos maisons et de vos campagnes; vous
» verrez les moines vous assujétir à la glèbe. »

Les conjurés firent plus : ils dépêchèrent dans toutes les provinces des agens chargés de s'informer s'il y avoit des biens à vendre. Les biens étoient-ils patrimoniaux, « nous » reviendrons, » disoient-ils. Les biens étoient-ils nationaux, ils faisoient le signe négatif, proférant avec dédain ces mots : « *Cela ne vaut* » *rien.* » Ce perfide manége réussit au-delà de toute espérance. C'est ainsi que l'inquiétude et les alarmes favorisèrent les progrès d'une trame si frauduleusement ourdie.

Mille indices précurseurs d'une révolution politique frappoient les royalistes, et les femmes surtout, dont l'instinct est si souvent prophétique. La plupart redoutoient le retour de Buonaparte, et ne prononçoient son nom qu'en frémissant. L'une d'elles, Mme de Berluc, fatiguée de tant de sourdes rumeurs et de ses propres appréhensions, forme le projet hardi de remonter à la source de toutes ces agitations. Entraînée par un zèle excessif, curieuse de tout voir par elle-même, et de tout approfondir, elle se met en route, au mois de novembre, pour l'île d'Elbe. Elle débarque, et bientôt acquiert la certitude que de secrètes intelligences s'étendent de Porto-Ferrajo en France et en Italie. Saisissant avec adresse, pour son retour, l'occasion du départ de quatre émissaires, elle captive en route leur confiance, et ne tarde pas à être initiée dans le secret de leur mission. Ils lui offrent d'en partager les avantages et les périls, ou plutôt ils la rassurent, persuadés qu'ils n'ont à courir aucun danger dans un pays dont les factieux sont, pour ainsi dire, les maîtres. On aborde à Marseille : Mme de Berluc se présente en toute hâte à M. de Raymond, premier adjoint du maire, alors absent. Elle lui révèle les projets et les démarches des agens de l'île d'Elbe, et réitère, devant le marquis d'Albertas, préfet des Bouches-du-Rhône, la déclaration qu'un vaste complot s'étend de Porto-Ferrajo à Naples et à Paris. Elle nomme les émissaires, et donne même leur signalement au préfet, qui, plein de zèle, transmet aussitôt cette information par la voie du télégraphe, pour faciliter la prompte arrestation des envoyés de Buonaparte. Les ministres répondent par un accusé de réception insignifiant. Mme de Berluc, persuadée alors qu'il importe de les éclairer par des détails plus positifs, se rend à Paris avec tous les titres des autorités de Marseille, qui doivent l'accréditer auprès du ministère. Elle arrive, pleine de cette confiance qui a soutenu sa détermination : tous ses voyages, toutes ses démarches, elle les a entrepris à ses frais. Quelle récompense lui réserve-t-on ? Victime de son dévouement, elle est arrêtée; et on la confine en prison, où elle gémit plus d'un mois.

Telle étoit la police : sa sévérité tournoit contre les royalistes, et la libéralité de ses principes servoit aux conspirateurs. Aveugle ou perfide, rien n'étoit clair à ses yeux. Restée intacte dans tous ses fils, au milieu de la restauration, elle couvroit la France d'une conspiration légalisée, visible à tous, voilée à son chef, cachée au gouvernement. Pouvoit-elle ignorer que Napoléon avoit des émissaires à Rome, à Gênes, à Milan, à Vienne, à Paris; que des officiers séditieux, des sénateurs dégradés, d'anciens conseillers d'Etat, des femmes perdues, se concertoient au sein même de la capitale pour hâter le rétablissement de l'oppresseur de la France; que, du château de Prangin, Joseph Buonaparte étendoit sur Lyon et Grenoble les ramifications du complot dont Paris étoit le foyer principal; que des agens actifs alloient et venoient de l'île d'Elbe à Paris, et de Paris à l'île d'Elbe, soit par les côtes de Provence, de station en station, favorisés par des capitaines génois apostés jusqu'à Lerici et Livourne, soit par l'intermédiaire de la reine de Naples, devenue l'âme de la conspiration d'Italie, et le mobile de toutes les actions de Murat. Ainsi, tout sembloit protéger le voile officieux qui, en France et en Italie, couvroit la trame conspiratrice.

L'administration, aveuglée, n'apercevoit ni danger, ni abîme, tandis que déjà presque toute la France pressentoit la crise. C'étoit dans la capitale que les ennemis du roi venoient se réfugier, comme dans leur propre camp : ils obstruoient les bureaux, obsédoient les personnes les plus augustes, tenoient des conciliabules, et flétrissoient la restauration à leur gré. Alors il fût aisé de reconnoître que l'opinion du peuple dépend de la volonté de ceux qui l'agitent.

Tout, dans cet état de fermentation et de désordre, réclamoit la sollicitude du gouvernement, harcelé par les plaintes d'une armée mécontente. On crut l'administration de la guerre dans des mains inhabiles ; au moins étoient-elles fidèles. On en trouva de plus fermes, mais non exemptes de soupçons. En appelant le maréchal Soult à la tête de ce département, on crut attirer vers le roi tous les vœux de l'armée ; on se trompa. Cette nomination choquante fit sur les esprits clairvoyans une sensation pénible. Guerrier expérimenté, mais malheureux ; plus chargé de dépouilles que de trophées, le maréchal Soult, le plus ambitieux des lieutenans de Buonaparte, avoit aspiré à la royauté de Portugal, dans l'heureux début d'une invasion marquée ensuite par des revers. Parmi les maréchaux, nul n'avoit opposé plus de résistance au retour des Bourbons. On citoit les paroles qu'il avoit proférées en 1814, devant des magistrats, en se repliant avec son armée sous les murs de Toulouse : « On nous menace des Bourbons, dit-il avec » colère (faisant allusion à la révolution » royaliste de Bordeaux) ; on nous menace des » Bourbons ! hé bien, j'irai plutôt me faire chef » de brigands dans les montagnes de Cahors, » que de me soumettre à de tels princes ! » Il avoit depuis provoqué, il est vrai, dans son gouvernement de Bretagne, l'érection d'un monument consacré aux mânes des émigrés massacrés à Quiberon; mais, dans cette démarche même, si contraire à ses inclinations et aux sentimens de son parti, on avoit cru entrevoir le dessein formé de s'approcher du trône à la faveur d'une fausse popularité royaliste, soit pour servir Buonaparte, soit pour le remplacer, en maîtrisant le roi et l'Etat.

Son début au département de la guerre, fut de compromettre l'autorité royale dans une occasion importante. Le lieutenant général Excelmans entretenoit avec Murat une correspondance clandestine. Elle fut dévoilée, dit-on, dans des lettres saisies par la police, parmi les papiers de lord Oxford. Ces lettres fournirent la preuve ou l'indice qu'Excelmans avoit donné l'assurance à Murat qu'un parti considérable, dont le foyer étoit à Paris, vouloit rétablir Napoléon et le gouvernement impérial. Soit qu'on cherchât d'autres preuves, soit que tout ce qui arrivoit de Naples parût suspect, Andral, médecin de Joachim Murat, fut arrêté à Nemours; mais, averti par la contre-police, il parvint à soustraire ses dépêches les plus secrètes. Toutefois on le trouva saisi de trois lettres d'Excelmans à Murat, pleines de protestations de dévouement et de zèle. Des milliers de braves, instruits à son école, lui disoit Excelmans, seroient accourus à sa voix pour défendre son trône, s'il eût été menacé plus long-temps. Ces lettres mystérieuses, adressées à un ennemi déclaré des Bourbons, étoient au moins suspectes, si elles n'étoient pas criminelles. Le maréchal Soult, dans le conseil, opina pour sévir. L'ordre d'arrêter Excelmans est donné; mais ce général se met en révolte ouverte contre les agens de l'autorité, et il échappe à ses gendarmes. Soult convoque, pour le juger, un conseil de guerre à Lille, dont la composition même étoit un motif de sécurité pour l'accusé. Il se présente effrontément à ses juges, qui l'acquittent avec éclat. Dès lors plus de respect pour l'autorité royale, plus de frein pour les officiers séditieux : tout sembloit préparer leur triomphe.

On vouloit adoucir ou calmer les militaires, et le nouveau ministre les irritoit davantage, en accumulant à jour fixé, dans les cours de son hôtel, d'immenses colonnes de réclamans, qu'il repoussoit par une réception brutale ou par des réponses désespérantes. Il en vint à ordonner que la demi-solde payée aux officiers par douzième ne le seroit plus que par trimestre ; de là un surcroît de mécontentement. Dans le conseil, sa rudesse et ses desseins voilés excitèrent la défiance des ministres que l'opinion publique désignoit comme les chefs du parti constitutionnel. Ils savoient que Soult vouloit reporter la restauration au 1er avril 1814, c'est-à-dire au point d'où elle étoit partie, et qu'il aspiroit à se débarrasser de la Charte, comme d'un lien nuisible à l'action du gouvernement. Laissant même entrevoir ses projets à l'un de ses collègues, il le pressa d'y adhérer, et n'en obtint qu'un refus; enfin, montrant sa vive impatience de faire revivre le système belliqueux de son ancien maître, il adressa au roi ces paroles en plein conseil : « Sire, dites un mot, et vous aurez » quatre cent mille baïonnettes pour soutenir » vos prétentions au congrès de Vienne. » Sa marche oblique ne laissa plus voir en lui qu'un maladroit imitateur de Napoléon. Déjà il se créoit un pouvoir caché dans presque toutes les divisions militaires, en y plaçant des généraux à lui, qui ne correspondroient qu'avec lui seul, et il manifestoit la prétention de tout emporter par la force. Sa présence dans le conseil y développa des germes de division, et cette espèce d'anarchie ministérielle, qui, d'ordinaire, succède à un trop grand pouvoir.

Il y eut aussi, à la même époque, un changement notable dans une autre branche du gouvernement. La police fut confiée à un nouveau chef (1), sans toutefois subir aucune réforme dans ses élémens ni dans son régime. Ce chef étoit M. d'André, devenu célèbre vers la fin de la session de la première assemblée nationale où il y avoit défendu le roi, et soutenu en quelque sorte la monarchie expirante. Depuis il n'avoit pas cessé, pendant les malheurs de l'auguste famille, de donner au dehors des preuves de zèle pour ses intérêts dans des commissions délicates. Trop versé dans les affaires politiques pour ne pas désespérer de l'administration, au milieu de tant de confusion et de désordre, il hésita de se charger d'une police si épineuse ; mais quand la volonté du roi lui fut notifiée, il céda, tirant lui-même, assure-t-on, son horoscope par ces mots adressés au comte de Blacas : « J'entre à la police avec la réputation d'un homme d'esprit, et j'en sortirai avec celle d'un sot. »

M. d'André n'assistant point au conseil, n'ayant aucun pouvoir de haute police, ne

―――――――――――――――――――――――
(1) M. le comte Beugnot laissant le portefeuille de la police, passa au ministère de la marine, vacant par le décès de M. Malouet.

pouvant même obtenir des ministres l'établissement de commissaires généraux dans les provinces, et entouré d'ailleurs d'instrumens perfides, se trouva, pour ainsi dire, cerné par une vaste conspiration, qui devenoit de plus en plus invisible au gouvernement.

Elle marchoit alors presque librement vers son but, et celui qui en étoit l'âme, relégué dans une île de la mer de Toscane, occupoit les centbouches de la Renommée à célébrer sa résignation philosophique. Feignant de craindre une descente des corsaires barbaresques dans son île, cette crainte lui servoit d'excuse pour se procurer quelques bâtimens de guerre. Il déclaroit aussi ses ports francs, sous prétexte de favoriser le commerce, sûr ainsi de trouver dans Porto-Ferrajo assez de navires pour embarquer ses soldats. L'Europe fut la dupe de tout ce manége trompeur. Tandis que les conjurés et leurs nombreux échos versoient le poison de la calomnie sur les intentions du roi; tandis qu'ils opposoient, avec une adresse perfide, aux anciennes victoires, aux desseins gigantesques, aux profusions intarissables de Napoléon, l'évanouissement de notre gloire militaire, le fantôme du fanatisme nobiliaire et sacerdotal, une réforme radicale dans l'administration, et surtout les craintes qu'inspiroit alors le conquérant déchu, celui-ci s'environnoit de mystères pour mûrir le plan de sa révolte contre l'Europe; et, dans le silence de la nuit, il en préparoit l'exécution. Débarquer, donner la main à ses complices, déterminer la défection des troupes, et marcher avec célérité sur Lyon, tandis qu'une insurrection militaire, ourdie dans les départemens du Nord, feroit tomber dans le piége toute la famille royale; établir transitoirement le siége de sa puissance à Lyon, et de là, voler en Piémont et à Milan, pour donner la main à Murat; soulever toute l'Italie, et reparoître à Paris en conquérant, telles furent les bases de son audacieuse entreprise. L'étonnement et la stupeur, autant que la trahison, devoient lui frayer une seconde fois la route au pouvoir suprême. Les côtes les plus voisines pour le débarquement étoient celles de Provence; elles étoient aussi les plus accessibles; mais les Provençaux avoient Napoléon en horreur; les départemens du Var et des Bouches-du-Rhône étoient d'ailleurs administrés par deux préfets incorruptibles; enfin Napoléon n'ignoroit pas que la Provence deviendroit son tombeau, s'il osoit y pénétrer : aussi ne songea-t-il qu'à y mettre le pied vers l'embouchure du Var, pour gagner rapidement la route des montagnes, et de là le Dauphiné où ses partisans étoient plus nombreux. Qui le croiroit? les paysans dauphinois regrettoient Buonaparte et la guerre perpétuelle! Ils se croyoient soulagés par la conscription, qui, arrachant les fils à leurs pères, débarrassoient ceux-ci de concurrens appelés, à leur majorité au partage des biens. La guerre les moissonnoit, et le père, héritant du fils, étouffoit les sentimens de la nature. C'est ainsi, qu'un fléau, considéré comme un bienfait, amenoit la dissolution des liens sociaux. Toute la ligne de l'Est, depuis Grénoble jusqu'à Paris, offroit aussi à Napoléon de nombreux auxiliaires. Dans ces départemens, théâtre de la guerre en 1814, les intérêts étoient lésés et les esprits aigris par les malheurs de l'invasion. Le peuple y avoit tellement souffert, que ne sachant à qui imputer ses maux, il lui arrivoit d'exhaler des plaintes contre la dynastie légitime, tandis qu'il n'auroit dû faire entendre que des accens de reconnoissance. Le changement de domination, d'ailleurs, avoit fait naître parmi le peuple, surtout en Bourgogne, la fausse idée qu'il recouvroit une liberté illimitée. De là une fermentation sourde, un mécontentement vague, qui disposoit le paysan à chercher l'amélioration de son sort dans une nouvelle révolution. Ainsi, depuis l'Isère jusqu'à Paris, tout étoit livré, pour ainsi dire, aux adhérens de Buonaparte; ils ne cessoient de persuader aux habitans des campagnes que les revers de l'armée étoient le résultat de la trahison. Tels furent leurs succès dans ce genre, que, même dans les classes éclairées, on finit par être imbu de cette erreur, accréditée par les factieux.

Exactement informé de la disposition des esprits, Napoléon voyoit son entreprise assurée, s'il franchissoit le point de Grenoble. Là, ne se trouveroit-il pas aux portes de Lyon? et, une fois à Lyon, qui pourroit l'arrêter? Tout seroit frappé de vertige et de terreur. Dès qu'il a jeté les bases de son plan, il expédie son maréchal du palais, pour les discuter avec Thibaudeau et Lucien à Rome, rendez-vous assigné aux conférences. Elles eurent lieu, dit-on, vers la fin d'octobre, et roulèrent d'abord sur le mode d'exécution, et sur l'époque précise du débarquement; mais on reconnut que ce dernier point, l'un des plus délicats, ne pouvoit être définitivement réglé qu'à Paris entre les principaux conjurés ; qu'il falloit s'assurer, avant d'agir, des ressources secrètes et une coopération efficace ; que Lyon et Grenoble devenant les pivots de l'entreprise, Joseph Buonaparte continueroit, du château de Prangin, à diriger les comités secrets placés dans ces deux villes, sauf à expédier de Paris sur les lieux mêmes des agens chargés d'étendre et de fortifier le parti; qu'un troisième comité seroit établi à Dijon, comme point intermédiaire, sous la direction de Bassano ; mais que le mouvement du Nord, formé d'élémens militaires, ne seroit dirigé que par des officiers généraux, et qu'au moment même de la formation d'un gouvernement provisoire à Paris, Fouché et Carnot y seroient admis comme les représentans nécessaires du parti *libéral* (1);

---

(1) Quand Lefèbvre-Desnouettes fit son mouvement sur Paris, le général Dominique Lallemand, son complice, annonça à la Fère (du 9 au 10 mars) que la famille royale seroit enlevée, et que Carnot étoit à la tête d'un gouvernement provisoire. Peu de jours auparavant, Emery, chirurgien de Buonaparte, avoit dit au lieutenant-général Mouton-Duvernet, à la poste de l'Affrai, que Buonaparte ne s'étoit décidé à débarquer en France qu'après avoir été sollicité par plusieurs émissaires qu'il avoit reçus de Paris, et que tous lui avoient donné l'assurance qu'il y arriveroit sans obstacles. On peut voir aussi la déclaration faite dans le même sens devant M. le marquis de Rivière (pag. 140 et 144), par le sieur Pons, directeur des mines de l'île d'Elbe.

enfin, qu'en remettant le pied sur le sol de la France, Napoléon prendroit, dans ses proclamations et dans ses décrets, l'engagement formel de modifier son gouvernement, d'après les principes énoncés dans les préliminaires qui venoient d'être acceptés par son fondé de pouvoirs.

Voilà, quant au fond des choses, ce qu'il a été possible d'obtenir de plus spécieux ou de plus avéré sur les bases de la conspiration. Tout ici s'accorde avec les événemens. On peut même déjà démêler, dans les progrès de la trame, l'attention qu'apportoit Napoléon à donner plus de prépondérance à ses partisans militaires, les seuls dont il n'eût point à se défier.

Dès la fin de novembre, tous les signes précurseurs des grandes révolutions politiques existoient dans Paris. Les ministres du roi ne pouvoient plus se dissimuler que des trames perfides menaçoient de troubler le royaume. Presque tous étoient d'opinion que Buonaparte feroit une tentative pour se ressaisir du pouvoir ; mais, tous sembloient persuadés aussi qu'il n'oseroit rien entreprendre avant la dissolution du congrès ; qu'il prendroit alors la route de Naples, soulèveroit l'Italie, le Piémont, et pénétreroit en France par le Dauphiné. Les ministres ne pouvoient croire que Napoléon s'abandonnât isolément à une entreprise insensée, toute livrée aux accidens de la mer, et aux hasards. Tel étoit, surtout, l'avis du directeur-général de la police, fondé, en apparence, sur des argumens si solides, qu'il prévalut dans le conseil, au point d'y étouffer tous les indices, ou d'y rendre nulles toutes les informations qui contrarioient cette manière de voir. D'ailleurs, la tactique des conjurés consistoit à égarer les ministres par l'annonce de complots imaginaires, tandis que la trame réelle, qui ne pouvoit plus échapper aux hommes clairvoyans, étoit signalée de toutes parts. Il résultoit de là incohérence et confusion dans les mesures. Poussés dans une fausse route, comme par une main invisible, les ministres recevoient, de leurs propres agens, l'impulsion des conspirateurs. C'est ainsi, par exemple, que dans tous les rapports de la police militaire on présentoit comme excellent l'esprit des soldats, et on affirmoit que rien n'étoit à redouter de la part de l'armée. Tout, dans la sphère du gouvernement, tendoit à perpétuer sa sécurité funeste. Les ministres ne voyant que dans l'avenir, et dans une tentative éloignée de la part de Napoléon de justes motifs de craintes, s'adressèrent au congrès de Vienne ; ils lui représentèrent les inconvéniens graves qu'entraînoit pour la sûreté du royaume le voisinage de l'usurpateur ; ils signalèrent l'île d'Elbe comme un foyer de révolte capable d'embraser la France et l'Italie ; en un mot les ministres de France et d'Espagne demandèrent l'éloignement de Napoléon.

Peut-être, en se chargeant d'une grande responsabilité, le ministère royal eût-il rompu la trame ourdie pour bouleverser l'Europe ; mais il falloit un coup d'autorité que l'imminence du danger réclamoit, et que des explications ultérieures eussent rendu légitime ; il falloit agir : et les ministres n'osèrent franchir la limite constitutionnelle ; il leur parut plus facile de s'adresser au congrès. C'est ainsi qu'ils perdirent, dans les lenteurs d'une négociation infructueuse, l'occasion favorable de cimenter le trône de Louis XVIII, et de prévenir la guerre civile et la guerre étrangère.

On est fondé à croire que les notes adressées au congrès, contre Murat et Napoléon, remontent au mois de novembre. Les conjurés, qui épioient les secrets de l'Etat, en eurent connoissance, et se hâtèrent de parer à la translation de leur chef. Il paroît même qu'il en fut averti par la voie de Vienne, et, selon quelques personnes, par une infidélité de son fils adoptif.

Les journaux de Paris et de Londres annoncèrent, presque aussitôt, que Napoléon étoit à la veille de s'éloigner de l'île d'Elbe, ou d'en être tiré pour une destination inconnue (1). Cet avis, concerté par ses adhérens, tendoit à l'aiguillonner dans son entreprise, et à familiariser l'opinion avec l'événement qui se préparoit.

En effet, Buonaparte qui désiroit brusquer son invasion envoya en toute hâte un nouvel émissaire pour tout concerter avec ses adhérens de Paris, de Lyon et de Grenoble. Il auroit voulu débarquer le 30 décembre, jour anniversaire de son couronnement; mais le tissu de la trame n'étoit point encore assez fort dans l'intérieur de la France. La crainte de sa déportation hors de l'île d'Elbe s'étant d'ailleurs dissipée par les derniers avis venus de Vienne, il céda aux observations de ses affidés de Paris,

---

(1) Voyez le *Journal de Paris* du 4 décembre 1814.

et ajourna l'exécution du complot. Toutefois, sa défiance envers le parti qui adhéroit à son retour le portoit à s'assurer plus particulièrement des dispositions de ses partisans militaires, et à tout régler pour être plus sûr qu'aucun obstacle sérieux ne pourroit être opposé au succès de son entreprise. Ce fut alors qu'il prit la résolution d'envoyer vers le continent Bertrand, son favori, ou selon d'autres, le frère même de Bertrand. Ceux qui prétendent que ce fut le grand maréchal qui fit à Paris, au mois de janvier, ce voyage si décisif, soutiennent que s'il n'eût pas tout vu, tout préparé, tout vérifié, jamais Napoléon ne se seroit aventuré dans une entreprise si audacieuse. Du reste, comment ne pas flétrir par le blâme de l'histoire une telle mission, quand on songe que ce même Bertrand, prenant le masque d'un fourbe consommé à l'école de Buonaparte, avoit signé, en partant pour l'île d'Elbe, et sans y être mu par personne, l'engagement formel de ne plus se mêler d'affaires politiques après s'être déclaré *fidèle sujet du roi* (1). Huit mois s'écoulent

---

(1) Dans sa lettre au duc de Fitz-James, son beau-frère (du 19 avril 1814), dans laquelle il se déclaroit sujet du roi et

à peine, et il entre furtivement en France pour fomenter à Lyon, à Grenoble, à Paris même, la rébellion la plus déloyale; il règle en pleine sécurité, au sein de Paris, avec les principaux conjurés, le mode et l'époque d'une défection combinée, après avoir donné et reçu toutes les garanties réclamées d'un côté par Napoléon, et de l'autre par ses complices, pour un avenir incertain. L'époque du 5 mars est définitivement fixée pour arborer les couleurs de la révolte contre les Bourbons; le 10, d'Erlon et Lefebvre-Desnouettes doivent être les maîtres de Paris. Ce plan arrêté, Bertrand retourne à l'île d'Elbe, plein de confiance et d'espoir. Dès lors les conjurés militaires et ceux de l'ordre civil se concertent plus fréquemment en secret; soit dans la capitale, soit dans les environs. Ils établissent d'abord une liste d'officiers généraux et de colonels en activité, qu'ils divisent en trois catégories, désignées par ces mots : *A nous*, *douteux*,

---

sujet fidèle; il assuroit que Buonaparte avoit renoncé à toute idée de retour en France, et que lui-même, dans aucune circonstance, ne vouloit se mêler des affaires politiques; ajoutant qu'il étoit honnête homme et homme d'honneur; lettre enfin dans laquelle il exprimoit le désir de venir visiter sa famille, se ménageant ainsi la faculté de rentrer en France sans aucun danger personnel.

nuls, selon ce qu'ils apprennent des sentimens et des dispositions de chacun des officiers inscrits. Dans le plan général d'exécution, trois lignes d'insurrection étoient tracées et déterminées : celle du Nord, en partant de Cambrai, de Lille et de Péronne, devoit se prolonger jusques aux portes de Paris, par la Fère, Laon et Noyon : Reims et Châlons-sur-Marne y furent compris. La seconde ligne sortant de Metz et de Nancy, où se trouvoit l'ex-garde impériale, devoit aboutir aussi à la capitale. La troisième, plus importante, devoit partir à la fois de Grenoble, de Chambéry, de Valence et de Bourg-en-Bresse, pour de là gagner, de proche en proche, Lyon, Châlons, Mâcon, et ensuite les routes parallèles de la Bourgogne et du Bourbonnais. On considéra les autres entreprises comme accessoires et dépendantes des deux mouvemens principaux dont Lyon et Paris devoient être chacun le but et le terme. Ces lignes d'opération furent inspectées *incognito* par des généraux, des colonels, des majors qu'expédioient de Paris Lefebvre-Desnouettes et les frères Lallemand, se disant *commissaires de l'empereur*. Ces agens militaires, aidés dans leur mission par les comités secrets établis dans les villes principales, étoient spécialement chargés de préparer les officiers et les soldats à l'insurrection, et d'annoncer aux généraux admis dans l'association l'arrivée prochaine *de l'empereur*. Ils ne devoient correspondre qu'avec les commissaires et par des courriers particuliers.

Tous les renseignemens, toutes les révélations, tous les témoignages s'accordent à signaler Drouet d'Erlon, alors commandant à Lille, comme ayant été choisi pour commander en chef le soulèvement militaire du Nord, à tous égards le plus important. Cet officier-général, fougueux partisan de la révolution, à la fois entreprenant et avisé, étoit devenu, dans le Midi, en 1814, après avoir figuré dans la guerre d'Espagne à la tête d'un corps d'armée, un des plus fermes lieutenans de Soult, dont il avoit toute la confiance. Chargé de diriger le coup de main hardi qui devoit porter rapidement sur la capitale presque toutes les garnisons du Nord, en révolte ouverte contre les Bourbons, il remplit peu l'attente des conjurés, ainsi qu'on le verra plus tard. Du reste, les intrigues pratiquées à Châlons-sur-Marne (1)

---

(1) Voyez les pièces du procès du général Rigau, condamné à mort par coutumace.

donneront une idée de la nature perverse de cette trame et de l'activité de ses agens ; le surplus sera prouvé par les faits. Voici ce qui concerne Châlons : Au mois de janvier, le major Thevenin (1) passe dans cette ville, et donne connoissance au maréchal-de-camp Rigau, commandant pour le roi le département de la Marne, du complot qui tend à remettre la France sous l'autorité de Napoléon. Rigau se range, sans hésiter, sous la bannière des traîtres, et agit dès lors avec une activité extraordinaire sous la direction immédiate des chefs réunis à Paris. Il tire d'abord des caisses publiques, par une connivence coupable des agens du trésor, les sommes qui lui sont nécessaires pour salarier des provocateurs à la révolte, pour faire imprimer et distribuer des proclamations séditieuses, et pour préparer dans le ressort de son commandement le triomphe de l'usurpateur ; il s'attache surtout à débaucher les troupes, notamment le 12e régiment d'infanterie légère, donnant aussi une haute-paie aux Polonais en garnison à Reims, pour les maintenir dans les dispositions favorables aux vues des conjurés. Les mêmes manœuvres sont

---

(1) Commandant supérieur des escadrons du train.

8.

répétées au même moment sur toute la ligne que doit parcourir Napoléon, depuis Digné jusqu'à Lyon. C'est ainsi qu'on débauche d'avance, en totalité ou en partie, à l'insu ou avec l'assentiment de leurs colonels, le 11e régiment d'infanterie, le 4e d'artillerie à cheval, et le 3e de sapeurs en garnison à Grenoble; le 4e de hussards cantonné à Valence; le 7e de ligne à Chambéry; le 20e à Montbrison; le 76e à Bourg-en-Bresse; le 13e de dragons, et le 20e de ligne à Lyon. La facilité que les agens des conspirateurs trouvoient partout à préparer le soulèvement des troupes leur sembloit du plus heureux présage; ils ne formoient aucun doute que le reste de l'armée ne cédât à la même impulsion. Mais qui arboreroit le premier l'étendard de la révolte? qui oseroit donner le signal de la défection au nord et au midi de la France? Labedoyère et Lefevbre-Desnouettes, connus par leur fanatique dévouement pour Buonaparte, l'un simple colonel, l'autre lieutenant-général, n'hésitent pas de se charger de cette mission périlleuse, ou plutôt ils l'ambitionnent, et s'y précipitent en aveugles. Toutefois ni l'un ni l'autre n'a de commandement ni de corps à sa disposition sur la ligne où doit s'opérer le mouvement. Le ministre de la guerre, soit avec intention, soit poussé par une main invisible, lève toutes les difficultés, aplanit tous les obstacles qui semblent s'opposer encore au triomphe des conjurés. Il propose d'abord au roi de donner le 7ᵉ régiment de ligne au colonel Labedoyère, l'un des membres les plus actifs du comité d'insurrection, établi à Paris. Ce régiment est en garnison à Chambéry; et il sera le premier qui passera sous les drapeaux de l'usurpateur. Quant à Lefebvre-Desnouettes, non-seulement le roi l'a confirmé dans son grade de lieutenant-général, mais il l'a mis à la tête des chasseurs de France, l'un des plus beaux corps d'élite du royaume. Une autre faveur attend Desnouettes; il reçoit la croix de Saint-Louis des mains de Mᵍʳ le duc d'Angoulême, et à la fois traître et parjure, il fomente dans ce même moment la révolte contre les Bourbons! Si son régiment, cantonné à Saumur, est hors de la ligne d'insurrection, s'il ne peut agir assez tôt pour l'intérêt de l'usurpateur, le ministre Soult aplanit encore cet obstacle; les chasseurs de France, qui doivent donner le signal de la rébellion, sont dirigés sur Cambray, d'où Lefebvre-Desnouettes marchera sur Paris aux cris de *vive l'empereur!* de concert avec d'Erlon.

Un obstacle plus direct encore avoit existé; mais il venoit de céder aussi à la prévoyance des conspirateurs. A Digne, chef-lieu des Basses-Alpes, sur la ligne montagneuse que Napoléon projetoit de parcourir, se trouvoit un officier-général disposé à lui barrer le passage, avec trois bataillons du 87ᵉ d'infanterie de ligne; c'étoit le brave et loyal Loverdo. Son dévouement au roi étoit trop sincère pour que les conjurés pussent se hasarder de l'initier dans le secret de leur défection. Par une combinaison plus sûre ils ouvrirent à Napoléon l'accès de Grenoble dès le mois de décembre, en faisant enlever au général Loverdo les troupes qui dans ses mains auroient pu sauver la France. Sur les demandes réitérées du préfet Duval, l'ordre lui avoit été donné d'envoyer à Antibes le 1ᵉʳ et le 3ᵉ bataillon du 87ᵉ régiment, et à Draguignan le 2ᵉ bataillon. A force d'instances pressantes, il avoit obtenu qu'on lui laissât trois compagnies, fortes de 136 combattans, sur lesquels, à la fin de janvier, on le pressa de fournir un détachement de 30 hommes, commandé par un officier, pour occuper S. Raphau, poste qui se trouvoit hors de son commandement. Loverdo s'y refusa. Il n'en étoit pas moins hors d'état d'opposer une résistance efficace à une invasion inopinée.

Tandis que les conjurés de la capitale préparent les mouvemens du Nord et du Midi, Bassano et Joseph Buonaparte donnent plus d'activité à leurs relations clandestines avec Dijon, Lyon et Grenoble. Ces trois villes renfermoient un grand nombre de partisans zélés de Napoléon. A Dijon, par exemple, les suggestions perfides employées avec art par divers factieux, parmi lesquels on distinguoit un agent accrédité de Bassano, ébranlèrent la fidélité du 23e régiment et des militaires de toutes armes qui y résidoient. On leur distribua de l'argent, et on leur promit de fortes récompenses. Grenoble étant le point décisif de l'entreprise, on y organisa plus particulièrement la défection des troupes. Depuis le mois d'octobre, un comité d'insurrection y étoit établi. Le bruit public désigna l'auberge des *Trois-Dauphins*, tenue par un ancien guide de Napoléon, comme servant alors de rendezvous aux factieux. On ajoute que dans son voyage furtif du mois de janvier, Bertrand, descendu aux *Trois-Dauphins* en habit de roulier, conféra en secret avec les principaux conspirateurs de Grenoble, leur donna ses instructions, leur fit des promesses magnifiques, et leur laissa en partant des croix d'honneur, et beaucoup d'or.

La défection étoit préparée avec le même soin à Lyon, qui, par l'importance de sa position topographique, par sa population, ses richesses, son influence sur les provinces qui l'environnent, excitoit toute la sollicitude des conjurés. Aucune conquête ne parut tenter plus vivement leur ambition ; sur aucun point ils ne multiplièrent avec tant de zèle et de succès les émissaires, les mensonges politiques, les perfidies ; nulle part ils ne donnèrent un plus déplorable éveil aux folles craintes, aux coupables espérances, et à toutes les illusions du crime. L'esprit de vertige s'empara de Lyon ; l'administration municipale y fut bouleversée. Tout se pervertit dans la seconde ville du royaume. Le découragement des royalistes, l'audace des révolutionnaires, l'agitation et les défiances du peuple marquèrent la dépravation de l'esprit public. Le nom de Buonaparte et son prochain retour devinrent l'objet de toutes les conversations. Déjà on assignoit publiquement l'époque où il devoit reparoître ; on colportoit dans les cafés, dans les lieux publics, des lettres de Paris qui annonçoient sans déguisement, tantôt comme inévitable, tantôt comme effectuée, l'expulsion des Bourbons, ou toute autre révolution imminente. A Grenoble même, quoique tout y fût préparé avec plus de mystère (les conjurés n'ayant rien à attendre que des soldats), on fit circuler aussi des lettres de Paris, annonçant pour le 1er mars *l'expulsion des Bourbons, la formation d'un gouvernement provisoire, et le retour de Buonaparte.* Au même moment, Drouet d'Erlon répandoit dans le nord de la France les mêmes prophéties et les mêmes nouvelles. Ainsi tout sembloit se réunir pour favoriser le complot qui se tramoit à Paris et à l'île d'Elbe.

Tout étant réglé, la conspiration marcha plus rapidement vers son terme : elle étoit pour ainsi dire organisée. Les collaborateurs principaux ayant été portés au nombre de quarante-deux[1]; un trésorier leur avoit paru nécessaire, et le choix étoit tombé sur Carnot; mais l'argent, nerf de toute entreprise politique, arrivoit difficilement dans la caisse. On provoqua des sacri-

---

[1] Comme la politique, l'histoire contemporaine est quelquefois tenue à certains ménagemens et à certaines réticences quand il est question des personnes.

fices pécuniaires, soit pour soudoyer les émissaires et les agens, soit pour donner des gratifications aux écrivains les plus utiles, et aux officiers les plus actifs, soit enfin pour multiplier les associations secrètes. Une quête générale parmi les conseillers, les sénateurs, les favoris fidèles de Napoléon, ajouta quelques sommes à celles que venoit de lever Thibaudeau en Italie. Mais rien ne surpassa, dit-on, le dévouement d'Hortense. L'offrande de ses diamans et de ses meubles les plus précieux ne produisoit point assez d'or à son gré; elle fit plus : propriétaire de 8 à 900,000 fr. de bons provenans des adjudications des forêts de Senlis et de Compiègne (1), elle les fit proposer à des notaires de la capitale, dans l'espoir de réaliser les sommes nécessaires au succès de l'entreprise. Son zèle inépuisable lui suggéra aussi, selon quelques personnns, de faire servir le procès que venoit de lui intenter son mari, et, selon d'autres, qu'elle avoit eu l'adresse de susciter elle-même, à faciliter tour à tour la sortie et l'introduction en France des papiers concernant la conspiration, papiers qu'on mêloit adroitement parmi les pièces du

---

(1) Qui faisoient partie de sa dotation.

procès. Hortense ne se borna point à présider les conciliabules qui se tenoient à Saint-Leu. Là, figuroient les femmes de sa société intime, si fertiles en expédiens, et chargées de la direction des intrigues subalternes. Toutes partoient, le dimanche au soir, de Saint-Leu comme un essaim de frêlons, et revenoient inonder les ministères où aboutissoient tous les fils de la trame. L'une par ses propos intarissables, méritoit d'être nommée *la trompette de Buonaparte*; l'autre colportoit les instructions du parti; celle-ci imaginoit la violette symbolique; celle-là ramassoit les épigrammes, et les malignités, qu'on déversoit ensuite dans les salons et dans des pamphlets périodiques, car l'arme du ridicule étoit mêlée à celle de la diffamation.

Ne modérant plus sa joie, Hortense annonça presque sans mystère le retour prochain de Buonaparte, comme nous le verrons dans l'anecdote suivante (1); que nous ferons précéder d'un éclaircissement rapide.

La vanité de Ney se trouvoit blessée, de ce que sa femme, accueillie à la cour

―――――

(1) Voyez au procès du maréchal Ney la déposition de M. Garnier de Felletans, maire de la ville de Dôle.

avec tous les égards que méritoit le haut rang qu'il occupoit dans l'armée et dans l'Etat, ne pouvoit échapper à la nuance qui fait distinguer la noblesse nouvelle de l'ancienne. L'influence présumée de la maréchale sur les dispositions du guerrier célèbre dont elle partageoit l'illustration, réveilla l'attention des factieux. Ils épièrent son mécontentement, et firent naître dans son âme le dépit et l'amertume : presque toujours le maréchal trouvoit sa femme en larmes quand elle revenoit de la cour; déplorant de prétendus outrages enfantés par son imagination malade. On assure même qu'il en témoignoit plus qu'elle un mécontentement puéril, et que, choqué de ce qu'on négligeoit souvent de lui donner le titre de princesse, il irritoit lui-même ses regrets. Pour celui qui connoît les replis du cœur de l'homme, telle est l'origine de la fatale conduite et de la fin malheureuse du maréchal. Un jour sa femme ouvrant son cœur à Hortense, reçut d'elle, comme motif de consolation et d'espoir, l'assurance que Napoléon ne tarderoit point à débarquer. À peine est-elle rentrée dans son hôtel, que s'adressant à Ney avec empressement, elle le questionne sur le retour de Napoléon. « Qui vous a dit qu'il reviendra? » répond brusquement Ney. — La reine » Hortense. — C'est une bavarde, réplique » Ney, et pour que vous ne commettiez plus » d'indiscrétion, je vais vous reléguer à la » campagne. » Il monte en effet en voiture, et conduit sa femme dans un château écarté, donnant l'ordre positif qu'aucun étranger ne soit admis à lui parler ou à la voir. Cela fait, il revient sur ses pas, court chez Hortense, lui reproche vivement son imprudence, et se retire lui-même dans sa terre près de Châteaudun. Là, plus à l'abri des regards curieux, il attend l'événement qui se prépare à Naples, à Paris, et à Porto-Ferrajo. Cette retraite de Ney eut lieu en plein hiver (1); car les principaux conjurés n'avoient sondé qu'au mois de décembre quelques maréchaux, parmi lesquels Ney s'est lui-même compris en répétant lors de sa révolte, qu'il connoissoit la conspiration depuis trois mois (2).

---

(1) Le 20 février.
(2) Voyez au procès de Ney les dépositions des lieutenans-généraux Bourmont et Lecourbe, des préfets de l'Ain, du Jura, du Doubs, etc. etc.

Plus on avançoit vers l'époque fixée pour l'explosion, et plus les indices se multiplioient. Le peuple étoit déjà préparé à la crise en Dauphiné, dans la Bresse, le Bugey, le Lyonnais, en Franche-Comté, en Bourgogne et en Champagne. Là des marchands colporteurs, de prétendus frères quêteurs, des devins, prédisoient hautement, dans les foires, dans les marchés, dans les cabarets, la venue de Napoléon, et en fixoient le moment. Des militaires parcouroient les provinces, travestis en religieux de l'hospice du mont Saint-Bernard, et, sous ce déguisement, faisoient des prosélytes, et s'abouchoient avec les généraux et les colonels dévoués à l'usurpateur. Vers la fin de janvier, des agens partis de l'île d'Elbe entreprirent le voyage de Nantes et de Rennes, donnant sur leur passage des instructions secrètes aux principaux révolutionnaires de ces contrées, et préparant tout pour faire échouer la résistance présumée de la Vendée et de la Bretagne. Il est positif que des proclamations de l'île d'Elbe parvinrent à Nantes et à Rennes dans les premiers jours de février, et qu'on y apprit un mois à l'avance que Napoléon débarqueroit à Cannes.

Toutefois des signes extraordinaires ne peuvent échapper, dans le département du Var, à la vigilance du préfet, comte de Bouthilier. Il sait d'une manière positive que des hommes à figures sinistres vont et viennent, et pratiquent des menées sourdes avec les révolutionnaires. Il en donne avis aux ministres, mais ses lettres n'attirent pas même leur attention. Un zélé royaliste chargé d'une mission en Provence, M. Hyde de Neuville, en parcourt les côtes au commencement de février : il est frappé de plusieurs indices de préparatifs de descente, qui coïncident avec d'autres préparatifs à l'île d'Elbe dont il avoit connoissance ; il en fait l'objet d'un rapport à la police générale ; mais, comme tout ce qui tendoit à éclairer le ministère, le rapport est enfoui dans les cartons. Les chefs de l'administration étoient persuadés que des intérêts personnels excitoient, le plus souvent, de fausses craintes, et que les *alarmistes* cherchoient à grossir le danger. C'est ainsi qu'on désignoit les hommes clairvoyans dont la pénétration devenoit importune. Les ministres étoient entraînés dans ce faux système par les perfides qui les entouroient, et qui, par leurs intrigues, parvenoient à écarter les plus zélés serviteurs du roi. Tous les avertissemens furent méprisés.

Ainsi, pendant près de six mois une vaste conspiration marcha à découvert, fascinant, par le plus inconcevable prestige, les yeux même que tant de devoirs et d'intérêts appeloient à surveiller l'ordre public et la sûreté générale.

Les tentatives pour avilir le pouvoir monarchique entroient aussi dans le plan des conspirateurs. Au sein même de Paris, le respect dû à la religion et aux lois fut violé impunément. Un attroupement, dégénéré en émeute sur le parvis sacré, à la porte même du palais de nos rois, surmonta toutes les résistances, sous prétexte de protéger les restes d'une comédienne (1), auxquels on refusoit, selon nos anciens rites, la sépulture destinée uniquement aux catholiques soumis aux règles de l'Église. Au milieu même de la Bretagne, à Rennes, une émeute plus violente encore éclata contre d'anciens chefs royalistes (2), chargés de décerner des récompenses à leurs propres soldats, qualifiés de brigands par les révolutionnaires. Tout resta impuni. Il étoit visible que les fils de ces divers mouvemens alloient aboutir au rocher

---

(1) Mlle Raucourt.
(2) M. le maréchal-de-camp Duboisguy.

de l'île d'Elbe. Que les historiens cessent de s'égarer dans la recherche des causes immédiates et prochaines des révolutions : ils les trouveront dans la foiblesse de ceux qui tiennent les rênes des empires.

Dès le 15 janvier, quelques journaux de Paris, dont l'impulsion n'étoit plus équivoque, avoient présenté Buonaparte comme *revenu de ses illusions ;* en même temps ils avoient répandu la nouvelle qu'il venoit de congédier sa garde, et qu'une partie étoit débarquée à Fréjus. Selon d'autres, c'étoit faute d'argent qu'il avoit licencié en effet trois cents hommes. Le fait, vrai en lui-même, n'étoit que spécieux dans ses motifs.

Les soldats congédiés, à l'île d'Elbe, étoient chargés de venir, sous divers déguisemens, frayer les voies au retour de leur maître, en prêchant l'insubordination ; en éblouissant, par de brillantes promesses, leurs anciens camarades : en un mot, c'étoit l'avant-garde de l'usurpateur, qui venoit débaucher l'armée, et l'exciter au parjure.

A cette occasion, le comte de Bouthilier annonça aux ministres que trois soldats débarqués de Porto-Ferrajo dans le département du

Var, avoient été interrogés séparément, et que l'un d'eux avoit déclaré qu'en lui délivrant son congé Napoléon lui avoit dit ces mots : « *Va, mon ami; nous nous reverrons ce printemps!* » Ce trait de lumière ne put frapper les yeux des ministres, toujours persuadés que Buonaparte ne tenteroit rien que par l'Italie, et après la dissolution du congrès.

Les mois de janvier et de février s'écoulèrent dans l'incertitude, les défiances et les alarmes qui précèdent les orages politiques. Les tribunaux même, dernier refuge de la justice, montroient la plus révoltante partialité : les révolutionnaires y triomphoient avec insolence et scandale. Les partis se prononçoient avec des couleurs tranchantes et décisives; les disputes d'opinion devenoient des combats particuliers, et chaque jour éclairoit un ou plusieurs duels.

Un général, moins connu sous le gouvernement de Buonaparte, que dans les premières guerres de la révolution, le général Quesnel, disparut tout à coup, et fut ainsi dérobé, mystérieusement, à sa famille et à ses amis. Son caractère moral, l'ordre qui régnoit dans ses affaires, éloignoient l'idée d'un suicide. A quelque temps de là, son corps fut retrouvé sans mutilation, sans blessures apparentes, mais avec des traces de violences qui indiquoient un crime prémédité. On ne l'avoit ni dépouillé, ni volé. On en inféra qu'initié dans le complot, mais trouvé incorruptible et fidèle, des traîtres lui avoient donné la mort pour ensevelir à jamais leur secret dans son tombeau.

Tout déceloit aux yeux de l'observateur attentif, une prochaine catastrophe. Les indices d'une vaste conspiration prenoient une caractère si alarmant, que les ministres songèrent enfin à sévir; mais il étoit trop tard. On ne pouvoit plus douter que des réunions clandestines n'eussent lieu chez Bassano, chez Hortense, chez la dame Hamelin, si fertile en intrigues. On sut positivement que les agens de Buonaparte avoient eu plusieurs conférences, et que Lavalette sembloit y avoir présidé.

Quand on délibéra si on ordonneroit l'arrestation des personnages les plus suspects, on en dressa une liste où furent portés Bassano, Lavalette, Rovigo, Regnault, et deux ou trois autres affidés de Buonaparte. Mais les ministres hésitèrent de frapper ce coup d'Etat.

Les conjurés, instruits des délibérations les plus secrètes, bravèrent d'ailleurs, une administration qui ne savoit ni protéger ni punir.

Dès qu'il ne fut plus permis de douter qu'une trame criminelle enveloppoit tout le royaume, les ministres de l'intérieur et le directeur de la police accablèrent de questions tardives les préfets des départemens; et se disputèrent, par des circulaires croisées en sens contraire, le droit et les moyens de ramener l'ordre qu'il auroit fallu conserver à tout prix, et que toutes les instructions ministérielles ne pouvoient rétablir.

Tout marchoit au gré des conspirateurs; mais une idée inquiétante se présentoit à leur esprit : le gouvernement royal ne pouvoit-il pas, au milieu même du danger, déployer quelque énergie? Une révolution ministérielle étoit possible. Alors des ministres plus clairvoyans, qui ne méconnoîtroient plus la disposition des troupes à la défection, les feroient refluer dans l'intérieur, évitant ainsi tout point de contact avec leur ancien général, et n'opposant au petit nombre de soldats qui marcheroient à sa suite que des gardes nationaux ou des volontaires royalistes;

d'ailleurs, il falloit à Buonaparte, pour conquérir l'Italie par une invasion soudaine dès qu'il seroit maître de Lyon, des bataillons qui vinssent à sa rencontre, et il ne pouvoit trouver sous sa main une armée tout improvisée, que par un mouvement combiné avec Murat.

C'est ici que brille le plan de l'usurpateur ; il va se ménager d'avance deux armées ; l'une en Italie, et l'autre en France. Il va persuader à Murat de lever le premier l'étendard de la guerre, comme pour menacer les Bourbons, et combine cette première démonstration avec la tentative plus audacieuse qu'il médite lui-même. Alors, selon le calcul des probabilités, le gouvernement royal, cédant à l'impulsion secrète des émissaires de Paris et de Vienne, fera filer sans délai des troupes vers l'Isère et les Alpes, pour répondre à la provocation de Murat ; alors, au moment même de son apparition subite en France, Napoléon trouvera une armée toute prête à passer sous ses drapeaux.

Pressé d'agir, aiguillonné par les messages de l'île d'Elbe, Murat ne balance plus : il met son armée au grand complet ; il prépare ses notes menaçantes ; il prend une attitude hostile, couvrant, par des prétextes spécieux, ses démarches entreprenantes, alléguant la nécessité de surmonter, par la voie des armes, l'opposition de la maison de France, à laquelle il suppose des plans d'agression. Il s'exhale en plaintes amères contre les Bourbons, et communiquant, vers la fin de février, à la cour de Vienne un projet simulé d'attaque, il demande le passage libre par la moyenne et par la haute Italie, pour une armée de quatre-vingt mille hommes, feignant de vouloir la diriger contre les Etats de Louis XVIII. Cette étrange proposition est repoussée aussitôt par le gouvernement autrichien, qui adresse aux cabinets de France et de Naples des déclarations énonçant la résolution invariable de ne permettre, dans aucune circonstance, que la tranquillité de la haute Italie soit compromise par le passage de troupes étrangères ; il donne l'ordre, en même temps, à ses généraux de faire marcher en Lombardie une armée pour soutenir sa déclaration. La France y répond par l'assurance formelle que Louis XVIII n'a aucune idée de porter des troupes françaises au-delà des Alpes.

Toutefois le prince de Talleyrand, plénipotentiaire au congrès, avoit écrit lui-même au roi, le 19 février, que l'Italie étant agitée, il conviendroit de réunir, entre Lyon et Chambéry, un corps de trente mille hommes, prêt à tout événement. Le plénipotentiaire ajoutoit :
« Que le mouvement devoit se faire avec le
» moins d'éclat possible, pour ne point donner
« d'ombrage à l'Autriche et au Piémont (1). »
Quatre jours s'écoulent à peine, et le prince fait écrire directement au maréchal Soult :
« Qu'il seroit bon, au contraire, que le mou-
» vement des troupes fût remarqué au dehors,
» afin de prévenir l'effet de l'opinion qu'af-
» fectoit de répandre le prince de Metternich
» sur la nullité des forces militaires de la
» France. » Le ministre de la guerre s'empresse aussitôt d'expédier les ordres aux généraux et aux régimens destinés à former le corps d'observation.

Ainsi, trente mille soldats marchoient, de divers points du royaume, vers Chambéry et Grenoble, allant, pour ainsi dire, au-devant

---

(1) Voyez le Mémoire justificatif du maréchal Soult.

de l'usurpateur, au moment même où ses adhérens n'attendoient plus que sa présence pour lever l'étendard de la révolte contre les Bourbons.

LIVRE XXIV.

Préparatifs de Napoléon à l'île d'Elbe : il met à la voile, et débarque au golfe Juan. — Sa marche vers le Dauphiné. — Conduite des autorités locales. — Dévouement des Provençaux paralysé. — Leur indignation contre le maréchal Masséna. — Mesures du gouvernement royal ; situation de Paris à la nouvelle du débarquement de Napoléon. — Départ de Monsieur pour Lyon. — Défection du colonel Labedoyère ; occupation de Grenoble par Buonaparte. — Ses premiers décrets. — Défection de la garnison de Lyon ; soulèvement de la populace ; entrée de Buonaparte dans cette ville. — Ses décrets de Lyon. — Sa nouvelle politique. — Ses adieux aux Lyonnais.

Napoléon combinoit ses préparatifs avec les mouvemens de Murat, et n'attendoit plus qu'un dernier avis du continent pour mettre à la voile. Tout se passoit encore dans le mystère de son cabinet, entre lui et Bertrand, qui seul faisoit mouvoir les ressorts cachés de ses vastes desseins. Vers la mi-février seulement, il s'ouvrit à Drouot (1), tout aussi dévoué à sa personne, mais dont la fidélité aveugle

---

(1) Gouverneur de l'île d'Elbe.

n'avoit point altéré le caractère moral. Il lui décèle son entreprise avec cette présomption audacieuse, cette assurance hypocrite dont ses favoris eux-mêmes se laissoient abuser; il lui dit positivement qu'il est regretté, demandé par toute la France; que, sous peu de jours, il quittera l'île pour se rendre au vœu de la nation; qu'en un mot, son retour peut seul prévenir d'affreux déchiremens. Drouot, plus studieux que politique, mais d'un esprit juste et réfléchi, manifeste son opposition à une tentative désespérée dont il prévoit les suites funestes. Ses représentations ne peuvent rien sur l'esprit de son maître : il cède lui-même à sa fatale impulsion (1). Ressaisir le pouvoir suprême au milieu de la confusion générale, telle étoit la seule pensée du banni de l'île d'Elbe : aucune appréhension n'étoit capable de l'arrêter, tant sa confiance étoit entière dans la coopération de ses adhérens. Les hasards de la navigation n'étoient rien à ses yeux. Echappé deux fois, pour le malheur de l'Europe, aux croisières ennemies, soit comme envahisseur, soit comme

---

(1) Voyez le procès du général Drouot et les déclarations de ce général.

déserteur de l'Egypte, il redoutoit peu, dans sa nouvelle tentative, les stations navales qui l'épioient en pleine mer. N'étoit-il pas d'ailleurs plutôt souverain que prisonnier à Porto-Ferrajo? Aussi invoquoit-il avec arrogance la foi des traités, lui qui jamais n'en avoit respecté aucun; par là il rendoit illusoire la surveillance maritime.

Les voiles anglaises elles-mêmes se tenoient à l'écart, et, à tout moment, un prétexte frivole pouvoit attirer à Livourne le commissaire anglais Campbell. Deux frégates, il est vrai, sorties de Toulon, *la Melpomène et la Fleur-de-Lis*, stationnoient, sans dépendre l'une de l'autre, au nord et au sud de Porto-Ferrajo, mais avec défense expresse de mouiller dans les eaux de l'île, ce qui rendoit la croisière nulle. En effet, comment barrer la sortie d'un port, si près de la côte d'Italie, et entouré d'îles et d'écueils? Comment, surtout, épier des mouvemens intérieurs sans aviso, sans mouches, sans une seule intelligence à terre? Telles étoient les étranges instructions données aux stations navales. Cependant *la Fleur-de-Lis*, commandée par le chevalier de Garat, s'étoit maintenue tout l'hiver en face de l'île, interceptant la route de France. L'énergique résolution de son capitaine étoit connue ; s'il eût rencontré Buonaparte fuyant, il l'eût attaqué, sans égard pour ses instructions ; pas un marin n'en doutoit à son bord.

Mais tout étoit combiné pour faciliter l'évasion du perturbateur du Monde ; et comme si l'on eût craint la croisière opiniâtre du capitaine Garat, on expédia de Toulon l'ordre de son rappel, vers la mi-février, par la goëlette *l'Antelope*. Cet ordre parvint au chevalier de Brulart, gouverneur de Corse, et lui parut tellement suspect, qu'il prit sur sa responsabilité d'en suspendre l'exécution.

Libre dans les eaux de son île, Napoléon regardoit le succès de son évasion comme infaillible, et se montroit impatient de l'effectuer. Ce fut à la réception d'une dépêche que lui apporta un colonel venu du continent en toute hâte (1), qu'il ordonna précipitamment le départ, ne négligeant pas toutefois d'user de stratagème pour couvrir encore ses desseins. Le dimanche 26 février, il attire sa petite cour à une fête présidée par la prin-

---

(1) Déclaration du sieur Pons, directeur des mines de l'île d'Elbe, débarqué au golfe Juan avec Buonaparte, faite à Marseille devant le maréchal Masséna et M. le marquis de Rivière, dans les premiers jours de mars 1815.

cesse, Borghèse, où il se montre lui-même avec un visage ouvert et serein. Tandis que sa sœur et sa mère font les honneurs du bal, ses gardes reçoivent l'ordre inopiné de s'embarquer sur-le-champ. Officiers et soldats se persuadent qu'on va faire voile pour Naples, les relations entre cette capitale et l'île d'Elbe étant devenues très-actives. Tous se portent avec armes et bagages vers le port. Là, Napoléon les forme en carré, et distribue quelques décorations. Dans une courte harangue, il laisse entrevoir Paris comme le but de son entreprise; il promet à ses soldats des honneurs, de l'avancement, et de les conduire l'arme au bras sans tirer un coup de fusil. « Quand vous serez débarqués, » ajoute-t-il, ayez soin d'éviter, avec les ha- » bitans des villes et des campagnes, toute » espèce de querelle; montrez la plus grande » douceur, et répétez sans cesse que vous ne » venez point en France pour faire la guerre » aux Français (1). » Puis il monte, avec

---

(1) Selon le général Cambronne, Napoléon ne fit connoître la destination de l'expédition qu'en pleine mer; mais les documens que nous avons suivis ne peuvent être infirmés par une assertion isolée qui rentre d'ailleurs dans le système de défense d'un accusé devant ses juges.

quatre cents hommes d'élite, à bord du brick *l'Inconstant*, de vingt-six canons, commandé par le capitaine Choutard. En même temps, deux cents hommes d'infanterie, cent lanciers polonais et deux cents flanqueurs sont répartis sur le chébeck *l'Emile*, sur la speronare *la Caroline*, sur un brick marchand, sur deux transports et sur une felouque. Bertrand, Drouot, Cambronne et le lieutenant de vaisseau Taillade, piloté de l'expédition, montent avec Buonaparte sur *l'Inconstant*.

A minuit, un coup de canon donne le signal du départ ; la flotille, composée de sept bâtimens, ayant à bord neuf cents soldats et quatre pièces de campagne, met à la voile par un vent du sud ; aux cris de *Paris ou la mort !*

Le pilote fait aussitôt manœuvrer pour doubler l'île de Capraïa, afin de se trouver au point du jour hors de la portée des croisières. Mais à peine est-on sorti du port, que le vent mollit et la mer devient calme. Au lever du soleil, la flotille n'avoit encore fait que six lieues entre les deux îles et à la vue des frégates. Un incident écarte *la Fleur-de-Lis*, qui, pour aller reconnoître plusieurs voiles, manœuvre d'un côté opposé : c'étoient des navires anglais et suédois qui sortoient de Livourne. En se rapprochant de sa croisière, *la Fleur-de-Lis* aperçut, à sa station accoutumée, *la Melpomène* (1), qui avoit laissé passer la flotille. Une frégate anglaise la chassoit inutilement, faute d'un vent frais. Napoléon avoue, dans sa relation étudiée, que l'expédition fut d'abord enchaînée par le calme, et que la plupart des marins, frappés du danger à l'aspect des frégates, étoient d'avis d'entrer dans le port; mais qu'il s'y opposa, voulant poursuivre sa route, dans l'espoir, s'il tomboit dans la station française, d'attirer à lui les équipages, en déployant à leurs regards le pavillon tricolore et les aigles. Vers midi le vent fraîchit, et la flotille, forçant de voiles, fut portée à la hauteur de Livourne. A six heures, le brick français *le Zéphyr* rencontra le brick *l'Incons-*

---

(1) Commandée par le capitaine Collet, envoyé à Naples par Buonaparte après son débarquement pour assurer la navigation de la dame Lætitia, de l'ex-roi Jérôme et du cardinal Fesch. Attaqué en route par les Anglais, le capitaine Collet fut fait prisonnier avec tout l'équipage de *la Melpomène* après un combat sanglant. Quant à la *Fleur de Lis*, ayant connu trop tard l'évasion, elle vint pourtant mouiller par instinct au golfe Juan vingt heures après Buonaparte qui, à son arrivée à Paris, donna l'ordre secret de saisir et de fusiller le chevalier de Garat. Cet ordre fut retenu par le duc Decrès.

tant, que montoit Napoléon ; les deux bricks se croisèrent bord à bord sans se reconnoître, soit que le capitaine Andrieux, commandant *le Zéphyr*, eût pénétré la destinée du frêle bâtiment qui s'offroit à sa vue, soit que, n'ayant aucun soupçon, il le crût réellement destiné pour Gênes. Napoléon, se voyant en pleine mer, arbora la cocarde tricolore, et dit, en montrant le général Drouot sur le pont : « Si j'avois voulu croire le sage, je ne » serois point parti ; » avouant ensuite que plusieurs *grands personnages* de Paris avoient fomenté une insurrection et créé un gouvernement provisoire qui le rappeloit au trône (1). Le lendemain la flotille découvrit les côtes de Noli, puis celles d'Antibes. Le surlendemain, 1ᵉʳ mars, elle entra dans le golfe Juan, et mouilla près d'une plage presque déserte. Ni vigie, ni un seul garde-côte ne donnent l'alarme; une batterie est abandonnée, ou plutôt livrée. Les premiers soldats qui débarquent sont mis en vedette avec ordre d'arrêter indistinctement ceux que le hasard ou leurs affaires

---

(1) Même déclaration déjà citée du sieur Pons, directeur des mines de l'île d'Elbe, débarqué avec Buonaparte, et nommé ensuite par lui préfet de Lyon pendant les *cent jours*.

attireront sur le rivage. Toute l'expédition prend terre sans qu'il soit tiré un coup de fusil, et cependant dix mille hommes tenoient garnison en Provence (1), et treize vaisseaux de guerre flottoient en rade à Toulon. Il eut suffi peut-être d'une chaîne de postes, combinée avec une croisière, pour écarter le danger et préserver la France. Mais le destin la condamnoit encore à subir une cruelle épreuve.

A cinq heures du soir, tous les soldats de l'expédition étoient réunis sur la plage. Déjà Cambronne marchoit avec l'avant-garde vers le bourg de Cannes, tandis qu'un détachement moins nombreux se dirigeoit sur Antibes. Napoléon, resté avec le gros de ses soldats, avoit près de lui Bertrand, son grand maréchal; Drouot, son aide-de-camp; le lieutenant-colonel Mallet, et le polonais Jermanouski, major des lanciers de sa garde. Sa petite troupe, subdivisée en plusieurs compagnies, comptoit, parmi ses officiers secondaires, les capitaines Raoul, Cornuel, Combes, Lamourette, Monpez, Loubert, Schultz et Balinski.

Le bourg de Cannes, peu d'heures avant si

---

(1) Sous le gouvernement de M. le maréchal Masséna.

paisible, étoit en proie au trouble et à l'agitation. Cambronne venoit d'y entrer à l'improviste, frappant la ville d'une forte réquisition de vivres, et sommant le maire d'aller complimenter Buonaparte. Le maire livre les réquisitions, mais refuse à l'usurpateur l'hommage et le serment qu'il n'a prêtés qu'au roi.

Tandis que Cambronne s'empare de Cannes, intercepte la route de Nice, et fait arrêter les voyageurs, Napoléon les interroge successivement, et leur distribue ses proclamations manuscrites. Le duc de Valentinois tombe dans son avant-garde, en allant à Monaco; Napoléon cherche à l'attirer dans ses intérêts, mais le duc refuse de le suivre, et se rend à sa destination.

La ville d'Antibes ne veut pas également le reconnoître, grâces à la fidélité du maire, M. Olivier, et du major de la place. Les habitans arrêtent et désarment ses soldats. Deux de ses émissaires ont aussi le même sort, et la ville se met en défense. A minuit Napoléon lève son bivouac, et va l'établir aux portes même de Cannes, n'osant entrer dans le bourg où pas un cri ne se fait entendre en sa faveur. Il presse alors Cambronne d'aller en avant. « Je vous confie, lui dit-il, le plan de ma plus

» belle campagne : vous ne trouverez partout
» que des amis, et vous n'aurez pas un seul
» coup de fusil à tirer; mais accélérez votre
» marche et entrez vite en Dauphiné. » A quatre
heures du matin, il monte lui-même à cheval
et se met en route, favorisé par le clair de lune,
précédé par Cambronne, et couvert par une
arrière-garde. Avec une poignée de soldats il
envahit un royaume, défendu par cent cinquante régimens, et par deux millions de
citoyens armés.

Laissant la ville d'Antibes à sa droite,
il prend la route des montagnes, et se dirige
vers les Basses-Alpes avec une célérité extraordinaire, voulant tromper tous les calculs
et prévenir toutes les résistances. La ville
de Grasse se présentoit la première sur
son passage. Partageant la haine des Provençaux contre l'oppresseur, elle avoit brisé ses
images et attaché son effigie à un gibet, au
milieu des transports qu'avoit fait éclater la
restauration. Dix mois s'étoient à peine écoulés, et cette flétrissure politique se retraçoit
encore à tous les esprits. Tout à coup se répand
la nouvelle du retour subit de Napoléon, et la
ville est aussitôt plongée dans la consternation
et le trouble. Le conseil municipal s'assemble;

il appelle dans son sein le général Gazan (1); chacun se flatte que ce militaire expérimenté défendra sa ville natale, et dirigera le courage de ses compatriotes, qui déjà se pressent à l'Hôtel-de-Ville, demandant des armes pour s'opposer à l'ennemi. Une population de douze mille âmes, recevant une impulsion salutaire, auroit pu créer des obstacles devant une poignée de soldats. Quel exemple, d'ailleurs, pour les campagnes ! Ce mouvement s'y seroit propagé. Déconcertée par le tocsin, arrêtée par les premiers coups de fusil, l'avant-garde de Napoléon eût été repoussée ou dispersée. Qu'oppose le général Gazan au zèle de ses concitoyens ? les raisonnemens d'une froide prudence : il ne falloit pas compromettre la ville, ni sonner le tocsin, pour répandre inutilement l'alarme dans les campagnes. Où trouveroit-on des armes dans un si court délai ? D'ailleurs, pouvoit-on se flatter de résister avec des paysans et des citadins à des soldats aguerris ? Ces argumens d'un officier-général qui avoit su braver tant de dangers paralysèrent l'élan royaliste ; les autorités

---

(1) Chef d'état-major du maréchal Soult à l'armée du midi en 1814.

passèrent la nuit en délibérations pénibles ; de jeunes volontaires qui s'étoient portés sur la route, ne furent pas soutenus, et, à l'arrivée de Cambronne, la ville se trouva sans défense. Il y pénétra avec l'avant-garde, et vit le général Gazan (1).

A dix heures du matin, le 2 mars, Napoléon, rassuré par les rapports de Cambronne, fit le tour de la ville, et alla camper sur cette même colline où, l'année précédente, on l'avoit exécuté en effigie. Là on dresse une table, et il y déjeune, affectant un air gai et ouvert. Cambronne et Bertrand portent les premiers *toasts*, aux cris de *vive l'Empereur!* croyant provoquer les acclamations ; mais les spectateurs restent dans un morne silence. Telles étoient les dispositions des habitans, que Napoléon, malgré ses efforts, ne put faire imprimer à Grasse ses proclamations (2), et qu'il n'y recruta qu'un misérable tanneur flétri par la justice (3). Décidé à continuer son

---

(1) Itinéraire de Buonaparte, par l'auteur de la *Régence à Blois*, pag. 19. Cambronne a prétendu le contraire dans les débats de son procès ; mais le témoignage des habitans de Grasse l'emporte sur sa dénégation suspecte.

(2) L'imprimeur prit la fuite, et laissa ses presses au pouvoir des soldats de Buonaparte.

(3) Le nommé Isnard.

mouvement à travers les montagnes, par les chemins les plus rudes, il prit, après deux heures de repos, la route de Saint-Vallier, laissant aux portes de Grasse ses canons et sa voiture. Le soir même, il fit halte vers les frontières des Basses-Alpes, au village de Ceranon, après une marche de vingt lieues.

C'est ainsi qu'il échappa au zèle du comte de Bouthillier, préfet du Var. A peine informé du débarquement, ce magistrat royaliste en avoit donné avis, par des courriers extraordinaires, aux préfets et aux généraux placés sur les routes de Grenoble et de Lyon. Lui-même s'étoit porté en hâte vers Fréjus, à la tête de quelques gardes-nationaux. Ce n'étoit que par la Basse-Provence qu'auroit pu déboucher Buonaparte, avec les quatre pièces de campagne débarquées sur la plage de Cannes. Cette circonstance trompa les calculs du préfet, et vraisemblablement ceux du général Morangier, qui se dirigea de concert sur Fréjus et la forêt de l'Esterelle, avec la garnison de Draguignan. Mais tandis que le préfet et le général marchoient pour cerner Buonaparte à son entrée dans la Basse-Provence, il s'échappoit vers Digne, par la route des montagnes. Là pourtant on pouvoit lui barrer le passage d'abord au *défilé de César*, taillé dans le roc entre Castellane et Barême, puis au pont de Sisteron, sur la Durance, soit en faisant un appel à l'énergie des citoyens, soit en ordonnant à propos des dispositions militaires. Ici s'élèvent de graves inculpations contre le maréchal Massena (1), si long-temps favorisé par la victoire. La fidèle Marseille l'accuse de lenteurs coupables, de collusion criminelle. Examinons les faits. Le 3 mars, à six heures du matin, Marseille est informée du débarquement; l'explosion est unanime; un seul cri s'exhale de toutes les bouches, et c'est un cri de haine contre l'usurpateur et d'amour pour les Bourbons. Presque au même instant, comme au premier jour de la restauration, le drapeau blanc flotte à toutes les fenêtres. Pendant trente-six heures l'hôtel du gouverneur est assiégé par des habitans de tout âge, de tout état, qui réclament des armes : on leur répond qu'il n'y en a pas. Au milieu de l'effervescence générale, le gouverneur seul demeure immobile, luttant contre l'ardeur de la garde nationale et du peuple, qui demandent à grands cris l'ordre de se mettre en marche. Au lieu de

---

(1) Gouverneur de la 8ᵉ division militaire, en résidence à Marseille.

diriger à l'instant la garnison en poste par la route directe, afin de prévenir l'ennemi à Sisteron, le gouverneur ne fait partir qu'un seul régiment par simple journée d'étape, sur une route longue et tortueuse. La garde nationale entière présente une adresse, pour être mobilisée, et c'est le 6 mars seulement que, pressé par la voix menaçante du peuple, le maréchal Masséna met en mouvement une partie de cette même garde, à laquelle il répète sans cesse : « Allez; mais c'est inutile, » j'ai tout calculé, tout prévu ! »

Dans son apologie (1), ce vieux guerrier s'efforce d'établir qu'il ne connut le débarquement avec certitude que le 3 mars; et qu'alors Napoléon avoit déjà deux marches sur la garnison de Marseille. Resteroit à expliquer le silence des vigies, la lenteur des courriers, la perte suspecte d'une première dépêche, l'irrésolution, le retard des mesures. Tout est louche dans la conduite des officiers-généraux placés sur la ligne d'invasion. En proie à l'erreur ou au vertige, évitant de s'engager dans la lutte, épiant l'é-

---

(1) Mémoire de M. le maréchal Masséna sur les événemens qui ont eu lieu en Provence, pendant le mois de mars et d'avril 1815.

vénement, tous, ou presque tous, laissent agir l'usurpateur, comme si le renversement de tous les principes leur eût déjà fait confondre leur intérêt avec sa cause. « Oseroient-ils » entreprendre de se justifier? s'écrient les » habitans de Marseille; nous leur dirions » alors : Quand Buonaparte pesoit encore sur » la France de tout le poids de sa tyrannie, » auriez-vous trouvé si difficile de repousser, » par la force des armes, un Bourbon s'il fût » venu débarquer en Provence? N'auriez-vous » pas en un instant dissipé tous les obstacles? » On ne vous auroit pas vu réprimer, par des » stratagèmes, l'ardeur de vos soldats, ou pa- » ralyser leur énergie; et si la sûreté de l'Etat » avoit dû dépendre de la célérité de vos réso- » lutions, vous n'auriez pas langui trois jours » dans une inertie fatale. »

Ainsi, Napoléon n'avoit plus rien à redouter de la Provence quand il parut sur les limites des Basses-Alpes. Il approchoit de Digne; et le général Miollis se mettoit à peine à sa poursuite avec douze cents hommes, sur la route d'Aix, suivi, le lendemain, par quinze à seize cents gardes nationaux de Marseille. Ces troupes ne pouvoient que manœuvrer sur les derrières de l'ennemi; encore furent-elles fatiguées par des marches et des contre-marches, comme si l'on eût redouté de l'atteindre. Le département des Basses-Alpes, soit par l'aspérité des lieux, soit par la possibilité d'une défense militaire, sembloit présenter plus de danger. Mais la surprise, l'irrésolution et la perfidie alloient y ouvrir tous les passages. Depuis deux jours Napoléon étoit en route, quand, le 3 mars, à cinq heures, il entra dans le bourg de Barême. On l'y reçut avec le silence de la stupeur et de l'étonnement. Le bourg est frappé aussitôt d'une réquisition de quatre mille rations de vivres et de deux cents voitures : sommées d'obéir, les autorités fléchissent. Napoléon fait répandre que son artillerie file par la grande route, et que plusieurs débarquemens s'effectuent sur divers points de la Provence. Il laisse même échapper, dans la maison du juge de paix (1), où il établit son quartier-général, quelques mots sur son entreprise : « Si les troupes sont » pour moi, comme on l'assure, les Bour- » bons ne peuvent pas tenir. — Il est possible, » répond le juge de paix, que les troupes » soient pour vous ; mais il n'en est pas ainsi

---

(1) M. Tartanson.

» du peuple, du moins dans ce bourg. » « C'est
» après demain au soir, ajoute Napoléon,
» que les Bourbons sauront mon arrivée en
» France. »

Dans la nuit même, Bertrand expédia des émissaires à Grenoble et à Paris. Le lendemain l'usurpateur dit publiquement que Marie-Louise et son fils alloient arriver avec des troupes de l'empereur d'Autriche; il se dirigea ensuite vers Digne, ville ancienne, peu populeuse, située au pied des Alpes, sur le torrent de la Bléonne. Le général Loverdo réduit à une foible garnison, étoit hors d'état de défendre avec succès les défilés et le passage de Sisteron (1); il n'avoit même ni cartouches, ni munitions de guerre. Le 3 mars, le préfet Duval, recevant l'avis de la marche de Napoléon, n'avoit d'abord rien laissé transpirer; mais, conférant avec le général Loverdo, sur un événement si extraordinaire, il lui avoit déclaré ne pouvoir lui fournir un seul homme de la garde nationale; il l'avoit même conjuré de ne faire aucune tentative de résistance, pour éviter, disoit-il, les plus grands malheurs à son

---

(1) Voyez à ce sujet le livre précédent, sur la *Conspiration du 20 Mars.*

département. Toutefois le général se hâte d'envoyer à Sisteron pour se munir de cartouches; lui-même se rend à la caserne, et réunit ses soldats : il en trouve plusieurs déjà travaillés par l'esprit de sédition, et qui le reçoivent aux cris de *vive l'Empereur !* Il les maintient pourtant dans l'obéissance. La gendarmerie étoit dispersée, et plus mal disposée encore. Comment, avec de pareilles troupes, arrêter la marche d'une force supérieure, rendue plus formidable par la séduction qui la précédoit et l'accompagnoit? Le général s'arrête au parti d'évacuer la ville, tant pour éviter tout point de contact avec les soldats de Buonaparte, que pour se réunir aux troupes du Roi débouchant par la Basse-Provence.

Cependant les citoyens montrent en général plus de résolution que leurs propres magistrats, et s'étonnent qu'on ne fasse pas un appel à la garde nationale : les uns proposent de couper les ponts et de rompre les routes; d'autres accourent à la mairie réclamer des armes, voulant se porter au défilé des Bains, position inexpugnable, où une poignée d'hommes peut arrêter une armée. Le préfet s'y refuse. Napoléon approchoit, précédé par des émissaires qui lui frayoient la route, entr'autres par le sieur Emery, de Grenoble, son chirurgien, homme adroit et actif. Abandonnant aussitôt la ville, le préfet se retire dans une maison de campagne voisine.

Aucune force ne s'étant présentée pour disputer le passage, Napoléon fit son entrée à Digne, le 4 mars, au bruit du tambour de sa petite troupe. La ville resta silencieuse et consternée ; aucune boutique n'étoit ouverte, seulement quelques enfans attroupés crioient *vive l'Empereur !* tandis que d'autres, placés aux fenêtres, répondoient par le cri de *vive le Roi !* Napoléon mande le maire et ses adjoints. L'un d'eux ose lui représenter les difficultés de son entreprise : « Mon sort dépend de l'ar- » mée, » lui dit-il ; aveu remarquable ! En effet, les dispositions des citoyens n'étoient pas équivoques. Sur une population de quatre mille âmes, à peine dix personnes applaudissoient au retour de l'usurpateur. Peut-être même que Digne fût devenu le terme de ses projets, si l'autorité locale eût secondé le zèle des habitans. Après trois heures de repos, il se dirigea vers Sisteron, avec un sentiment d'inquiétude. Là se présentoit un pont étroit que deux hommes de front peuvent à peine franchir, et que protége une citadelle.

En cinq minutes on pouvoit le faire sauter ; mais l'esprit de vertige et d'aveuglement s'emparoit presque partout des dépositaires du pouvoir. Le préfet avoit décidé aussi que Sisteron ne seroit pas défendu, et qu'on se borneroit à mettre à l'abri les caisses publiques. Sur l'avis de ce magistrat, les armes et les munitions, renfermées dans la citadelle, venoient d'être évacuées, et le commandant de la gendarmerie s'étoit replié sur l'autre rive de la Durance. Ainsi, partout on laissoit passer le torrent sans lui opposer aucune digue. Les habitans, indignés d'une décision prononcée si légèrement, représentoient en vain que Sisteron, situé au pied d'un rocher fortifié, offroit un point de défense unique ; les autorités n'en soutenoient pas moins l'impossibilité d'aucune résistance militaire. Ceci donna lieu de comparer leur découragement affecté avec leur conduite en 1814, où, mettant tout en réquisition, ordonnant aux citoyens de prendre les armes, montrant une ardeur infatigable, elles avoient déclaré solennellement que lorsqu'un peuple le veut il triomphe de ses ennemis. Ce rapprochement ne faisoit qu'irriter les royalistes, qui, assiégeant de nouveau l'Hôtel-de-Ville, vouloient prendre les armes, palissader le pont, et même le faire sauter.

Un militaire couvert de blessures, M. Fortuné de Veydet, ne demande que cent hommes pour arrêter l'ennemi du genre humain : tout est rejeté. Le commandant de la place (1) et les membres du conseil s'obstinent à regarder comme inutile d'armer les habitans.

Le jour baissoit et les inquiétudes devenoient plus vives. Les citoyens redemandèrent des armes : nouveau refus, sous la promesse toutefois qu'à la moindre alerte on battra la générale. Un piquet de *cinq hommes, armés de sabres*, est placé à la tête du pont, du côté de Digne. Incertain si la position lui sera livrée sur-le-champ, Buonaparte ne pousse que son avant-garde, et fait halte au village de Malijai, à cinq lieues de Sisteron. Là, par ses émissaires, il s'efforce d'attirer à lui le général Loverdo et son détachement; l'officier qui le commande reçoit l'injonction suivante : « L'Empereur ordonne que M. le chef de ba- » taillon Chauveau, avec trois compagnies » du 87e, se rendra auprès de lui, pour se » réunir aux braves de la garde impériale, et

---

(1) M. Machemin.

» marcher avec l'aigle (1). » Des lettres dans le même sens sont adressées au général Loverdo; une seule lui parvient; elle reste sans réponse, et ses soldats se maintiennent fidèles au roi et à l'honneur. Ce général passa immédiatement sur la rive droite, et motiva ainsi son mouvement de retraite dans son rapport au maréchal Masséna (2) : « Si la citadelle de Sisteron
» étoit en état de défense, je m'y serois ren-
» fermé, pour barrer le pont que je ne puis
» plus faire sauter, étant pressé par la marche
» rapide des troupes de Buonaparte, qu'on
» évalue de deux à trois mille hommes. » Le lendemain le général Loverdo en connut exactement le nombre, que les agens de Napoléon enfloient à dessein. On doit déplorer qu'un officier-général si fidèle, abusé par des rapports perfides, délaissé avec trois compagnies seulement, n'ait pu rallier les citoyens et disputé Sisteron; plus maître de lui, telle eût été sa conduite. En vain le maréchal Masséna allègue-t-il dans son apologie, que l'usurpateur, sans artillerie, sans chariots, eût remonté et traversé la Durance au-dessous de Gap; l'entre-

---

(1) Signé le comte Bertrand, grand maréchal faisant fonction de major général de la grande armée.

(2) Daté de Digne, le 4 mars, à cinq heures du matin.

prise pouvoit échouer par le seul effet moral d'une première résistance.

A une heure du matin, le 5 mars, l'avant-garde s'empare de ce pont, si facile à défendre; dans la joie d'en être le maître, Cambronne envoie une ordonnance pour presser la marche de Napoléon; il se rend ensuite à l'Hôtel-de-Ville, et somme le sous-préfet et le maire d'aller au-devant de celui qu'il qualifie d'empereur. A dix heures, Napoléon en personne paroît à la tête de cent cinquante soldats : arrivé au pont de la Durance, il ne peut dissimuler l'impression que lui fait éprouver l'aspect de ce passage si aisément franchi, et ces mots à Bertrand lui échappent : *Nous voilà sauvés!*

Aux portes de la ville, le sous-préfet, le maire et ses adjoints en costume, l'attendoient pour le haranguer, offrant au peuple le premier exemple de l'infidélité, en criant eux-mêmes *vive l'empereur!* Ainsi, à la honte du pouvoir civil, des magistrats institués ou confirmés par le souverain, des magistrats intimidés ou séduits par une poignée de soldats donnèrent effrontément le signal du parjure. Napoléon, ainsi escorté, descendit à l'auberge du *Bras-*

3*

d'Or (1). De ses fenêtres il fit jeter au peuple ses proclamations, datées du golfe Juan, et imprimées à Digne. Le maire en ordonna l'affiche, et le crieur public fit un appel aux officiers et sous-officiers en retraite, pour se ranger sous les drapeaux de *S. M. l'empereur Napoléon*. Les militaires hésitoient, car la plus vile populace seule s'efforçoit de feindre la joie publique. En vain les émissaires de l'usurpateur redoublent leurs instigations, et sèment d'affreuses nouvelles, entr'autres que, le 1er mars, on avoit assassiné le roi à Paris; rien ne peut entraîner la masse de la population. Mais, déjà rassuré sur l'issue de son entreprise, Napoléon dit au sous-préfet : « J'ai des troupes à Gap et à Corps ; » la garnison de Grenoble m'attend ; j'ai » dix mille homme à Lyon ; pas une goutte » de sang ne sera répandue. » Il répète aussi son imposture favorite, que tout est arrangé avec les puissances étrangères, ajoutant la promesse de réparer toutes les fautes, tous les maux de son règne. A trois

---

(1) Tout ce qui concerne Sisteron est tiré d'un manuscrit authentique et inédit, intitulé : *Détails des faits relatifs au passage de Napoléon Buonaparte à Sisteron, et de la conduite des autorités civiles et militaires du département des Basses-Alpes.*

heures, il se remet en marche, prenant la route de Gap, mais n'ayant pu attirer, à Sisteron, que cinq personnes sous ses drapeaux (1). Son arrière-garde occupa le soir même la ville, et sema le bruit qu'il avoit eu la nuit précédente une entrevue secrète avec le préfet Duval (2).

On n'avoit créé aucun obstacle sur la route; les troupes royales venant d'ailleurs trop tard, n'entrèrent à Sisteron que le 7 mars, deux jours après l'ennemi. Elles étoient suivies de quelques détachemens des citoyens de Marseille, d'Aix et d'Arles, dont l'ardeur contrastoit avec la froide attitude des troupes de ligne.

Toutefois Napoléon n'étoit pas sans inquiétude. On l'avoit laissé passer, il est vrai; mais aucune défection ne décidoit l'événement en sa faveur. L'incertitude régnoit parmi ses soldats, qui, harassés de fatigue, se traînant sans ordre, disoient sur leur passage qu'ils ne venoient point pour se battre. Quelques coups de fusil eussent dispersé une poignée d'hommes

---

(1) L'ingénieur de la place et son fils, deux officiers à demi-solde, et un ancien tambour.

(2) Manuscrit précité.

dont le découragement étoit visible. Napoléon eut aussi d'autres sujets d'alarmes. Un magistrat, dévoué au roi, M. Harmand, préfet des Hautes-Alpes, avoit ordonné, sur le premier avis de sa marche, par une proclamation énergique, à tous les maires de son département de faire sonner le tocsin, d'armer les habitans, et de jeter dans les forteresses des colonnes de gardes urbaines. Une résistance armée effrayoit Napoléon; il eut un moment l'idée de gagner le département de la Drôme, dont le préfet lui inspiroit moins de défiance; mais aucune route détournée ne pouvant l'y conduire, il marcha directement sur Gap. A peine eût-il franchi les limites des Hautes-Alpes, qu'un gendarme, porteur de la proclamation du préfet, tomba dans son avant-garde; et il eut alors pleine connoissance de ce manifeste, où il étoit traité d'aventurier. Il n'avançoit qu'avec une sorte de terreur, lorsqu'un prêtre apostat, nommé Sechier, flétri par la justice, vint ranimer ses espérances. Napoléon l'accueillit comme un agent précieux, et il l'envoya incontinent répandre ses proclamations et soulever les montagnards du Dauphiné. Rassuré par cet homme pervers, il se hâte de déconcerter les mesures de l'administration par la rapidité de sa marche. Il n'a point de forces réelles, mais il veut étonner et surprendre avant qu'on sache qu'il arrive ; il survient à l'improviste, et les citoyens n'ont ni le temps ni les moyens de se mettre en défense. Son premier émissaire, Emery, qui l'a précédé à Gap, s'y est assuré des intelligences, et l'informe bientôt qu'il peut y entrer sans coup férir, le préfet venant de s'éloigner à la nouvelle de son approche. Napoléon reçut à la *Tour-Ronde*, à une lieue de Gap, l'avis d'Emery, et à neuf heures du soir il entra dans la ville avec ses soldats, qui venoient de faire onze lieues dans un pays agreste, après quatre jours de marche pénible et forcée. Gap n'offrant rien de décisif, il en partit, sans presque s'y arrêter, le 6 mars, à deux heures du matin, voulant se porter le même jour sur le bourg de Corps, premier village du département de l'Isère.

Sa course rapide à travers les Hautes-Alpes offre peu d'événemens dignes de l'histoire, sauf quelques défections partielles dans le détachement de six cents hommes qu'avoit réuni le général Rostollan. Selon son rapport, cet officier-général fit rentrer aussitôt les troupes dans leurs cantonnemens respectifs, afin d'éviter une désertion totale. Les habitans du Haut-Dauphiné se demandent aujourd'hui comment il ne vint dans l'idée d'aucun chef militaire de couper le défilé connu dans le pays sous le nom de *Corniche de Corps*, travail de deux heures pour quelques mineurs. Napoléon, dont le succès reposoit sur la célérité de sa marche, eût été arrêté par cette seule opération, et forcé de prendre une autre route. D'un autre côté, les citoyens de Valence étoient disposés à s'armer; ils n'attendoient qu'un chef et des ordres, afin de se porter à travers les montagnes, sur la route de l'usurpateur, pour l'attaquer en flanc. Le général Mouton-Duvernet y commandoit les troupes. Après avoir protesté, dans ses lettres au ministre de la guerre, de sa ferme résolution de *faire son devoir en homme d'honneur*, il se rend seul à Grenoble, confère avec le général Marchand, et prend ensuite la route de Gap, allant ainsi au-devant de Buonaparte. En route il communique avec l'émissaire Emery, qu'il s'abstient de faire arrêter; et revenant ensuite sur ses pas, il allègue ne pouvoir plus rien entreprendre, étant séparé des 39ᵉ et 49ᵉ régimens cantonnés dans les Hautes-Alpes; il reprend la route de Valence, et, au premier signal de défection, se range sous les aigles de l'usurpateur.

Depuis six jours il fouloit le sol de la France, sans que nul obstacle l'eût arrêté dans le long espace qu'il venoit de parcourir jusqu'aux portes de Grenoble. Ce n'étoit plus, il est vrai, ce conquérant redoutable, à la tête d'une puissante armée, tel qu'on l'avoit vu à Vienne, à Berlin, à Madrid, à Moscou; c'étoit un aventurier, un partisan qui côtoyoit les frontières avec une poignée de transfuges, redoutant les rencontres, évitant les regards, et courant chercher des renforts que lui ménageoit la perfidie. Dans quelles dispositions trouvoit-il les trois départemens qui séparent l'Isère du rivage de Cannes? occupés, à l'abri des lois protectrices des personnes et des propriétés, à réparer les malheurs de la guerre, et soupçonnant à peine qu'un nouvel orage vînt fondre sur la patrie. Mais cet orage, sans rien entraîner à sa suite, ne faisoit que passer; et l'usurpateur, isolé au milieu du royaume, ne réveilloit partout que des souvenirs amers et de justes terreurs.

Ce fut le 5 mars que les ministres du roi reçurent du préfet de Lyon, par la voie du télégraphe, le premier avis du fatal débarquement, que les conjurés, selon quelques personnes, pressentoient depuis le 3 au soir (1). D'abord, les ministres refusent d'y ajouter foi ; une seconde transmission, confirme la nouvelle et dissipe tous les doutes ; mais le danger n'est pas même senti. On pouvoit considérer l'entreprise de Buonaparte sous deux points de vues différens : comme le résultat d'un complot aidé par de vastes intelligences, ou comme l'acte d'un insensé, aveuglé par l'ambition et entraîné par la violence de son caractère. Presque tous les ministres penchoient pour cette dernière opinion. Toutefois, dans un premier conseil, ils arrêtent de prendre toutes les mesures que suggère la prudence. Les maréchaux et les généraux employés dans les départemens reçoivent l'ordre de se rendre dans leurs commandemens respectifs, et des courriers sont expédiés en toute hâte pour que les troupes en marche se rassemblent à Lyon. Le conseil décide que trois princes de la maison royale, MONSIEUR, comte d'Artois ; Mgr le duc de Berry et le duc d'Orléans, se transporteront sans délai tant à Lyon qu'à Besançon

---

(1) L'époque du départ de l'île d'Elbe ayant été concertée.

avec des pouvoirs extraordinaires; que Monsieur prendra à Lyon le commandement de l'armée; que Mgr le duc d'Angoulême, rassemblera à Nîmes une armée du Gard de douze à treize mille hommes. Ce plan consistoit à inquiéter l'ennemi sur ses flancs, et à le tenir enfermé dans les montagnes en arrêtant sa marche entre Lyon et Grenoble. Le surlendemain la nouvelle du débarquement se répand dans tout Paris. La première impression est celle de l'étonnement : on ne voit d'abord dans la tentative de Napoléon qu'un dernier accès de folie, que l'entreprise d'un chef de brigands. La gendarmerie seule, disoit-on, suffira pour en faire justice. A mesure que les courriers ou la renommée apportent de nouveaux détails, la légèreté fait place à la réflexion, et la réflexion aux alarmes. On apprend bientôt que Murat, réduit à craindre pour sa couronne, a fait, avec Napoléon, le 25 février, un traité tendant à soulever à la fois l'Italie et la France.

On ne concevoit pas l'évasion de ce dangereux banni, malgré les bâtimens de guerre chargés de le surveiller; on ne pouvoit croire à cette navigation de quatre jours, si libre, si heureuse, à ce débarquement si facile et si peu prévu. Les uns accusent l'Angleterre d'avoir lancé sur les plages du midi ce perturbateur éternel qui venoit armer les Français contre les Français, et porter les derniers coups à l'industrie et au commerce; d'autres ne voient en lui qu'un instrument de l'Autriche, et supposent qu'il sacrifiera ses droits à ceux d'un enfant plus propre, en apparence, à concilier tant d'intérêts divers; d'autres, enfin, jugent que son entreprise, conçue de sang froid et long-temps méditée dans son île, est fondée sur l'espoir et sur la promesse de la défection de l'armée.

Le roi l'envisagea sous ce dernier point de vue; et si son cœur paternel s'en affligea, son âme, supérieure aux revers, n'en fut ni abattue, ni effrayée; mais la plupart de ses ministres, soit pour voiler leur imprévoyance, soit par aveuglement, soutinrent que la tentative de Napoléon étoit insensée, et sans aucun danger réel. Du reste, les touchantes proclamations du roi aux armées et au peuple, dans cette circonstance, montrèrent la sollicitude d'un père alarmé sur les dangers de ses enfans qu'il voudroit sauver à tout prix.

Napoléon fut déclaré traître et rebelle, pour

s'être introduit à main armée dans le département du Var; et la même déclaration enveloppa tous ceux de ses adhérens qui, dans le délai de huit jours, n'auroient pas fait leur soumission.

En effet, un chef de révolte, un usurpateur qui tendoit à dépouiller du trône le possesseur légitime; qui marchoit à ce but coupable par la rébellion et la guerre civile, s'étoit mis lui-même hors des relations civiles et politiques : aussi l'ordonnance royale prescrivoit-elle de lui *courir sus*.

La convocation des Chambres fut proposée, dans un second conseil renforcé par MM. de Vitrolles et Dessole. Le maréchal Soult combattit cette mesure, comme inutile et dangereuse (1); mais le roi, voulant le concours du pouvoir législatif, une proclamation royale convoqua les deux chambres. Le même jour, l'armée et les gardes nationales furent appelées à la défense de la patrie. Le roi rendoit à la gloire de l'armée le plus éclatant témoignage, et l'invitoit à justifier, dans cette crise sa haute

---

(1) Voyez la lettre du 7 mars de M. de Bruges à MONSIEUR, frère du Roi, interceptée et publiée par Buonaparte.

réputation. Il appeloit aux armes trois millions de propriétaires par une seconde ordonnance qui attestoit son sincère attachement à la Charte royale. « C'est principalement par l'u-
» nion, dit le roi, que les peuples résistent
» à la tyrannie ; c'est dans les gardes natio-
» nales qu'il importe de conserver et de res-
» serrer les nœuds d'une confiance mutuelle,
» en prenant un seul et même point de rallie-
» ment. Nous l'avons trouvé dans la Charte
» constitutionnelle que nous avons promis
» d'observer et de faire observer à jamais, qui
» est notre ouvrage libre et personnel, le ré-
» sultat de notre expérience et le lien com-
» mun que nous avons voulu donner aux inté-
» rêts et aux opinions qui ont si long-temps
» divisé la France. »

Mais déjà l'astuce et la trahison s'agitoient autour du trône pour faire avorter toutes les mesures de salut public. D'abord, on suspendit le départ du duc de Berry. Par là toutes les troupes réunies en Franche-Comté rentrèrent sous le commandement immédiat de Ney, gouverneur de la province, dont la célébrité comme guerrier alloit être effacée par la renommée de son inconcevable défection.

Il s'est vanté depuis d'avoir mis obstacle, de concert avec le ministre Soult, à la mission d'un prince intrépide, sévère ami des lois de l'honneur, et dont on redoutoit l'influence sur l'esprit du soldat français. Au lieu d'aller droit à son poste, ainsi qu'il venoit d'en recevoir l'ordre, Ney partit de sa terre de Coudreaux pour revenir dans la capitale. Le 7 mars, il se présente aux Tuileries, malgré Soult, qui le détournoit de voir le roi. On l'annonce; on l'introduit dans le cabinet intérieur, en présence de plusieurs grands officiers du palais. Ney s'avance d'un pas ferme vers le roi, et, s'inclinant pour prendre congé, proteste qu'il part avec la résolution de combattre partout Buonaparte; il scelle même ses protestations en baisant la main du monarque auquel, dans un transport vrai ou simulé, il adresse ces paroles qui retentissent bientôt dans toute la France : « Sire, j'espère ramener Buonaparte dans » une cage de fer. » — « Partez, lui dit le » roi; je compte sur votre dévouement et sur » votre fidélité. » Toute la cour, tout Paris, apprennent avec confiance qu'un guerrier parvenu par de brillans exploits aux premières dignités des armes, et aussi renommé par la chaleur de son caractère que par sa bravoure impétueuse, brûle de combattre l'usurpateur.

Dans le conseil, aucun ministre ne se montroit plus rassuré que le maréchal Soult, qui ne formoit aucun doute sur la fidélité des généraux, sur l'excellent esprit des troupes, et sur leurs dispositions à l'obéissance ; il affectoit même de croire que Napoléon éviteroit de se hasarder dans l'intérieur ; qu'il dirigeroit plutôt sa marche vers la Suisse, où le ministre lui supposoit de nombreux partisans (1).

Les soupçons du gouvernement royal devoient naturellement se porter sur les anciens ministres, sur les conseillers, sur les familiers de Buonaparte, presque tous réunis dans Paris.

La raison d'Etat sembloit exiger qu'on s'assurât de leurs personnes : on en forma une liste de cent cinquante, dont l'arrestation fut proposée. Le directeur général de la police combattit fortement cette mesure. Dans tous les cas, elle lui paroissoit inutile, soit que Napoléon fut repoussé de Grenoble, soit qu'il

---

(1) Même lettre déjà citée de M. de Bruges.

envahit cette ville importante ; alors Paris même ne seroit plus tenable. On devoit d'ailleurs s'attendre, ajoutoit M. d'André, que ces mesures violentes seroient improuvées par les Chambres; que les malintentionnés y trouveroient des prétextes d'agitation ; que peut-être ils s'en prévaudroient pour donner le signal à de fâcheuses représailles ; enfin, le directeur de la police ne répondoit de la sûreté de Paris que sous la condition expresse qu'on ne frapperoit de coups ni hasardés ni imprudens. Son opinion l'emporta, et Napoléon trouva le gouvernement royal comme paralysé par son système de modération et d'indulgence. Les avis satisfaisans du commandant de Grenoble (1), et la fermeté de la garnison d'Antibes faisoient espérer que l'ennemi seroit trompé dans l'espoir d'attirer à lui les troupes royales. Tel étoit l'aveuglement de la cour, que tout y respiroit la confiance au moment même où Grenoble et Lyon tomboient au pouvoir de l'usurpateur.

Entrons dans le détail des événemens, car

---

(1) Le lieutenant-général Marchand, commandant la 7e division militaire.

tout devient historique dans ces deux grandes défections.

Le préfet de l'Isère (1), instruit que Buonaparte se dirigeoit vers son département, et, redoutant son activité, avoit ouvert l'avis d'occuper le *Ponteau*, position importante en avant de Grenoble, et facile à défendre ; l'ennemi n'ayant pas de canon, c'étoit l'arrêter dans sa marche. Le général Marchand renvoie au lendemain pour se décider. On lui représente qu'un délai peut tout perdre ; qu'il est essentiel de prévenir Buonaparte au *Ponteau*, et de faire sauter ce pont au besoin. Le général reste inébranlable ; et il n'assemble que le lendemain, 5 mars, une espèce de conseil, à l'issue duquel l'ordre est expédié à la garnison de Chambéry de marcher au secours de Grenoble (2).

Mais déjà l'émissaire Emery, arrivé furtivement dans la ville, s'est concerté avec les factieux ; tous annoncent ouvertement que Napoléon fera son entrée à Grenoble le surlendemain ; que son débarquement s'est opéré du consentement de l'Autriche et de l'Angle-

---

(1) Le baron Fourier.
(2) Itinéraire de Buonaparte, etc. pag. 49.

terre ; qu'il coïncide avec un mouvement combiné à Paris pour l'expulsion des Bourbons, remplacés d'abord par un gouvernement provisoire. Ces bruits répandus avec mystère, un mois à l'avance, sont propagés alorssans pudeur. Aussitôt une rumeur sourde se manifeste dans toute la ville, avant même que la proclamation du préfet ait annoncé l'entreprise de Napoléon. Les royalistes y répondent par le cri de *vive le roi !* et arborent la cocarde blanche; la garde nationale montre le meilleur esprit. Mais les factieux, jetant le masque, ne déguisent plus ni leur joie, ni leurs espérances. Ils sont encouragés en secret; la réception de l'usurpateur est préparée sourdement. Ce n'est que le 6 mars qu'on met en marche un bataillon du 5ᵉ régiment de ligne, et un détachement de sapeurs et de mineurs, formant six à sept cents hommes, qui sont dirigés sur la Mure. On ne pouvoit concevoir que le général Marchand n'allât point en personne, avec toutes ses troupes, repousser l'ennemi. Son avant-garde étoit précédée par des sous-officiers qui marchoient en fourriers. Arrivés à la Mure sous prétexte d'y préparer le logement, ils y trouvent l'avant-garde de Napoléon. Là y eût-il des pourparlers? Peut-on en douter, quand on voit l'empressement qu'apportoient les officiers de l'usurpateur à s'aboucher avec les troupes royales, pour les entraîner à la révolte. Les sous-officiers de Grenoble se replièrent, après avoir vu remettre à Cambronne une lettre qui parut le combler de joie. Ils rejoignirent ensuite leur détachement qui venoit de prendre position près de la grande route, sur une hauteur. L'officier qui le commandoit, instruit de l'approche de l'ennemi, fit un mouvement rétrograde, espérant recevoir des renforts. On songeoit peu à le soutenir. Le lieutenant-général Marchand se bornoit à faire placer des canons sur les remparts, et employoit à cette opération un régiment d'artillerie, dont les dispositions étoient équivoques.

A onze heures du matin, le 7 mars, arrivent à Grenoble le 4ᵉ régiment de hussards et la garnison de Chambéry, composée des 7ᵉ et 11ᵉ de ligne. Le général Marchand assemble aussitôt la brigade, et adresse aux officiers formés en carrés un discours commandé par le devoir; il remet ensuite aux chefs des corps une proclamation pour être lue aux soldats. On alloit leur distribuer, selon l'usage, des billets de logement, lorsque le colonel Labedoyère insista pour que les troupes fussent laissées au bivouac sur les remparts ; on céda, et le colonel plaça son régiment vers la porte de Beaune, faisant face à l'ennemi.

Tout annonçoit une journée décisive. Pour la première fois, depuis son débarquement, Napoléon alloit se trouver en présence d'un corps de troupes qui lui barroit le passage. L'attitude rassurante que montroit l'avant-garde, et l'annonce du départ de Monsieur pour Lyon, avoient ranimé l'espoir des royalistes. Plusieurs d'entr'eux offrirent au général Marchand leur bras et leur épée (1), sollicitant comme une faveur de marcher pour soutenir l'avant-garde. Livrée à elle-même, elle passa tout à coup dans les rangs de l'ennemi. On s'accorde peu sur les circonstances de cette première défection. Le chef de bataillon Lassart commandoit les troupes (2); il avoit pris position près des lacs de Lafray, entre la Mure et Vizille ; et avoit fait éclater sa fidélité en refusant de recevoir une lettre du général Bertrand, dont

---

(1) Entr'autres M. le comte d'Agoult et divers gardes du corps.

(2) Itinéraire de Buonaparte, pag. 53.

le chef d'escadron Raoul étoit porteur : « re-tirez-vous, lui dit-il, ou je fais tirer sur vous. » Raoul va rendre compte à l'instant du peu de succès de sa mission. Buonaparte accélérant sa marche, ordonne à ses lanciers de joindre les soldats de Grenoble, et de se mêler dans leurs rangs. Les lanciers arrivent et parviennent à retarder le détachement qui ne voit déjà plus que des amis dans les fugitifs de l'île d'Elbe. Dès que le nom de Napoléon a couru de rang en rang, le frémissement du soldat est un signe certain de sa disposition à la révolte. Napoléon survient au galop, se jette au milieu du bataillon, le harangue ; aucun soldat n'ose tirer, et il entraîne la troupe et son chef.

Selon un autre récit attribué au polonais Jermanouski, major de ces mêmes lanciers, et l'un des provocateurs de la défection, le détachement royal venoit d'être rangé en bataille avec deux pièces de canon. La première tentative pour ébranler son chef n'ayant pas réussi, Napoléon arrive en personne, suivi par un grand nombre de paysans que ses émissaires avoient soulevés en sa faveur. Il fait arrêter sa troupe à trois à quatre cents pas de l'avant-garde, et détaché Jermanouski en parlementaire. Les soldats le couchent en joue ; mais écartant lui-même les fusils : « quoi, leur » dit le Polonais, vous feriez feu sur les braves » de la garde impériale ! » Puis cherchant à séduire le chef qui alleguoit ses devoirs, son serment : » Qui vous a décoré ? lui dit-il ; qui vous a » élevé en grade ? qui vous a donné une do- » tation ? — Je suis le plus malheureux des » hommes, s'écrie le commandant ! que dois-je » faire, placé entre des devoirs si opposés ? » — Ce que vous devez faire ! répond Jerma- » nouski : ne voyons-nous pas, là-bas, ce petit » homme en redingotte grise ? et vous deman- » dez ce que vous devez faire ! » L'officier déclare qu'il se bornera à ne pas tirer. Jermanouski court instruire Napoléon, et revient presqu'aussitôt. « L'empereur, dit-il, est sa- » tisfait de vos dispositions ; il vous nomme » colonel, et vous invite à dîner avec lui. » L'officier hésitoit encore lorsque Napoléon, faisant déployer l'aigle et jouer la musique, marche en avant avec sa troupe en colonne d'attaque. A l'instant même des cris de *vive l'empereur!* partent des hauteurs voisines, couvertes de montagnards insurgés. A ces cris, à cette vue, les soldats de Grenoble agitent leur crosse en l'air ; la défection s'opère d'abord par les sapeurs, puis par l'infanterie, et tous marchent de concert.

Selon sa relation officielle, Napoléon mettant pied à terre, suivi de sa garde qui portoit l'arme aux bras, fut droit au bataillon, et lui dit, en se faisant reconnoître : « Me voilà ; s'il » est parmi vous un soldat qui veuille tuer son » empereur, qu'il sorte des rangs, et qu'il » frappe ! » A ces mots toutes les armes tombèrent, et les plus vives acclamations se firent entendre. Tel fut ce coup de théâtre préparé la veille, dit-on, entre Cambronne et les sous-officiers gagnés aux avant-postes.

On ignoroit à Grenoble l'événement, lorsqu'à trois heures après midi le colonel Labedoyère dépêcha son adjudant-major à Napoléon, pour l'informer qu'il alloit le joindre avec son régiment, et que le reste de la garnison n'attendoit que sa présence pour se déclarer.

Labedoyère court ensuite sur les remparts ; fait prendre les armes à ses soldats, et se mettant à leur tête, l'épée nue à la main, les entraîne par la porte de Beaune en criant *vive l'empereur ! en avant, mes amis !* Le régiment disposé à la défection fait retentir l'air des mêmes cris. A peine sorti de la ville, La-

bedoyère faisant crever la caisse d'un tambour, en tire l'aigle ; il l'expose aux regards de ses soldats, et leur déclare qu'il les conduit à Buonaparte. Tous, électrisés, pressent leur marche, et la plupart tirent leur coup de fusil en l'air, au milieu d'acclamations séditieuses ; les uns arborent la cocarde tricolore ; d'autres foulent aux pieds la cocarde blanche ; d'autres enfin mettent l'aigle au bout d'une branche de saule. Toutefois le 11e de ligne résiste à cet élan contagieux, et reste immobile sur le rempart tandis qu'un général accourt donner l'exemple du devoir et de l'honneur. Instruit de la désertion du 7e régiment, qui faisoit partie de sa brigade, le général de Villers monte à cheval dans l'espoir de l'atteindre et de le ramener : il parvient à la tête de la colonne, et donne l'ordre aux soldats de rétrograder ; mais l'aigle leur servoit déjà d'enseigne. Le général insiste : il presse Labedoyère de réparer sa faute ; il lui fait envisager les suites d'une violation si manifeste des lois militaires. Prenant même un ton affectueux :
« Rentrez, lui dit-il, mon cher colonel, ren-
» trez, vous courez à votre perte, vous vous
» déshonorez. — Non, répond le colonel,
» apprenez que tout ceci est combiné, et

« qué dans ce moment le comte d'Erlon
» marche avec quarante mille hommes pour
» seconder le mouvement. » Le général de
Villers, au désespoir, revient sur ses pas, rencontre une centaine de soldats restés en arrière, et parvient à les faire rentrer dans la
ville. Cette criminelle défection venoit d'y
répandre l'agitation et le trouble ; mais des
patrouilles dissipoient les attroupemens, et la
garnison, irrésolue, conservoit encore l'attitude de l'obéissance. Les artilleurs et les
sapeurs montroient seuls des dispositions
inquiétantes. On s'étonnoit que le lieutenant-
général ne prît aucune mesure énergique,
et ne réunît autour de lui tous les officiers
dévoués à la cause royale. Renfermé dans
son cabinet à l'approche de la crise, il ne
voyoit rien, n'entendoit rien par lui-même, et
sembloit se dérober à l'événement. Tout présageoit que la défense de Grenoble se réduiroit
à un simulacre. Les éclaireurs de Buonaparte
approchoient, et les canonniers étoient à leurs
pièces sur les remparts ; mais la plupart des
chefs montroient de l'irrésolution. « Pourquoi,
» disoient les royalistes, le commandant ne
» donne-t-il aucun ordre pour repousser par
» la force une poignée de déserteurs et d'aven-

» turiers ? Que pourroient leurs clameurs confuses contre l'artillerie de la place ? Un seul
» coup de canon suffiroit pour les dissiper. »

Quand les lanciers, en s'approchant de la ville, eurent fait entendre les premiers cris de *vive l'empereur!* le colonel du 5ᵉ envoya demander de nouveaux ordres : « Qu'on ferme
» les portes, dit le général Marchand. — Mais
» mon général, tirera-t-on ? reprend l'offi-
» cier. — Non !... » L'inspecteur aux revues, Rostaing, témoignant sa surprise d'une pareille défense : « Il ne faut pas, lui dit le gé-
» néral, donner un ordre qui ne seroit peut-
» être pas exécuté (1). »

Il étoit huit heures du soir, et tout sembloit combiné pour que la nuit couvrît de ses ombres l'abandon d'une ville importante qui ouvroit à l'usurpateur l'accès de toute la France. Déjà les lanciers arrivoient à la porte de Beaune, et sommoient le poste ; c'étoit l'instant de tirer et d'étouffer à sa naissance un incendie qui alloit tout dévorer. Mais aucun ordre n'est donné pour repousser la force par la force : le préfet quitte précipitamment la ville, et le général Marchand lui-même se

---

(1) Itinéraire de Buonaparte, pag. 60.

retire avec quelques officiers dans sa maison de campagne sur la route du fort Barreau. On crut qu'il alloit se renfermer dans le fort avec la portion fidèle de la garnison ; bientôt une fausse renommée le présenta comme atteint d'un coup de sabre, et victime de son devoir au moment de la défection (1).

Abandonnés à eux-mêmes, les chefs de corps restent la plupart à la tête de leur régiment ; d'autres, tels que M. de Rasca, major du 5ᵉ, s'éloignent, ne voulant pas se ranger sous les drapeaux de la révolte. Le colonel du 11ᵉ (2) ramène ses soldats à Chambéry. Quelques fonctionnaires et plusieurs habitans se hâtent aussi de quitter la ville, tandis que le sous-préfet Didier court au-devant de Buonaparte, et que le peuple, attiré par la nouveauté du spectacle, se répand en silence dans les rues voisines des remparts.

L'avant-garde arrivoit, et le 7ᵉ régiment

---

(1) Le lieutenant général Marchand, traduit devant un conseil de guerre pour sa conduite à Grenoble en 1815, vient d'être acquitté à Besançon au moment même où ce récit est mis sous presse. La procédure n'ayant pas été rendue publique, nous sommes forcés de nous en rapporter à des relations qui jusqu'à présent n'ont été ni démenties ni infirmées.

(2) M. Durand.

marchoit en tête ; il avoit rencontré l'ennemi à trois lieues de la ville, et s'étoit confondu dans ses rangs. Labedoyère trouvant la porte de Beaune fermée, dit aux soldats : « Mes » amis, c'est moi, c'est le colonel du 7ᵉ de » ligne ; l'empereur est là. » A l'instant même la porte est brisée à coups de hache par les soldats du dehors et du dedans.

A dix heures Napoléon fait son entrée par le faubourg Saint-Joseph en présence d'une populace avide de changemens. A sa vue cessent toutes les irrésolutions des soldats ; tous reçoivent leur ancien chef aux cris de *vive l'empereur!* Tous se rangent successivement sous ses drapeaux. Il traverse la ville à cheval, précédé par le 7ᵉ régiment ; un ramas confus d'ouvriers et de vagabonds, se précipitent sur son passage, et poussent les cris de la révolte. Les principaux factieux s'adressant aux grenadiers de l'île d'Elbe : « Il y a long-temps, leur disent-ils, » que nous vous attendions pour nous déli- » vrer de l'insolence de la noblesse, des pré- » tentions du clergé, et du joug des ennemis » de la France. »

Tel fut le premier exemple de ce déplorable entraînement d'une armée qui, presque entière, et en peu de jours, alloit abandonner les drapeaux qu'elle avoit juré de défendre; tel fut le premier signe visible de cette trame que les moteurs de Paris, de l'île d'Elbe et de Grenoble avoient ourdie avec tant d'audace.

On proposa à Napoléon de le conduire à la préfecture : il s'y refusa, voulant, dit-il, descendre chez un brave ; c'étoit ce Labarre, tenant l'auberge des Trois-Dauphins, où depuis plusieurs mois se réunissoient les mécontens et les émissaires de l'île d'Elbe.

Dans la nuit même, Bertrand, fidèle ministre des volontés de l'usurpateur, expédia un officier en courrier sur la route de Turin, avec des paquets à l'adresse de l'empereur d'Autriche (1). D'autres agens furent dirigés sur Lyon. Etonné le lendemain de la solitude où le laissoient les magistrats, Buonaparte mande le maire, et annonce une revue. Les autorités effrayées ou entraînées se hâtent d'aller prostituer leurs hommages. Une réunion bizarre se forme : quelques

---

(1) Le Journal de l'Isère annonça qu'un courrier *de l'empereur* étoit parti de Grenoble chargé de dépêches pour S. M. l'empereur d'Autriche.

hommes obscurs; d'autres, plus connus dans les troubles révolutionnaires, se présentent en députation avec une adresse couverte de soixante-dix-huit signatures, mais que leurs chefs, encore à l'écart, s'étoient abstenus de signer. Napoléon y étoit comparé à Camille sortant de la dictature et de l'exil. On le vit dans cette audience s'efforcer de paroître affable et populaire. Il se rendit ensuite à cheval sur la place Grenette. Là, passant en revue les troupes et la garde nationale, il affecta de parler à chaque soldat, et exalta l'esprit militaire. S'approchant d'un chasseur qui, dit-on, l'avoit ajusté la veille : « C'est donc toi, lui dit-il, en lui prenant le » menton, c'est donc toi qui a voulu tuer ton » père ? » Pendant les cinq heures de cette représentation, dont toutes les scènes étoient préparées, divers groupes d'hommes apostés poussèrent à plusieurs reprises les cris de *vive la liberté ! vive l'empereur !* Ces vociférations répétées par la populace formoient un contraste frappant avec le silence morne des citoyens.

Maître de Grenoble, d'un parc de cinq cents pièces de canon, de soixante mille fusils, et voyant sa petite armée accrue de six mille hommes (1), Napoléon, qui étoit arrivé en aventurier, commença à faire l'empereur. Il publia ses proclamations datées du golfe Juan, pleines d'injures grossières contre les Bourbons, et de provocations à la révolte. Il ne venoit pas combattre, mais révolutionner : il ne marchoit point en guerrier, mais en conspirateur. Le despote le plus absolu qui fut jamais étoit réduit à un tel abaissement, qu'il venoit s'humilier devant l'armée et le peuple. « Mon existence ne se compose que de la vôtre, » leur disoit-il ; mes droits ne sont que les » vôtres ; mon intérêt, mon honneur, ma » gloire, ne sont que votre intérêt, votre hon- » neur, votre gloire. » Avoit-il oublié que lui-même s'étoit efforcé d'établir, en 1813, ces maximes fondamentales du despotisme : « Le trône, c'est moi ! le souverain, c'est moi ! » le peuple, c'est encore moi ! »

Nous n'avons pas été vaincus ! telle fut la première phrase de sa proclamation à l'armée, annonçant assez par ce cri de dépit et de rage le féroce désir de recommencer de nouveaux combats. Avec une égale franchise il attribuoit

---

(1) La défection s'étoit étendue aux 7ᵉ et 11ᵉ de ligne, au 4ᵉ de hussards, au 4ᵉ d'artillerie à cheval, et au 3ᵉ des sapeurs.

les revers de 1814 à la trahison, comme s'ils n'eussent pas été la suite naturelle des désastres de Moscou et de Leipsick.

On vit un exemple plus déplorable encore, on vit une poignée de soldats, la plupart étrangers et sans patrie, faire aussi une adresse à l'armée, dans laquelle ils déclaroient la nation inhabile à jouir de ses droits, désavouant tout autre souverain que Buonaparte : « Tout » ce qui a été fait sans notre consentement est » illégitime, disoient-ils : foulez aux pieds la » cocarde blanche ! »

Ainsi s'annonçoit la nouvelle politique de l'usurpateur : tel qu'un nouveau Spartacus, il plaçoit sa confiance et sa force dans les prolétaires et dans les soldats mutinés. Huit jours après son débarquement, il dictoit des lois dans une auberge de Grenoble, s'y proclamoit empereur, déclaroit les Bourbons déchus du trône, invitoit les Français à la révolte, et annonçoit que dans dix jours ses aigles planeroient sur les tours de Notre-Dame.

Là ne se bornèrent point ses actes d'autorité. Par un décret donné à Grenoble le 7 mars, il confirma tous les fonctionnaires militaires de la 7ᵉ division; tous les fonctionnaires civils de l'ordre judiciaire et administratif des hautes et basses Alpes, de l'Isère, du Mont-Blanc et de la Drôme, à l'exception de refets, Harmand et Fourier. Leur conduite leur attira cette honorable interdiction. Un décret spécial l'étendit à M. de Rostaing, cet inspecteur aux revues dont le zèle ardent pour la cause du roi ne s'étoit pas démenti.

Ce fut aussi de Grenoble que Napoléon adressa des remercîmens imposteurs aux habitans des hautes et basses Alpes, où il n'avoit répandu que l'horreur et la consternation. Avec plus d'effusion encore, il remercia les habitans de l'Isère : « Dauphinois, leur » dit-il, vous avez rempli mon attente! » Il les calomnioit, car où avoit-il trouvé des complices, grâce à quelques traîtres, si ce n'est parmi des hommes abjects et de la classe la plus ignorante?

Dès le 8 mars toutes les troupes qui s'étoient déclarées marchoient en hâte sur Lyon. Leurs chefs, cédant aux suggestions du général Bertrand, avoient rédigé, avant leur départ, une adresse pour exciter tous les autres corps à se ranger sous les drapeaux de l'usurpateur; ce qui acheva d'imprimer à cette révolution le caractère d'une sédition armée.

Napoléon le lendemain sortit de la ville au

milieu des acclamations de la populace; il prit la route de Lyon escorté par ses lanciers, après avoir conféré au général Lasalcette le commandement de la 7 division (1), et donné la préfecture de l'Isère au sieur Colaud Lasalcette; ces hâtives faveurs passèrent dans l'opinion publique pour la récompense de services secrets.

Mais l'invasion de Grenoble n'étoit rien sans l'occupation de Lyon. L'usurpateur y fut précédé par de nombreux émissaires, et par les hussards du 4e régiment, qui lui servoient d'éclaireurs. Les uns et les autres, soulevant le peuple sur leur passage, couroient lui ouvrir l'accès de la seconde ville du royaume. Livré depuis trois mois à de sourdes manœuvres, Lyon, sous le rapport militaire, étoit ouvert de toutes parts comme en 1814, n'ayant dans ses murs que deux régimens, l'un de dragons, l'autre d'infanterie (2). Sa garde nationale, portée d'abord à six mille hommes, n'en comptoit plus que deux mille d'équipés et habillés.

---

(1) Il l'éleva presqu'immédiatement au grade de lieutenant général. Sa correspondance, mentionnée dans les débats du procès du général Debelle, respire la haine la plus aveugle contre les Bourbons.

(2) Le 13e de dragons et le 24e de ligne.

Sur huit mille fusils, on lui en avoit retiré six mille; ainsi elle avoit des munitions sans armes, et des armes sans munitions. Partout on retrouvoit les traces d'une combinaison perfide. Lyon n'avoit pas même son gouverneur ; le comte Roger de Damas venoit de se transporter à Paris pour réclamer, dit-on, des armes qu'il sollicitoit en vain. Dans l'absence irréparable d'un militaire si dévoué au roi, le lieutenant-général Brayer tenoit le commandement.

Lorsque, le 4 mars, le préfet comte Chabrol connut la direction que prenoit Buonaparte, il forma aussitôt le projet de défendre Grenoble, en y portant des forces avec la rapidité de l'éclair. Il en conféra avec le général Brayer en présence de deux colonels, et fut frappé du calme et du sang-froid qu'opposa ce général à une communication si importante. Le colonel Mathieu parut plus agité : tout en exhalant des plaintes contre le gouvernement royal, il déclara qu'on se battroit. Profondément ému, le colonel Dard, du 13ᵉ de dragons, versa des larmes sur le sort de la France, et dit qu'il ne pouvoit répondre de son régiment. Le préfet insistoit pour qu'une partie de la garnison et huit

cents gardes nationaux fussent dirigés en poste sur Grenoble. Il en étoit temps encore, et ce renfort eût peut-être contenu la garnison : le général Brayer s'y refusa, ne voulant agir que sur des ordres ministériels. De sa propre autorité pourtant il requit, contre le sentiment du préfet, le 20ᵉ de ligne stationné à Montbrison. Rien ne fut décidé dans cette première conférence, sauf que la fatale nouvelle seroit tenue secrète jusqu'au lendemain. Dès le soir même presque tous les officiers supérieurs se la communiquent et manifestent en secret leur joie : « C'est notre chef;
» il est sorti de nos rangs ; nous lui de-
» vons tout, se disent-ils entr'eux : qui de
» nous pourroit se résoudre à le combattre? »
Un officier fut dépêché aussitôt pour informer Napoléon de ces dispositions favorables : l'armée presqu'entière n'attendoit que l'occasion de se ranger sous ses drapeaux.

Les mesures de défense ainsi paralysées, quatre jours s'écoulèrent sans que les généraux, invoquant les ordres de la cour, voulussent s'arrêter à aucun parti. Nulle réponse du ministre de la guerre ne parvenoit par la voie du télégraphe pour faire agir la garnison.

Le préfet avoit sollicité l'arrivée d'un personnage capable d'imposer aux soldats et de les contenir. Il fut informé le 6 mars que Mgr le comte d'Artois prendroit en personne le commandement des troupes. Dès-lors, plein d'espérance, il associe aux sentimens qui l'animent, les citoyens de son département, et dirige contre Napoléon dans une proclamation pleine d'énergie, cette phrase prophétique : « La Providence semble l'avoir » frappé d'aveuglement ; elle s'apprête à » consommer son ouvrage, et à donner en- » core au Monde une grande et terrible le- » çon. » Le maire, comte de Fargues, pro- clame aussi les mêmes sentimens. Les citoyens de Lyon, se montroient plus étonnés qu'ef- frayés. Les rues retentissoient des cris d'amour pour les Bourbons ; la cocarde blanche, le lis, le drapeau blanc, étoient arborés comme une égide; mais d'un autre côté, la contenance équivoque des troupes et la joie concentrée des factieux faisoient naître de justes alarmes.

Au milieu d'une attente si pénible, arriva le 8 mars Mgr le comte d'Artois, précédé de quelques heures par le comte Roger de Damas, et suivi de près par le duc d'Orléans. Son Al- tesse Royale fit assembler aussitôt la garnison renforcée par le 20e de ligne ; mais loin de partager l'enthousiasme que la présence de l'auguste frère du roi excitoit dans la ville, les troupes restèrent mornes et glacées. La revue des gardes nationaux fut plus rassurante : « Mes amis, leur dit Monsieur, il » me faut seulement mille hommes de bonne » volonté, et je réponds du salut de Lyon. » Des volontaires se présentent en grand nombre, et c'est à leur tête que Monsieur veut se porter à Grenoble, croyant toujours cette place au pouvoir du roi. Mais désabusé après la revue, et profondément affligé de la perte d'une ville si importante, le prince appela, pour conférer auprès de sa personne, les officiers généraux et le préfet : il falloit songer à défendre Lyon dans Lyon même.

Cependant les émissaires de Napoléon, semant la division et le trouble, annonçoient hautement qu'il arrivoit avec une armée de vingt mille hommes, que l'empereur d'Autriche étoit dans ses intérêts, qu'Eugène et Murat appeloient les Italiens aux armes, et que Louis XVIII venoit de quitter Paris. L'exagération de ces nouvelles réveilla l'espoir des méchans, et comprima les bons citoyens. Vainement Monsieur s'efforça de faire rentrer les troupes dans le devoir par une proclamation pleine de sensibilité et de noblesse. Le soldat ne se montrant plus sensible qu'à la séduction, l'inquiétude et le zèle allèrent jusqu'à faire redouter la plus noire perfidie. Mais le prince écartoit lui-même toutes les craintes : « Je » ne pourrai croire, disoit-il, à aucune tra- » hison, tant que je verrai des chevaliers » de Saint=Louis à la tête des régimens ! » L'arrivée du maréchal duc de Tarente, accompagné des généraux Albert, Digeon et Montmorency fit naître un rayon d'espoir. Cet illustre maréchal ne put d'abord comprendre ce vertige de défection si opposé à ses sentimens. Essayer sur l'esprit des soldats une nouvelle épreuve, fut son premier avis. On tint conseil de guerre. Là, on propose de nouveau d'éloigner les troupes, et de ne confier la défense de la ville qu'à la garde nationale. Le général Brayer objecte qu'une telle défiance aigriroit sans retour la garnison, et la porteroit à se déclarer sur-le-champ contre le roi. Tout en avouant l'impossibilité de se passer des troupes, le duc de Tarente auroit voulu qu'on eût élevé les sous-officiers au rang d'officiers, comme disposant presque seuls de l'opinion et de la volonté du soldat. D'autres soutinrent qu'on ne préserveroit Lyon qu'en faisant sauter les ponts du Rhône. Le général Brayer opposant toujours le défaut d'artillerie et de munitions à tous les plans de défense, MONSIEUR lui dit avec énergie : « La guerre » de la Vendée a commencé avec des fourches » et des pioches ! nous avons des baïonnettes ; » je marcherai le premier ! » L'élan le plus généreux ne suffisoit plus. On délibéroit, et Napoléon avançoit appelé par la trahison. En vain veut-on faire sauter les ponts du Rhône : la populace, mue par les factieux, fait entendre des murmures, prend une attitude menaçante, et les travaux se bornent à quelques palissades.

Décidé à tenter l'épreuve d'une seconde revue, le duc de Tarente rassemble les troupes de bonne heure le 10 mars ; mais ni la présence de ce général, qui les a si souvent conduites à la victoire, ni l'aspect de nos princes versant des larmes sur la perte de la loyauté française, ne purent toucher les soldats. Aux accens royalistes ils substituent le cri de la sédition. S'il en est qui, attendris et confus, laissent échapper le cri de *vive le Roi !* des officiers osent par signe leur imposer silence (1).

---

(1) M. Adam, colonel en second, et M. Villain, adjudant-

Ainsi la garde nationale de Lyon alloit se trouver entre six mille hommes arrivant de Grenoble, et plusieurs régimens tous prêts derrière elle à faire feu à la moindre démonstratiou en faveur du roi. Les princes, accablés de douleur, se portèrent sur les ponts, sur les quais déjà couverts des flots d'une populace qui n'attendoit que le moment de revoir et de proclamer l'usurpateur. Tout espoir de sauver Lyon étant perdu, ils reprirent vers midi la route de la capitale, où de plus utiles efforts sembloient les attendre.

Le duc de Tarente, persuadé alors qu'on ne peut plus compter sur les soldats, et qu'il sera forcé d'opérer sa retraite vers Moulins, forme le projet d'y réunir toutes les troupes en marche sur Lyon; il donne l'ordre par écrit à l'officier Renaud de Saint-Amour d'aller en Franche-Comté faire rétrograder tous les régimens qu'il trouvera sur sa route. La même disposition devoit s'étendre dans la direction de Mâcon et de Châlons, afin d'éviter le contact des troupes de Buonaparte avec celles qui se portoient à sa rencontre

---

major du 13e de dragons furent les seuls qui, fidèles à leurs sermens, abandonnèrent les drapeaux de la révolte, et se soumirent à tous les sacrifices.

Toutefois le duc de Tarente, le général Digeon et le comte de Damas s'obstinèrent à épuiser tous les genres d'épreuves avant d'abandonner la seconde ville du royaume ; ils firent avancer deux bataillons vers les ponts du Rhône en position derrière les barricades : le reste de la garnison demeura immobile sur la place Bellecourt.

Napoléon avoit d'abord fait halte à Bourgoing. Inquiet de la présence des princes, craignant la garde nationale, n'osant se flatter de pénétrer à Lyon sans éprouver de résistance, il venoit de prescrire des dispositions pour traverser le Rhône à Miribel, afin de se jeter dans la Bresse. Au même moment, ses émissaires lui annoncent que Lyon lui est conquis par la garnison chargée de sa défense.

Il marche aussitôt vers la ville ; ses éclaireurs arrivent au faubourg de la Guillotière, soulevant sur leur passage les paysans et le peuple. On apercevoit déjà sur les édifices élevés de ce faubourg le drapeau tricolore ; on voyoit des batelets qui passoient d'une rive à l'autre, conduits par des hommes impatiens d'informer l'ennemi que la garnison brûloit de se déclarer. Ces premiers mouvemens n'échappent point au comte de Damas, et il fait rappeler à l'instant même tous les bateaux sur la rive droite, avec défense expresse de traverser le fleuve. A peine a-t-il donné cet ordre, qu'un maréchal-des-logis et quatre hussards forcent le pont et les palissades aux cris de *vive l'empereur!* A cette vue, cinquante dragons du 13ᵉ se détachent de leurs escadrons en bataille, et donnent le signal d'une révolte ouverte; d'autres hussards surviennent, et la ville est au pouvoir d'une armée rebelle. Le maréchal duc de Tarente et le comte de Damas n'ont que le temps de pousser leurs chevaux par le faubourg de Vaize. Là quelques hussards atteignent le maréchal qu'ils auroient tué ou fait prisonnier, sans la résistance de ses dragons d'escorte; ceux-ci, par un reste d'honneur, se mettent en défense, et obtiennent des hussards qu'ils n'inquiéteront point la retraite de leur général. La ville est aussitôt abandonnée par le préfet et le sous-préfet, qui se hâtent de tout sacrifier à la cause royale : le maire seul juge que sa magistrature lui impose d'autres devoirs, et veut partager la destinée de Lyon.

Déjà toute l'avant-garde de Buonaparte avoit débouché du faubourg, précédée ou suivie par un ramas de paysans et d'ouvriers qui, renversant les pieux, les palissades, agitant leurs mouchoirs attachés à de longs bâtons, poussoient les cris de *vive l'empereur! vive la liberté!* Les mêmes cris sont répétés par les deux bataillons rangés sur le quai du Rhône, qui se joignent aux insurgés et à l'avant-garde. Celle-ci, après avoir pénétré dans la ville, va se ranger en bataille à côté de la garnison, et distribue aux soldats les proclamations du golfe Juan. A cinq heures les uns et les autres défilent ensemble, et se portent au-devant de Buonaparte qui fait son entrée au milieu des ténèbres, se dérobant aux regards publics comme dans toutes les villes sur son passage. Il étoit à cheval entouré de quelques soldats d'élite qui perçoient lentement la foule composée de tout ce que Lyon renfermoit de plus abject et de plus séditieux. C'étoient en partie des ouvriers rassemblés de tous les points de la France, et même de l'étranger, auxquels s'étoient joints des paysans du Bugey, du Lyonnais, du Dauphiné et de la Bresse, accourus dans l'espoir d'emporter les richesses d'une ville opulente dont ils réclamoient le pillage. Napoléon ainsi escorté traverse le pont de la Guillotière : là il trouve le maire et le capitaine de la gendarmerie qui lui présentent les clés de la ville. Continuant sa marche, il se dirige vers le palais de l'Archevêché, au milieu des plus bruyantes acclamations, et d'une foule d'officiers en retraite.

Cependant aucune des autorités, aucun des citoyens qui s'étoient portés naguères à l'Archevêché avec tant d'empressement pour rendre hommage à nos princes légitimes, ne paroissoient pour y recevoir l'usurpateur; ce même palais, dont les murs lui retraçoient l'image importune des Bourbons, étoit pour lui un désert. A peine les forcenés qui l'y avoient conduit eurent-ils rempli leur mission, que se divisant par bandes, ils se répandirent dans les rues, sur les quais, sur les places, renforcés par des soldats ivres, armés de fusils, de sabres et de pistolets. Les uns enfonçant les portes, cassant les vitres, insultant les citoyens, ordonnent d'illuminer la façade des maisons; d'autres, armés de tisons, de torches enflammées, impriment partout la terreur en menaçant d'incendier la ville, en pillant les boutiques, en saccageant les cafés réputés royalistes. Attroupés autour du café Berger, ils s'acharnoient à y mettre le feu à l'aide d'un enfant élevé sur les épaules d'un incendiaire, et qui déjà glissoit la main à travers une fenêtre pour jeter dans l'appartement des mêches soufrées. Témoin d'une si horrible tentative, un officier de dragons, indigné, saisit cet enfant, et mettant le sabre à la main, dissipe ce ramas de scélérats. Mais ils s'attroupent ailleurs, trouvant partout des renforts et des complices. On eût dit une place prise d'assaut. La seconde ville du royaume étoit en proie à des furieux déchaînés qui ne rêvoient que pillage et incendie, tandis que des soldats égarés, donnant à cette sédition le droit momentané de la force, sembloient rougir d'y prendre part.

Dans cette nuit déplorable, la trahison se montra nue et éhontée : une populace en délire adressa des invocations à Napoléon, et vomit des blasphèmes contre le ciel. La postérité le croira-t-elle ! aux cris de *vive l'empereur !* se mêlèrent les cris de *vive la mort ! A l'échafaud les Bourbons, à bas Dieu ! vive l'enfer !* Ainsi, aux yeux de ces frénétiques, tout ordre politique devenoit un crime, toute pensée religieuse un forfait de lèse-nation. Napoléon lui-même parut épouvanté des fureurs qu'excitoit son retour; et ce fut sous de tels auspices que revint régner l'homme qui s'étoit vanté d'avoir détrôné l'anarchie.

Le maire cependant, revêtu de son costume, et à la tête d'un piquet de la garde nationale, essayoit de dissiper les attroupemens; mais à peine les mutins étoient-ils chassés d'une rue, qu'ils se portoient dans une autre, prolongeant leurs vociférations et leurs menaces le reste de la nuit.

L'impression que produisit cette scène de désordre fit dire le lendemain à un des généraux de l'usurpateur: « J'ai cru cette nuit qu'on » avoit ouvert toutes les prisons de France. »

Buonaparte lui-même, ne voyant sous ses fenêtres qu'un ramas couvert des livrées de l'indigence, observa, avec une sorte de dépit, qu'il y avoit peu de luxe à Lyon: « C'est, reprit un courtisan, qu'en dix mois » les Bourbons ont ruiné la France. » Ce trait de basse adulation annonçoit assez que la plus honteuse servitude pouvoit se renouveler sous le même maître. Du reste, ce hideux cortége dont sembloit rougir Buonaparte, alloit s'attacher à ses pas et se grossir chaque jour de crédules habitans des campagnes, insidieusement ameutés contre le prétendu rétablissement des droits féodaux et de la dîme.

On avoit annoncé pour le lendemain la revue des troupes et une audience solennelle; la revue précéda l'audience. Sept à huit mille soldats, rangés en bataille sur la place Bellecourt, attendoient Napoléon pour prêter entre ses mains le serment qu'ils venoient de violer envers le roi. A neuf heures du matin il sortit de l'Archevêché, entouré d'un nombreux état-major ; il parcourut les rangs, descendit de cheval, se fit présenter les officiers, causa familièrement avec les soldats, et s'enivrant de leurs coupables transports, dit en leur présence, qu'il iroit à Paris les mains dans ses poches. La revue terminée, une foule d'officiers en retraite, remis en activité, furent dirigés sur divers points du royaume. La plupart munis d'instructions se transportèrent en Franche-Comté, en Alsace et en Lorraine ; d'autres allèrent en Bourgogne, en Champagne, et jusqu'à Paris. Des dépêches furent adressées par la voie de la gendarmerie dans presque toutes les divisions militaires, afin d'y provoquer les chefs et les troupes à la défection. Ces dispositions achevées, Napoléon donna son audience si impatiemment attendue par une foule d'aspirans, qui depuis huit heures du matin obstruoient les avenues de l'Archevêché, se poussant, se heurtant, dans l'espoir de complimenter les premiers celui que naguères ils avoient chargé de malédictions. Là, c'étoient des généraux qui venoient pour lui renouveler des sermens dont il les avoit dégagés; ici, c'étoient des ecclésiastiques à longs manteaux, prêts à chanter *le Domine salvum fac imperatorem;* plus loin, c'étoient des poëtes, des avocats, des juges, des membres de l'Université, qui, la veille, décorés de la fleur de lis, ornoient leurs chapeaux de larges cocardes tricolores. Poussée par son président(1), la Cour royale donna le premier exemple d'une soumission qui fut imitée avec un empressement servile. Dans cette audience Napoléon déclama contre les nobles, et paraphrasa ses proclamations; il interrompit souvent le fil de ses idées par des sorties contre la cour, contre le roi, et contre le traité de Paris, que par une sorte de contradiction il feignoit de vouloir maintenir. Il dit aussi d'un ton dramatique : « On n'a encore qu'un vo- » lume de ma vie; on aura bientôt le second. »

Du reste, il ne parla de l'Autriche qu'avec une réserve étudiée, laissant à ses émissaires le soin d'interpréter ses réticences. Rien ne manqua pour faire revivre l'orgueil du despote; une foule d'officiers-généraux, de mili-

---
(1) Le sieur Vouty.

taires de tous grades, trois ou quatre cents officiers à demi-solde et des pétitionnaires de toutes les classes, réclamèrent de lui des faveurs et des emplois.

Le soir, ses courtisans, car déjà il en avoit, se concertèrent pour lui donner à l'archevêché la distraction d'un cercle ; mais les dames de Lyon ne montrèrent que de la répugnance à orner sa cour : une seule, que la malignité désigne, fut appelée et introduite avec mystère dans les appartemens les plus reculés. Honneur aux Lyonnaises, qui témoignèrent sans détour l'horreur que leur faisoit éprouver cette révolution soldatesque ! Malheureusement elle reçut des hommages publics, dans une proclamation municipale, qui, malgré des signes de contrainte, n'en étoit pas moins l'acte de soumission de la seconde ville du royaume, émané de son propre magistrat : aussi Napoléon et ses adhérens s'en firent-ils un trophée de ville en ville, en marchant vers Paris. On a cherché depuis à pallier cette adhésion si prématurée, comme ayant protégé Lyon dans la crise, et laissé au maire les moyens d'être utile au parti du Roi ; mais la saine politique réprouvera toujours de pareilles simulations, moins utiles à la bonne foi qu'à la perfidie.

Cependant sous des dehors tranquilles et sous un regard satisfait, Napoléon cachoit la vive anxiété de son âme. Dans la journée du 10 mars, ses adhérens avoient dû rester maîtres de Paris et de la famille royale; mais le télégraphe n'annonçoit rien qui pût faire présumer le succès d'une entreprise si décisive. Falloit-il que Napoléon, marchant lui-même sur la capitale, renonçât à la possession immédiate de l'Italie? Tout devenoit incertain s'il abandonnoit cette conquête aux seules combinaisons de Murat, et à l'élan douteux d'une armée napolitaine.

Dans l'intervalle, pour montrer qu'il s'étoit ressaisi de la plénitude de la puissance souveraine, il rendit plusieurs décrets impériaux; d'abord contre les princes de *la maison de Bourbon*, dont il confisqua les biens; ensuite contre les émigrés rentrés avec le roi, qu'il bannit à perpétuité. Voulant aussi accréditer la fable que les Bourbons avoient eu le dessein de rendre aux anciens gentilshommes toutes leurs prérogatives, il feignit d'abolir la noblesse, par un décret amphybologique, qui ne détruisoit ni la nouvelle ni l'ancienne, se réservant seulement le droit d'en confirmer les titres. Par d'autres décrets, il supprima la maison militaire du roi; il abolit les décorations et les ordres royalistes; il annulla les nominations faites dans les tribunaux, dans la légion d'honneur et dans l'armée depuis la restauration ; enfin, par un acte plus remarquable encore, il prononça la dissolution des deux Chambres, et ordonna la réunion de tous les électeurs dans la capitale, en assemblée extraordinaire du Champ-de-Mai, à l'effet *de corriger et modifier les constitutions de l'empire, et d'assister au couronnement de l'impératrice et du prince impérial.*

L'idée première de cette grande convocation lui avoit été suggérée, comme on l'a vu plus haut, par son frère Lucien, qui, rongé d'ambition, voulant élever une seconde fois sa famille, se flattoit de réveiller parmi nous un souvenir national, en nous présentant Buonaparte comme le moderne Charlemagne, destiné à relever l'empire d'Occident. Le même décret énonçoit la promesse formelle de réformer le gouvernement impérial, et donnoit ainsi aux révolutionnaires la garantie exigée ou promise, qu'on feroit de nouveaux efforts pour enter la liberté sur le despotisme. Tous ces actes de souveraineté préparés à l'île d'Elbe furent, dit-on, rédigés à Lyon par le président de la cour royale investi de toute la confiance de l'usurpateur. Toutefois ils ne furent promulgués que le 18 mars, cinq jours après son départ, au moment où tout annonçoit le succès de son entreprise à l'aide de la licence, de la terreur et de la trahison. Le 13 mars, perdant toute espérance de tenir Paris et la famille royale en son pouvoir par le seul effort des conjurés, il se décide à marcher en avant. Presque toutes ses troupes le précédoient sous les ordres du général Brayer (1), pour lui frayer la route de la capitale. Avant son départ il conféra le commandement au général Desaix, en récompense, dit-on, de services récens, et la préfecture du Rhône au préfet de l'Isère, qui, après avoir refusé de le reconnoître à Grenoble, étoit venu trois jours après le saluer à Lyon (2). Il importoit surtout de persuader à la France et à l'Europe que les Lyonnais

---

(1) Pour lui témoigner sa satisfaction, il lui donna l'épithète de *brave Brayer*, dans sa relation officielle

(2) Le baron Fourier. Distingué par ses lumières et par des travaux scientifiques, il avoit suivi jadis Buonaparte en Egypte; le voyant maître de Lyon, il crut sans doute ne plus pouvoir se soustraire à l'obéissance. Du reste, sa modération et son équité ne tardèrent pas à lui faire éprouver la disgrâce de son maître : il fut révoqué pendant les *cent jours*.

l'avoient reçu avec transport : tel fut l'objet des adieux publics qu'il leur adressa ; ils finissoient ainsi : « Lyonnais, je vous aime ! » Trivialité que ses partisans trouvèrent sublime, et ne se lassèrent point d'admirer. Enfin, tandis que ses éclaireurs et ses émissaires soulevoient tout le pays sur les routes parallèles du Bourbonnois et de la Bourgogne, tandis qu'une armée venoit à sa rencontre pour se ranger sous ses drapeaux, il quitta Lyon, emportant avec lui l'argent des caisses publiques, et laissant en échange aux Lyonnais ses proclamations, et dix à douze décrets qui bouleversoient la France.

LIVRE XXV.

Révolte des lieutenans-généraux d'Erlon et Lefebvre-Desnouettes. — Résistance honorable du général d'Aboville à la Fère et des chasseurs de Berry à Compiègne. — Dénonciation à la Chambre des Députés contre le maréchal Soult. — Le duc de Feltre reprend le porte-feuille de la guerre. — La conspiration du Nord est déjouée. — Paris manifeste sa fidélité pour les Bourbons. — Armement des volontaires royaux. — Arrivée du maréchal Ney à Besançon. — Sédition du 76ᵉ régiment à Bourg en Bresse. — Défection du maréchal Ney. — Marche de Buonaparte sur Paris. — Tableau de cette capitale pendant la crise du 20 mars. — Arrivée de Napoléon à Auxerre. — Séance royale. — Défection de la garnison de Paris. — Départ du Roi. — Consternation des Parisiens. — Invasion des Tuileries par les Buonapartistes. — Entrée sinistre de Buonaparte dans Paris.

En moins de dix jours Napoléon avoit traversé sans obstacle un espace de quatre-vingts lieues depuis le rivage de la Provence jusqu'à Lyon; là il avoit obtenu d'une multitude égarée les démonstrations du plus aveugle enthousiasme. Les progrès de la contagion étoient rapides; la renommée devançant les courriers annonçoit partout que l'usurpateur s'étoit ressaisi publiquement des rênes du pouvoir, qu'il avoit rendu plusieurs décrets, que ses ordres et ses délégués précédoient sa marche, et qu'après avoir quitté Lyon, il se dirigeoit à grandes journées sur Paris, précédé, escorté, suivi par quinze mille soldats qu'électrisoit sa présence.

Le contraste étoit frappant : d'un côté l'activité, l'audace ; de l'autre, une marche incertaine, imprévoyante. Le 9 mars, les ministres ne soupçonnoient point encore toute l'étendue ni la gravité du danger. On ne pouvoit plus l'imputer qu'à la défection successive des troupes ; et cependant le maréchal Soult ne voyoit de sûreté pour le roi qu'au milieu de l'armée de Buonaparte. « La plus brave armée » de l'Europe, dit-il dans son ordre du jour du » 8 mars, sera aussi la plus fidèle ! » Le lendemain une ordonnance royale rendue sur sa proposition, rappela sous les drapeaux les officiers à demi-solde, pour être formés en corps d'élites dans tous les chefs-lieux de département. Ainsi, au lieu d'écarter les élémens de la sédition, au lieu d'armer partout la garde nationale, les volontaires royalistes, au lieu de provoquer une levée générale de tous les citoyens, Soult plaçoit dans tous les chefs-lieux des foyers d'insurrections et des relais de conspirateurs chargés d'escorter Napoléon jusqu'à Paris.

Cependant, soit fraude, soit excès de confiance ou d'aveuglement, le bruit venoit de se répandre que dans une première attaque, en avant de Lyon, le duc d'Orléans avoit repoussé l'usurpateur jusqu'à Bourgouin. Accueillie avec transport, cette illusion s'évanouit presque aussitôt par l'arrivée inopinée du prince, le jour même où les journaux publioient sa prétendue victoire. Le retour de MONSIEUR, frère du Roi, devint le signal d'un désespoir général. Ainsi fut révélée la défection de Grenoble et celle de Lyon. Au milieu de cet affreux désordre, les ministres avoient appris qu'un danger plus pressant, le complot militaire conduit par d'Erlon et Lefebvre-Desnouettes, menaçoit la famille royale.

De tous ceux qui, voulant arracher la France à son roi, se sont rendus complices de Napoléon, il n'en est point qui ait montré plus d'impudence, plus d'audace que Lefebvre-Desnouettes. Venu à Paris dans l'attente des événemens, à peine est-il instruit du débarquement de Buonaparte, qu'il se rend à Lille pour s'aboucher avec d'Erlon ; de là il court à

Cambrai se mettre à la tête des chasseurs de France ; qu'il fait entrer en campagne, et entraîne dans une révolte ouverte. Muni de fausses feuilles de route, sûr d'être secondé par des généraux infidèles, il se dirige d'abord sur la Fère, dont l'arsenal lui offroit une riche proie. Il entroit aussi dans ses projets de débaucher d'autres corps sur sa route. C'est en répandant la nouvelle que le roi est détrôné, que la capitale est en révolution, qu'un gouvernement provisoire est établi, qu'il séduit ses soldats, et s'en fait obéir. C'étoit avec les mêmes mensonges qu'au même moment on livroit Grenoble et Lyon à Buonaparte. Le 10 mars, Lefebvre-Desnouettes, secondé par les frères Lallemand, pénètre à la Fère, avec quatre escadrons et cent hommes de toutes armes : il essaie d'abord de corrompre les canonniers, et de s'emparer de l'arsenal. Ce coup de main, indispensable au succès de son entreprise, attiroit à lui les garnisons de Picardie, de Flandre et d'une partie de la Champagne, préparées à la révolte ; mais ses ruses, ses suggestions, son audace, échouent devant les sages dispositions et la fermeté du général d'Aboville (1) et du major d'artillerie Pion. Une

_____

(1) Commandant l'école d'artillerie de la Fère.

partie de la garnison venoit de s'assurer de l'arsenal et des postes, tandis que le reste se formoit en bataille sur l'esplanade, les armes chargées et les canons en batterie. Les révoltés, n'osant plus rien tenter dans la ville, se retirent aux cris de *vive l'empereur !* Un seul canonnier les suit. A peine sont-ils hors des murs que, jetant leurs cocardes blanches et les décorations royalistes, ils arborent les trois couleurs. Un convoi de bouches à feu, dirigé de Vincennes, tombe en leur pouvoir par l'effet des mesures concertées entre les agens de la conspiration qui se disposent aussi à livrer l'arsenal de Douai. Sans être découragé par l'échec de la Fère, Lefebvre-Desnouettes dirige sa troupe vers Chauny : là il s'efforce en vain de séduire un escadron cantonné. Il se porte ensuite sur Noyon, provoquant lui-même les cris de *vive l'empereur !* qui partent plusieurs fois des rangs. Mais refroidis par deux tentatives infructueuses, ses propres officiers lui demandent compte de ses projets : il les rassure, et proteste qu'on va trouver à Noyon un rassemblement de douze à quinze mille hommes. On arrive : aucune troupe ne s'est encore déclarée ; le découragement et l'inquiétude redoublent, sans que Des-

nouettes renonce encore à son entreprise. Le lendemain, 11 mars, il prend les devants avec deux escadrons ; et entre à Compiègne, croyant tromper la vigilance des officiers supérieurs du régiment des chasseurs de Berry, casernés dans cette ville. Son avant-garde arrive aux portes de la caserne, et trouve la grille gardée par le major Lainé qui venoit d'être averti du projet des rebelles. En vain les officiers de Desnouettes insistent pour qu'on leur permette l'accès de la caserne ; en vain s'efforcent-ils d'entraîner le major et les chasseurs dans leur insurrection ; ils vont même jusqu'à menacer le major de le faire fusiller s'il persiste dans sa résistance. « Hé bien, répond le fidèle et coura-
» geux Lainé, que votre général me fasse
» l'honneur de me faire fusiller, car s'il tombe
» entre mes mains, un pareil sort l'attend. »
Cette fermeté déconcerte les rebelles, et donne le temps aux chasseurs de Berry de se mettre sous les armes, ayant à leur tête le comte de Talhouet leur colonel. Quand Desnouettes survint avec ses escadrons, il trouva les chasseurs rangés en bataille, et dans une contenance qui ne laissoit plus aucun espoir ; il s'éloigna au milieu des murmures de ses

officiers, fatigués d'avoir été ainsi abusés par de fausses promesses de défection. Le danger se montroit partout, l'espérance nulle part. Déjà même presque tous les officiers menacent d'abandonner leur chef. Celui-ci leur propose alors de se jeter en partisans sur Lyon pour rejoindre Buonaparte; tous s'y refusent; tous préfèrent recourir à la clémence du roi sous les auspices du général major Lyons qui les a rappelés à leur devoir. Cet officier se met à la tête du régiment, et rétrograde aussitôt sur Cambrai. Desnouettes abandonné des siens prend la fuite, suivi des frères Lallemand et d'une poignée de subalternes qui bientôt se dispersent. Il erre sous des habits de paysan, et va chercher un asile à Châlons auprès du général Rigau, l'un des conjurés. Ainsi s'évapore cette insurrection militaire, non que les chefs manquassent d'audace, mais par des circonstances fortuites. Selon quelques versions, le maréchal duc de Trévise, en route pour Lille, rencontra un détachement considérable conduit par d'Erlon, et en pleine marche sur Paris. Etonné, il demande où vont ces troupes; les généraux exhibent l'ordre formel de se rendre à Paris pour y tenir garnison, et protéger le roi contre le soulèvement de la populace. Le duc de Trévise, en examinant ces ordres, les reconnoît faux, et enjoint à tout le corps en marche de rentrer dans leurs quartiers. Ainsi Desnouettes ne formoit que l'avant-garde de ce corps d'armée mis en mouvement avec tant de perfidie pour surprendre sans défense la famille royale, et la livrer à Napoléon, qui en eût disposé à son gré. On frémit quand on songe que, sans l'interposition miraculeuse de la Providence, nos malheurs eussent été irréparables. Drouet-d'Erlon manda aussitôt à Desnouettes que l'arrivée subite du maréchal duc de Trévise avoit déconcerté son projet, mais qu'il le joindroit le 13 à Péronne; sa lettre, interceptée à la Fère, tomba entre les mains du fidèle d'Aboville.

Le roi avoit appris l'explosion de ce complot hardi, avant qu'on l'eût étouffé. Alors seulement fut révélé le danger qui du nord et du midi venoit fondre sur la famille royale. L'indignation fit oublier le péril; tous les esprits se soulevèrent contre l'entreprise de l'usurpateur, contre les tentatives de ses adhérens, contre l'imprévoyance et les fausses mesures des ministres. Ils furent en butte aux attaques de la plus violente censure. L'animadversion signala plus particulièrement le maréchal Soult : on le dénonça comme un traître dans la chambre des députés. Une si grave accusation étoit moins l'expression d'une conviction intime qu'un effet de la colère publique, car rien n'est moins palpable que les félonies ministérielles ; si mille indices les font préjuger ou pressentir, l'évidence reste dans les replis du cœur, ou dans les ténèbres de l'intrigue. C'étoit ici un ministre nourri dans les camps, lié aux intérêts révolutionnaires, arrivé au commandement sous une tyrannie, et qui, à la faveur d'un faux masque, s'étoit approché du trône légitime. Pendant son administration il avoit irrité de plus en plus une armée mécontente, au lieu de la calmer ; et au moment de la crise il la présentoit à son roi comme le *palladium* de son pouvoir, alors même que de lâches défections éclatoient au Nord et au Midi ; en un mot, ne sachant rien prévoir, rien prévenir, Soult s'étoit montré serviteur perfide ou inepte. A peine l'indignation universelle l'eût-elle forcé de remettre au roi son porte-feuille et son épée, qu'on put comparer sa conduite ambiguë avec le dévouement imperturbable de son illustre successeur. De même que Soult, le duc de Feltre avoit servi le gouvernement impérial, ou plutôt il avoit servi l'Etat avec autant de zèle que de talent. Les mêmes principes lui tracèrent la règle qu'il avoit à suivre auprès du gouvernement légitime, donnant ainsi la preuve incontestable que la loyauté et l'honneur sont de tous les temps et de tous les lieux. Il falloit un bien noble courage pour se charger du porte-feuille de la guerre, quand la cause de la monarchie étoit déjà désespérée. Tout trahissoit autour de lui, tout se laissoit entraîner dans une honteuse défection, quand le duc de Feltre donna ce grand exemple de patriotisme. « On ne capitule pas sans infamie, » dit-il dans son ordre du jour du 12 mars, » et tôt ou tard sans châtiment, avec des ser- » mens libres et solennels. A quelle déplo- » rable illusion se laissent entraîner aujour- » d'hui ceux qui cèdent à la voix d'un homme » qui vient déchirer la France par les mains » des Français, et la livrer une seconde fois » au fer et au feu des étrangers ! »

A peine le nouveau ministre a-t-il pris les rênes, que le complot du nord est déjoué, que d'Erlon est arrêté à Lille, que les frères Lallemand ses complices tombent dans les mains de la gendarmerie (1), et que rentré

---

(1) L'ordre de traduire d'Erlon et les frères Lallemand de-

dans l'ombre, les partisans de l'usurpateur n'osent plus rien entreprendre dans la capitale. Par ses communications franches à la chambre des députés, le duc de Feltre semble faire renaître la confiance publique, tout en ne dissimulant rien des dangers qui environnent le roi. La chambre l'écoute avec une faveur marquée quand il parle du bienfait de la Providence, qui venoit d'étouffer le complot du nord avec tant de bonheur pour la famille royale. C'est ainsi que les nouvelles du nord firent diversion à celles du midi, si peu rassurantes. On crut tenir bientôt, par l'arrestation de quelques coupables, le fil de la conspiration qui ramenoit Buonaparte; on le crut lui-même déconcerté dans la poursuite de ses desseins, et à la consternation succéda la sécurité. Dans un rapport ingénieux, fait à la chambre des députés, le ministre de l'intérieur (1) montra sous un jour satisfaisant l'état des affaires et la disposition des esprits; louant tour à tour, avec l'urbanité d'un homme du monde, par des traits délicats et fins la nation fran-

---

vant une commission militaire fut donné par le duc de Feltre; mais d'Erlon, tenu seulement aux arrêts par trop de condestendance à Lille, prit la fuite, et les frères Lallemand trouvèrent leur salut dans la rapidité de la marche de Buonaparte.

(1) M. l'abbé de Montesquiou.

çaise, la liberté et l'armée. Il proposa de voter des récompenses aux généraux et aux garnisons fidèles. Cette proposition fut accueillie par la chambre. Organe de sa commission, M. Faget de Baure manifesta toute l'horreur qu'inspiroit le joug de fer de Buonaparte, et il fit des vœux, au nom de l'assemblée, pour que la volonté des Français l'emportât sur les vils calculs de quelques traîtres, et sur les entreprises d'une poignée de transfuges. Un autre député, M. Blanquart-Bailleul, proclama les mêmes sentimens. L'assemblée vota immédiatement des témoignages de satisfaction aux garnisons de la Fère, de Lille, de Cambrai, et d'Antibes; elle déclara de plus que les maréchaux ducs de Trévise et de Tarente avoient bien mérité de la patrie. Toutefois l'attitude de la chambre parut froide et irrésolue pendant toute la crise; on n'y aperçut ni cette énergie, ni ce dévouement sans réserve, qui rendent solidaires de la destinée du monarque les grands corps de l'Etat. Evitant de se compromettre et de s'engager dans des mesures contre Buonaparte, elle donna au roi un pouvoir discrétionnaire dont elle savoit que les ministres n'useroient pas. Dans une séance secrète elle repoussa la proposition d'accorder trois millions au regiment d'où partiroit le coup de fusil qui tueroit Buonaparte ; c'est ainsi qu'elle resta en arrière de l'opinion royaliste qui provoquoit à outrance contre l'usurpateur les plus fortes mesures de salut public. Toutefois des harangues vigoureuses, espèce de Philippiques, ou d'appel au peuple, imprimoient aux esprits une fermentation électrique. « Il » reparoît cet homme teint de notre sang, dit » un de nos publicistes (1), il reparoît cet » homme poursuivi naguère par nos malé- » dictions unanimes ! que veut-il ? lui qui a » porté la dévastation dans tous les cantons de » l'Europe ; lui qui a soulevé contre nous » les nations étrangères ; lui qui, attirant sur » la France l'humiliation d'être envahie, nous » coûte jusqu'à nos propres conquêtes anté- » rieures à sa domination. Il redemande sa » couronne ! et quels sont ses droits ? la légi- » timité héréditaire ; mais une courte occupa- » tion de douze années, et la désignation d'un » enfant pour successeur, ne peuvent se com- » parer à sept siècles d'un règne paisible. Al- » lègue-t-il le vœu du peuple ? Mais si ce vœu » doit être compté, n'a-t-il pas été unanime » dans tous les cœurs pour rejeter Buonaparte ?

---

(1) M. Benjamin-Constant de Rebecque.

» Il promet la victoire, et trois fois il a dé-
» laissé honteusement ses troupes, en Egypte,
» en Espagne, en Russie, livrant ses compa-
» gnons d'armes à la triple agonie du froid, de
» la misère et du désespoir. Il promet le main-
» tien des propriétés; mais cette parole même
» il ne peut la tenir, n'ayant plus les richesses
» de l'univers à donner pour récompenses à
» ses satellites; ce sont nos propriétés qu'il
» veut dévorer. Il revient aujourd'hui pauvre
» et avide, n'ayant rien à réclamer, ni rien à
» offrir. Qui pourroit-il convaincre, ou qui
» pourroit-il séduire? la guerre intestine, la
» guerre extérieure, voilà les présens qu'il
» nous apporte. Son apparition, qui est pour
» nous le renouvellement de tous les malheurs,
» est pour l'Europe un signal d'extermination.
» Qui pourroit hésiter? Du côté du roi est la
» liberté constitutionnelle, la sûreté, la paix;
» du côté de Buonaparte, la servitude, l'a-
» narchie et la guerre. Il promet clémence et
» oubli; mais quelques paroles jetées dédai-
» gneusement, qu'offrent-elles autre chose
» que la garantie du mépris? Ses proclama-
» tions sont celles d'un tyran déchu, qui veut
» ressaisir le sceptre; c'est un chef armé qui
» fait briller son sabre pour exciter l'avidité

» de ses soldats; c'est Attila, c'est Gengis-
» Kan, plus terrible, plus odieux, qui pré-
» pare tout pour régulariser le massacre et le
» pillage. Quel peuple seroit plus digne que
» nous de mépris, si nous lui tendions les
» bras ? Nous deviendrions la risée de l'Eu-
» rope, après en avoir été la terreur ; nous
» reprendrions un maître que nous avons nous-
» même couvert d'opprobre ; notre esclavage
» n'auroit plus d'excuses, notre abjection plus
» de bornes : et qu'oserions-nous dire à ce roi
» si noble, si bon, si sensible, que nous avons
» attiré nous-mêmes sur la terre où déjà sa
» famille avoit tant souffert? lui dirions-nous :
» vous êtes venu au milieu de nous seul et
» désarmé ; nous vous avons entouré d'hom-
» mages, nous vous avons rassuré par nos
» sermens, et vous avez cru aux Français. Un
» peuple immense vous a étourdi par des ac-
» clamations bruyantes, tant que nul danger
» n'a existé, tant que vous avez disposé des
» faveurs et de la puissance. Vous n'avez pas
» abusé de son enthousiasme ; une année de
» votre règne n'a pas fait répandre autant de
» larmes qu'un seul jour de la domination de
» Napoléon ; mais il reparoît sur les confins de
» notre territoire, il se montre, il menace, et

» ni les sermens ne nous retiennent, ni vos
» vertus ne nous imposent, ni votre confiance
» ne nous attendrit, ni la vieillesse ne nous
» frappe de respect. Vous avez cru trouver une
» nation, et vous n'avez trouvé qu'un troupeau
» d'esclaves parjures. Mais non : tel ne sera
» pas notre langage, tel n'est pas le sort qui
» nous attend. »

Rien de plus touchant, en effet, dans ces momens d'alarme que les témoignages d'amour, prodigués au roi et à la famille royale par la foule des citoyens de toutes les classes qui remplissoient constamment les cours des Tuileries. Ils étoient tous émus, consternés ; l'homme simple, l'homme d'un esprit cultivé, le pauvre comme le riche, mêlant leur douleur, confondant leurs tristes pressentimens, déploroient, les yeux humides de larmes, des malheurs communs à la patrie et à leur famille ; ils gémissoient sur une entreprise insensée dont ils peignoient les suites fatales par ce peu de mots : « La
» guerre civile et étrangère dans le cœur de
» la France ! » Toutes les professions montroient un grand dévoûment à la cause du roi. Tous les corps de l'Etat, recevant l'impulsion de l'opinion publique, prodiguoient à la patrie,

à la constitution et au roi des témoignages d'amour, de zèle et de fidélité.

Cependant l'irréflexion prévaloit encore, et de prétendus avantages faisoient naître de fausses joies. Dans cette alternative de crainte et d'espérance, on n'admettoit pas la possibilité de la défection générale des troupes. La confiance redoubla quand on sut que Mgr le duc de Berri commanderoit en chef tous les corps qui se trouvoient dans la capitale et aux environs. Ce prince, rempli de franchise et de courage, eût aisément porté l'enthousiasme dans le cœur de soldats susceptibles encore d'écouter le sentiment du devoir. Les ordres furent expédiés pour former une armée de réserve à Melun (1).

On ouvrit en même temps des registres dans chaque mairie, destinés à inscrire les noms des volontaires qui se vouoient à la défense du trône et au maintien de la Charte; mais au lieu d'accélérer l'enrôlement, au lieu d'en charger des hommes sûrs et actifs dans les divers quartiers de la capitale, on voulut as-

---

(1) Cette armée étoit divisée en deux corps, l'un commandé par le général comte Maison, l'autre par le général comte Rapp; la cavalerie par le comte de Valmy; l'artillerie par le comte de Ruty, et le génie par le comte Axo. Le lieutenant-général Belliard en étoit le major-général.

treindre les royalistes à une organisation régulière, et ne conférer les différens grades qu'à l'ancienneté de service. Ainsi les formes, les lenteurs, les apprêts, l'âge des chefs, et mille entraves suscitées par la perfidie, alloient faire avorter l'ardeur d'une jeunesse impatiente. La plupart des provinces étoient destinées à offrir le même dévouement, et des résultats tout aussi stériles. On ne pouvoit plus se flatter de provoquer un élan général, et partout, comme dans Paris, les efforts des citoyens alloient s'évanouir.

En vain les conseils généraux furent convoqués dans tous les départemens sur la proposition du ministre de l'intérieur, pour rester en séance permanente, et aviser à l'exécution des mesures de salut public. Le ministre s'abusa sur l'influence de ces corps délibérans, qu'on appeloit trop tard à la défense de la patrie. Absorbé avant la restauration dans le pouvoir impérial, unique levier de la nation, les conseils généraux n'étoient plus qu'une ombre : les convoquer devenoit une mesure illusoire. En effet, que pouvoient-ils opposer à la subversion générale ? Comment s'appuyer d'ailleurs sur la partie saine de la nation, quand déjà tout ce qu'il avoit de plus impur étoit partout remué dans les intérêts de l'usurpateur? Aussi toutes ces tentatives furent-elles inefficaces. Les ministres persistoient à regarder l'armée comme la seule force à l'abri de laquelle pouvoit encore se mettre à couvert le gouvernement royal. A la vérité, Lyon envahi, et aucun boulevard ne couvrant plus la capitale, on ne pouvoit plus arrêter la marche triomphante de l'ennemi qu'en lui opposant un corps d'armée. Tous les regards se portoient sur le maréchal Ney, sur ce guerrier célèbre, parvenu par tant d'exploits aux premières dignités des armes, dont les protestations de dévouement avoient rempli la ville et la cour d'espérance. On le regardoit généralement comme le principal appui du trône, comme un rempart contre l'ennemi du genre humain; on ne s'entretenoit que de ses dispositions vigoureuses, que des évolutions de son corps d'armée que l'opinion commune portoit à douze mille hommes, mais dont l'effectif ne se montoit guère qu'à sept à huit mille combattans. Appuyées toutefois sur une place telle que Besançon, ces forces étoient suffisantes pour tenir l'ennemi en échec, et rallier avec avantage tous ceux que l'amour du roi et l'intérêt de la patrie auroient fait courir aux armes; mais cette attente fut cruellement trompée. Au moment où le duc de Feltre expédioit au maréchal le chef d'escadron d'Epresmenil, avec l'ordre formel d'attaquer Buonaparte sur ses derrières, Ney trahissoit sa propre gloire, son roi, la patrie et l'Europe, par la désertion la plus criminelle. La justice inflexible en a déjà divulgé les détails dans des informations éparses; c'est maintenant à l'histoire à les recueillir pour la sévère instruction des guerriers contemporains.

Arrivé à Besançon le 9 mars, Ney avoit trouvé la garnison, les autorités dans des dispositions favorables, et la ville dans le meilleur esprit. La contagion révolutionnaire infectoit, il est vrai, quelques villes voisines, telles que Gray, Gy, Vesoul, Beaume-les-Dames. Le même vertige se manifestoit dans les départemens de l'Ain et du Jura; Bourg et Lons-le-Saulnier renfermoient une masse d'hommes dévoués à Napoléon; mais partout cependant la cause du roi comptoit de nombreux défenseurs, et trouvoit un appui dans les autorités. Le lieutenant-général comte de Bourmont avoit déjà fait partir, en poste, pour l'armée de MONSIEUR, conformément aux ordres du prince, des munitions de guerre et des pièces d'artillerie de campagne ; il venoit aussi de mettre en mouvement seize cents chevaux et quatre mille hommes d'infanterie. Le maréchal approuva ces dispositions, et sa présence, excitant une émulation générale, ranima l'espoir des Francs-Comtois. Ses discours persuadèrent facilement un peuple incapable de perfidie. « Voilà, disoit-il aux » autorités civiles et militaires, voilà le plus » grand crime de Buonaparte ; mais c'est le » cinquième et dernier acte de sa tragédie ; » marchons à lui, et battons-le vite, n'importe » comment. J'ai promis au roi de le ramener » dans une cage de fer. Cet homme ne peut exis- » ter sur la même terre avec moi. Si mes soldats » ne faisoient pas leur devoir, je l'appellerois » en duel : c'est à moi de le tuer. En un mot, » c'est un lâche qui n'a pas su mourir. » Ney demande ensuite aux chefs de corps et au président de la cour royale la liste des personnes les plus dévouées aux Bourbons. Il ne dissimule pas au préfet comte de Scey-Montbéliart, qu'il a détourné le duc de Berri de venir en Franche-Comté, réclamant pour lui-même cette mission comme gouverneur. Le comte de Scey conçoit dès lors quelques soupçons sur les desseins du maréchal, malgré l'excès de ses emportemens contre Buonaparte. Le lendemain on apprend, par le duc de Maillé (1) les événemens de Grenoble et de Lyon. Ney donne aussitôt contre-ordre, suspend la marche de ses troupes, et les place en échelons depuis Bourg jusqu'à Poligny, annonçant qu'il veut les concentrer pour éviter tout point de contact avec les soldats rebelles. Sans vouloir rien prescrire au préfet, qui lui demandoit des instructions, il transfère à Lons-le-Saunier son quartier-général, exige des chevaux pour son usage, et l'argent des caisses publiques. Son chef d'état-major (2) est chargé de se faire délivrer sans délai un mandat de 15,000 fr. sur le receveur général. Le préfet, qui tenoit cette somme en réserve pour assurer le prêt de la garnison, fait observer à ce chef qu'il seroit facile au maréchal de se pourvoir ailleurs pour une campagne aussi courte. « Cela n'ira pas comme vous le pensez, ré» plique vivement l'officier d'état-major; les » partisans des Bourbons n'ont aucune éner» gie. » Ces paroles, échappées dans la discussion, augmentèrent la défiance du préfet; elle

---

(1) Premier gentilhomme de la chambre de S. A. R. Monsieur.

(2) Le baron Possinges de Preschamps.

redoubla quand il sut le lendemain qu'on désarmoit Besançon, et qu'on n'approvisionnoit pas la citadelle.

Déjà le maréchal, accompagné du comte de Bourmont, étoit en route, et venoit de s'arrêter chez le sous-préfet (1), à Poligny. Ce magistrat, plein de zèle, propose, sans balancer, de faire marcher tout ce qui dans son ressort étoit en état de porter les armes, offrant même de se mettre dans les rangs. Le comte de Bourmont applaudit à une levée générale. Ney la rejette, et veut qu'on ait soin d'écarter les hommes mariés. Aux inquiétudes que manifeste le sous-préfet sur le mauvais esprit de quelques régimens, il oppose des motifs de sécurité. Le soldat, selon lui, étoit ce qu'on le faisoit; le mal, d'ailleurs, ne paroissoit pas sans remède; il falloit seulement courir vite sur Napoléon comme sur une bête fauve, ou sur un chien enragé dont il étoit essentiel d'éviter les morsures.

L'arrivée de Ney à Lons-le-Saulnier releva tous les esprits, et on y crut généralement qu'il brûloit de se mesurer avec l'usurpateur. Il assemble les chefs de corps, et les rappelant à leurs devoirs, déclare qu'il va

---

(1) M. de Bourcia.

marcher contre Buonaparte, et mériter le titre de libérateur de la patrie; puis il leur commande d'inspirer le même dévouement aux soldats; ces sentimens il les exprime devant les généraux Jarry, Lecourbe, Bourmont, et en présence du marquis de Soran, aide-de-camp du comte d'Artois. Cet officier venoit de rencontrer sur la route des militaires disposés à la révolte, circonstance qu'il ne laisse point ignorer au maréchal. « Les soldats marcheront, ré-
» pondit-il; je serai à leur tête, je tirerai le
» premier coup de fusil, et si un seul refusoit
» d'obéir, je lui passerois mon épée au travers
» du corps; d'ailleurs c'est le canon qui décide
» le soldat, et mon aide-de-camp Levasseur,
» bon officier d'artillerie, l'appliquera bien. »
Ney s'éleva ensuite contre l'extravagance des dernières campagnes de Buonaparte, ajoutant qu'il falloit surtout s'opposer à ce qu'il recommençât des guerres si désastreuses.

Le même jour il mande en sa présence un commerçant de Paris, le sieur Boulouze, qui avoit vu l'entrée des rebelles à Lyon, et il l'interroge. Le voyageur témoigne au maréchal ses inquiétudes sur les progrès de Buonaparte, et lui remet une de ses proclamations. Ney répond que Paris n'a rien à craindre, étant couvert par quarante-cinq mille hommes, et qu'il répond de tout. Le sieur Boulouze ajoute que les partisans de l'usurpateur sont pleins d'audace, et qu'ils se vantent déjà de l'appui d'une grande puissance : « C'est la jactance ordi- » naire de Napoléon, reprend le maréchal ; » je le connois, soyez sans inquiétudes. » Il rassure également le commissaire des guerres Cayrol, et lui déclare que son projet, s'il ne peut arrêter l'ennemi, est de l'inquiéter sur ses derrières. Il forme ensuite deux divisions des troupes de son gouvernement, donne l'une au lieutenant-général Bourmont, et l'autre au général Lecourbe ; mais toujours, sous divers prétextes, il élude d'employer les volontaires royaux, et refuse même au marquis de Vaulchier, préfet du Jura, des cartouches pour la garde nationale.

Cependant un grand nombre d'agens obscurs se mêloient parmi les troupes cantonnées dans les départemens de l'Ain, du Doubs et du Jura. Deux aigles impériales leur étoient apportées secrètement, et un silence sinistre faisoit pressentir une explosion prochaine. Les mesures de surveillance ou de répression, adoptées par les préfets, devenoient impuissantes ou tardives. Le voisinage de Buonaparte, ses proclamations, les émissaires dont il inondoit le pays, tout excitoit l'audace des factieux, impatiens de se déclarer. Ceux du département de l'Ain avoient combiné leur insurrection, et le préfet baron Capelle leur opposa vainement toute sa fermeté. Les émissaires de Buonaparte soulevèrent sans peine le 76ᵉ régiment de ligne en garnison à Bourg. Peu de jours suffirent pour le livrer à une contagion séditieuse qui rendit inutiles les efforts du colonel, des officiers, et du général qui commandoit le département. Ce corps s'étoit mis en marche sur les ordres de Ney, et il ne restoit qu'un bataillon dans la ville, quand, le 10 mars, un premier mouvement éclata : il fut comprimé par l'énergie du major ; mais le reste du régiment, revenant sur ses pas le lendemain, une partie de la population se porta au-devant des soldats, et les accueillit aux cris de *vive l'empereur!* Le feu de la révolte se rallume aussitôt : des hommes du peuple, bravant la résistance du préfet, enlèvent les armes du roi, et arrachent partout avec violence le drapeau blanc. Alimentée par la soldatesque, cette sédition prend un caractère alarmant : les chefs civils et militaires sont menacés ; et un officier de cavalerie qui refuse

de pousser le cri de l'insurrection, est à la veille d'être fusillé au milieu du plus affreux tumulte. Fidèle aussi à l'honneur, le général Gauthier essaie de résister au torrent; mais il est arrêté, gardé à vue par ses propres soldats, et ensuite forcé de se mettre en marche sur Châlons, à la tête du régiment, pour se réunir à Buonaparte. Le préfet ne pouvant lutter seul, ni faire respecter l'autorité du roi, quitte sa préfecture, et se rend auprès du maréchal Ney. *C'est une rechute de la révolution*, dit-il avec autant d'énergie que de vérité en fuyant son département. Arrivé auprès du maréchal, il ne lui dissimule point que la présence de l'usurpateur excite dans la lie du peuple le vertige révolutionnaire, tandis qu'elle porte la stupeur dans les autres classes de la société. Le maréchal montre d'abord de l'indignation : « Que vou-
» lez-vous que je fasse, dit-il ensuite ; je ne
» puis arrêter l'eau de la mer avec la main ! »
Le préfet avoue qu'il n'est aucun chef, quelle que soit sa réputation, qui, au milieu de ce délire, puisse espérer aucune chance favorable en marchant contre l'usurpateur. Il indique le seul parti qui reste à prendre, c'est de manœuvrer sur ses flancs, et d'aller rétablir à Grenoble et à Lyon l'autorité royale, en donnant la main

aux troupes fidèles de la Provence. La conversation se prolonge, et le maréchal, s'élevant contre la cour, parlant des prétendues humiliations dont on avoit abreuvé les militaires, laisse échapper cette phrase avec une sorte de véhémence : « Voilà un événement qui portera » la terreur jusqu'au Kamtschatka ! » Ces mots éveillèrent le soupçon du baron Capelle, qui, prenant à part le comte de Bourmont, lui demanda s'il étoit sûr de la fidélité du maréchal. Cet officier général avoua qu'il se reposoit plus sur la loyauté de Ney qu'il ne comptoit sur son dévouement. Encore quelques heures, et ce reste d'illusion alloit se dissiper sans retour. Tout en manifestant des sentimens de haine contre Buonaparte, Ney refusoit avec obstination, souvent même avec dureté, d'employer pour la cause du roi les gardes nationaux et les volontaires. Il rejeta même, d'un ton irrité, l'offre de marcher immédiatement sur Dole, que lui fit le comte de Grivel, inspecteur des gardes nationales du Jura.

On étoit entré dans cette fatale nuit du 13 mars, sur laquelle l'histoire n'a d'autres documens que les propres aveux de Ney, nuit criminelle où il reçut deux émissaires de Buonaparte, l'un officier supérieur de son ancienne garde, l'autre agent particulier. Ce fut dans le silence et dans l'ombre que Ney les accueillit, les écouta, et concerta avec eux l'heure, l'instant, et le mode de sa défection. Les émissaires étoient porteurs d'une lettre de Bertrand, écrite au nom de Napoléon, dans laquelle Ney étoit appelé *le brave des braves*. Les ordres que lui donnoit l'usurpateur étoient tout aussi formels que si depuis un an rien n'eût été changé dans leur position respective : « Vous marcherez sur Mâcon ou Dijon, lui » disoit-il, en vous faisant suivre par beaucoup » d'artillerie. Si vous en manquez, j'ai trouvé à » Grenoble cinq cents pièces de canon. » Rien ne fut négligé par les deux émissaires pour entraîner le maréchal dans une démarche décisive; ils lui donnèrent l'assurance que les monarques alliés étoient d'accord avec Napoléon; que le baron Koller, général autrichien, étoit venu à l'île d'Elbe pour l'autoriser à débarquer en France, où il étoit impossible aux Bourbons de régner, mais sous la condition expresse de ne plus faire la guerre hors de ses limites; que Marie-Louise et son fils resteroient en ôtage à Vienne jusqu'à ce qu'il eût donné à la France une constitution *libérale*. Les émissaires voulant aussi persuader à Ney que l'entreprise avoit obtenu l'aveu du cabinet de Londres, protestèrent que, huit jours avant son départ, Napoléon avoit dîné à bord d'un vaisseau de guerre anglais, et que, dès le lendemain, le commissaire Campbell s'étoit retiré à Livourne pour le laisser libre d'achever ses préparatifs. A l'issue de la conférence, Ney signa sans hésiter une proclamation à ses troupes, monument d'infamie, qu'on lui avoit présenté toute rédigée pour servir de signal à sa désertion.

Le lendemain, 14 mars, il mande les lieutenans-généraux Bourmont et Lecourbe ; et parle d'abord au premier des proclamations de Buonaparte : le comte de Bourmont insiste pour qu'on en interdise la circulation dans l'armée. « Eh, mon cher général, l'effet est
» produit dans toute la France, répond le ma-
» réchal ; tout est fini ; le Roi a quitté Paris ; il
» retourne en Angleterre. » M. de Bourmont pâlit et reste frappé d'étonnement. Lecourbe survient, et Ney continue en ces termes : « Je disois à
» Bourmont, mon cher Lecourbe, que tout est
» fini ; que les Bourbons ne peuvent plus ré-
» gner, et que tout ceci est le résultat du des-
» sein mûri depuis trois mois entre plusieurs
» maréchaux et le ministre de la guerre. » Ney ajouta qu'on s'étoit d'abord arrêté à l'idée de

changer la dynastie ; mais que l'urgence des événemens avoit forcé les conjurés de consentir au retour de Buonaparte, rendu sans doute plus sage par les leçons de l'infortune; que d'ailleurs on sauroit bien le contenir, ayant souscrit toutes les conditions mises à son rétablissement, et donné toutes les garanties qu'on avoit exigées ; que les troupes venoient d'être disposées et placées par le ministre de la guerre, de façon à se trouver successivement sous les pas de Buonaparte, afin de se donner à lui; qu'eux-mêmes auroient tout su comme tant d'autres, s'ils s'étoient trouvés à Paris ; enfin que le même jour et à la même heure, ce mouvement de défection devoit s'opérer depuis Strasbourg jusqu'à Marseille ; que lui Ney avoit si bien concerté les mesures en tirant les troupes de Besançon, et en les disséminant sur la route de Lons-le-Saulnier, sans leur donner de cartouches, qu'il étoit sûr d'avance qu'elles se déclareroient au moindre signal; que c'étoit pour lui un jeu d'enfant; que le roi s'il n'avoit quitté Paris, seroit infailliblement détrôné ; qu'en un mot, le seul parti qu'il y eût à prendre, étoit de retourner à Buonaparte. Le comte de Bourmont laissant voir de plus en plus sa surprise

et sa douleur, je vous laisse libre, lui dit Ney, Lecourbe me suivra : « Moi? répond Lecourbe :
» Buonaparte ne m'a fait que du mal, le roi
» ne m'a fait que du bien ; je suis venu pour
» servir le roi : j'ai de l'honneur ! — Et moi
» aussi, reprend Ney vivement ; et c'est l'hon-
» neur qui m'ordonne de joindre Buonaparte.
» Il nous faut un chef pris dans l'armée, une
» dynastie à nous. » Puis il rassure Lecourbe long-temps disgracié par Napoléon, et lui promet d'être son médiateur. « Je lui dirai devant
» vous, ajoute-t-il, je lui dirai en l'abordant :
» Il ne s'agit plus de nous gouverner d'une ma-
» nière arbitraire, ni de maltraiter les géné-
» raux; car si vous prétendez encore vous ériger
» en tyran, nous saurons bien... » Ici Ney termina sa phrase par le geste indicateur de la décolation; prenant ensuite sur sa table un papier, il préluda à la défection qu'il méditoit. En vain les deux lieutenans-généraux cherchèrent à le détourner de son perfide dessein et à le ramener au sentiment de ses devoirs. Ney a soutenu le contraire devant ses juges : mais de quel poids peuvent être les dénégations d'un accusé qui lutte contre la loi qui le condamne? Ne s'est-il pas trouvé en opposition directe avec les opinions et la conduite des deux généraux dont il

vouloit faire ses complices? Ney à midi les entraîna sur le terrain où il avoit ordonné à ses troupes de s'assembler (1). Là venoient de se ranger en bataille, comme pour passer une revue générale, les 60ᵉ et 77ᵉ de ligne, ainsi que deux régimens de cavalerie. Ney, entouré de son état-major, paroît à la vue de ses soldats; il se promène d'abord avec agitation, l'œil animé, l'esprit dans une préoccupation visible; il s'approche enfin des rangs, et ordonne aux colonels de former leurs régimens en carré; aux officiers et sous-officiers de cavalerie, de se placer au centre après avoir mis pied à terre; aux sapeurs, de faire passer les personnes non militaires derrière l'infanterie; puis apercevant le comte de Grivel revêtu de son uniforme d'inspecteur, il lui fait signe de la main, en lui disant, M. de Grivel, aussi derrière l'infanterie. Dès que les régimens sont formés, Ney fait battre un ban, et l'épée haute, lit d'une voix forte la proclamation commençant par ces mots : *Soldats, la cause des Bourbons est à jamais perdue......* et, lecture faite, il crie *vive l'empereur!* A l'instant plusieurs officiers et soldats indignés sortent des rangs;

---

(1) Sur la place même de Lons-le-Saulnier, connue sous le nom de *la Chevalerie*.

d'autres en plus grand nombre, entraînés par le sentiment de l'obéissance, ou par leur propre penchant, répètent le signal de la défection, tandis que les soldats de la gauche, plus éloignés, et ne soupçonnant pas l'action du maréchal, crioient *vive le roi!* Des officiers se détachent, vont leur expliquer la proclamation, et bientôt les cris de rebellion retentissent de toutes parts. Les soldats agitent leurs schakos au bout de leurs baïonnettes; Ney, à leur imitation, jette son chapeau en l'air, serrant tour à tour dans ses bras officiers, soldats, fifres, trompettes, tambours, qui se pressent autour de lui. La consternation étoit dans l'âme des officiers généraux et d'un grand nombre de militaires de tous grades. Les lieutenans-généraux Bourmont, Lecourbe et Delort; le colonel Dubalen, le chef d'escadron Beauregard (1), l'inspecteur comte de Grivel, le major comte de Lagenetière (2), et d'autres officiers fidèles à l'honneur, manifestent hautement leur indignation. Mais que pouvoit cette opposition partielle contre la révolte d'un maréchal de France, qui, provoquant lui-même l'indiscipline, s'empressoit d'offrir à

---

(1) De la gendarmerie royale.
(2) Du 64ᵉ régiment.

ses soldats l'appât de la licence, du pillage et de l'ivresse ? Déjà même, après avoir défilé devant lui, et reçu par son ordre des distributions de vin, les soldats se répandent dans les rues de Lons-le-Saulnier, et se mêlant à la populace, poussent les cris de la sédition, insultent officiers et citoyens, saccagent le café Bourbon, détruisent partout les armes et les inscriptions de la famille royale, sans toutefois que l'égarement devienne universel, le gros des militaires résistant aux agitateurs. Le chef d'escadron Beauregard vient rendre compte au maréchal de ces désordres, et se plaint que les soldats pillent la ville. — « Le café Bourbon ? répond Ney froidement ; » hé bien, laissez piller. » Il expédie la nuit suivante à Buonaparte son chef d'état-major, pour lui annoncer que sa défection est entière, et qu'il met ses troupes en mouvement d'abord sur Dole, puis sur Dijon. Son fatal exemple, l'assurance avec laquelle il protestoit que tout étoit fini, qu'il n'y avoit pas un coup de fusil à tirer, que le roi avoit quitté Paris ; l'arrivée de nouvelles plus certaines que Châlons s'étoit soulevé, que l'avant-garde de l'île d'Elbe entroit à Mâcon, et que la sédition à Bourg se propageoit dans le département de l'Ain, entraînèrent bientôt dans la révolte toutes les troupes de la sixième division militaire. Cependant les officiers généraux qui s'étoient prononcés pour le roi persistèrent dans leur honorable conduite. Le major comte de la Genetière eut le noble courage d'écrire à Ney, que ne sachant pas transiger avec les sermens, il cessoit de suivre ses drapeaux (1). C'étoit le cri de l'honneur français. Le colonel Dubalen, et le colonel Clouet aide-de-camp de Ney donnèrent aussi leur démission; les lieutenans-généraux Bourmont et Lecourbe se mirent furtivement en route pour aller prendre les ordres du roi. « Nous » ressemblons, dit Lecourbe, à l'empire romain lors de sa décadence; si l'usurpateur » est tué, il se présentera quatre ou cinq » ambitieux qui se disputeront les débris de son » empire, déchireront la France, et aggrave- » ront nos malheurs. »

Ney cependant donnoit un grand éclat à sa rébellion, cherchant partout des complices. Ne pouvant séduire le marquis de Vaulchier,

---

(1) Cet officier, voyant la cause du roi sans ressources dans l'intérieur, alla remplir sur les frontières de la Suisse les fonctions de sous-chef d'état-major sous les ordres du comte Gaetan de la Rochefoucault.

qui, malgré ses instances refusoit avec horreur d'administrer le Jura au nom de Buonaparte, il qualifia de sottise cet honorable refus. Il se montroit impatient de faire soulever toute la province; et voyant Besançon dans des mains pures, il en offrit le commandement supérieur au général Jarry, en lui donnant pour instruction de fermer à son arrivée les portes de la ville, de faire arrêter et conduire à la citadelle le préfet comte de Scey, et le général Durand, commandant de la place, ensuite de proclamer Napoléon, et de répéter à Besançon la révolte de Lons-le-Saulnier; à ce prix il lui garantissoit le grade de lieutenant-général. Le loyal Jarry ne voulant point flétrir sa réputation par un parjure, refusa les récompenses que Ney lui offroit, déclarant qu'il préféroit se confiner dans la retraite. Telles furent les leçons amères données à un chef devenu le corrupteur de ses soldats.

Ainsi, au moment même où Ney se mettoit en marche pour joindre Buonaparte, il étoit forcé de laisser derrière lui la capitale de son gouvernement, soumise encore, et administrée au nom du roi par un préfet aussi ferme que pur, malgré l'exemple de la trahison d'un maréchal de France, et en dépit des proscriptions qu'il préparoit dans l'ombre. Le jour même où il s'étoit déclaré, Ney avoit demandé par estafette aux préfets de son gouvernement la liste des volontaires royaux; c'étoit autant de noms voués aux persécutions révolutionnaires. Bientôt ne gardant plus de mesures, il décerna un ordre d'arrestation contre les généraux et les magistrats dont la résistance avoit fait sa honte, consommant ainsi sa perfidie par l'action la plus déloyale.

Telles furent les circonstances de cette fameuse désertion qui d'abord souleva la France entière, sans distinction d'opinion ni de parti, mais qui, donnant lieu plus tard à une action de haute trahison, servit alors d'aliment à l'esprit de faction et de vertige. Les uns virent dans ce crime une trahison préméditée, et soutinrent qu'en baisant la main du roi, Ney avoit eu le parjure sur ses lèvres, et la perfidie dans le cœur; les partisans de cette opinion s'appuyèrent sur les propres affirmations de Ney, sur son animosité contre les Bourbons, et sur sa haine contre les royalistes; sentimens qui, n'étant plus contenus, se montrèrent dans toute leur difformité. Ils se fondent encore sur la nature du cœur humain, qui ne passe pas ainsi brusquement, en une seule nuit, d'un attachement sincère aux devoirs et à l'honneur, à une trahison manifeste et acharnée. Mais ceux qui adoptèrent en faveur de Ney un système d'atténuation et d'excuses, prétendirent, sans oser nier qu'il fût coupable, qu'il s'étoit laissé entraîner par des suggestions perfides, et avoit comme improvisé son délit. En partant de ce principe, ils ont présenté sa défection comme une circonstance fortuite, qui ne pouvoit influer sur la marche des événemens. Ils ont prétendu que le 14 mars, il étoit déjà impossible à Ney de résister aux progrès de Buonaparte, dont les troupes supérieures en nombre étoient unanimes dans leur esprit de révolte. Mais avant cette époque fatale, Ney n'avoit-il pas repoussé constamment l'élan des citoyens qui ne demandoient qu'à s'unir à lui, qu'à grossir le nombre de ses troupes, ce qui eût relevé par tout l'esprit public? Il ne tenoit qu'à lui de faire passer dans le cœur de ses soldats les sentimens qui auroient dû l'attacher à ses devoirs; au contraire il proclame à leur tête Napoléon comme le seul monarque qui convienne à la France. Quant à la préméditation dont il s'est glorifié lui-même, une circonstance, révélée depuis sa condamnation, ne la rend plus douteuse, s'il est vrai, qu'avant même le 14 mars, il eût ordonné au général Gruyer, commandant à Vesoul, de proclamer l'usurpateur (1). En un mot, Ney auroit pu lutter avec quelqu'avantage, si ce n'est avec succès, en harcelant l'ennemi sur ses flancs et sur ses derrières, s'il ne l'avoit pas combattu en rase campagne. Il eût au moins ralenti les progrès de sa marche, et peut-être, par cet exemple, eût-il conservé fidèles au roi les troupes chargées de défendre les approches de la capitale. Ainsi Ney redonna à Buonaparte la couronne et l'empire dont Labedoyère lui avoit seulement ouvert l'accès.

Toutefois on tomberoit dans l'exagération, et même dans l'erreur, si on attribuoit à cette grande désertion le soulèvement successif de nos provinces orientales depuis Grenoble jusqu'à Metz; partout sur cette ligne l'esprit public, égaré depuis trois mois par les factieux, se manifestoit en faveur d'une révolution militaire.

Déjà l'insurrection éclatoit dans le département de Saône et Loire, que l'usurpateur alloit traverser; telle y étoit la contagion révolution-

---

(1) Voyez le Moniteur d'avril 1816, annonçant la condamnation à mort de ce général.

naire, que les enfans, les bergers même, répandus dans les campagnes, faisoient entendre les cris de *vive l'empereur!* Précédé de plusieurs régimens, qui s'intituloient déjà la *grande armée*, Napoléon suivoit la grande route de Lyon à Châlons, couverte partout de paysans attirés, les uns par la curiosité, les autres par ses émissaires. Il s'arrête d'abord à Villefranche, ancienne capitale du Beaujolois, et trouve décorées d'aigles la plupart des maisons de cette petite ville. On y avoit planté, comme sous le gouvernement populaire, des arbres de la liberté dans les rues et les places publiques. Tout Villefranche étoit encombré de curieux accourus des cantons voisins. Napoléon descendit à l'Hôtel-de-Ville au milieu d'une foule immense, et reçut en particulier des envoyés secrets; ce qui fit dire ensuite, contre toute vraisemblance, qu'il y avoit trouvé ses principaux adhérens de Paris, et réglé avec eux le système de son gouvernement.

Son avant-garde l'avoit précédé à Mâcon; mais il n'y fit son entrée qu'à neuf heures du soir, escorté par quarante cavaliers, tant lanciers que gendarmes. Là aussi le peuple le salua des plus bruyantes acclamations; et tandis que le maire et le conseil de préfecture lui refaisoient des hommages publics, une députation formée de ses partisans venoit lui présenter une adresse où l'exaltation le disputoit à l'exagération des louanges. Napoléon blâma les Mâconnois d'avoir montré peu d'énergie, en 1814, contre l'ennemi extérieur : « Pourquoi » aussi, lui répondirent-ils, nous aviez-vous » donné un si mauvais maire ? » et aussitôt, sur la demande *du peuple*, il conféra la mairie au sieur Bigonnet, ancien député du parti populaire, qui, à Saint-Cloud (1), lors de sa première usurpation, l'avoit effrayé par cette apostrophe : « Que faites-vous, téméraire ? » Vous violez le sanctuaire des lois ! » Nommer magistrat un tel homme, si long-temps dans sa disgrâce comme démocrate, c'étoit marquer d'une manière visible sa réconciliation avec le parti des démagogues ; c'étoit avouer l'alliance du despotisme des soldats et de la tyrannie populaire, telle que l'usurpation la consacre dans la décrépitude des sociétés. Napoléon installa aussi un nouveau préfet de Saône et Loire (2). Le lendemain il se dirigea vers Châlons : la route étoit préparée. Déjà le peuple de Châlons, excité au soulèvement par

---

(1) Le 18 brumaire.—
(2) Le sieur Ducolombier.

les officiers en retraite, avoit chassé le préfet du roi, intercepté et mis en réserve un train d'artillerie destiné pour l'armée royale. La garde nationale et les pompiers, réunis à la populace, venoient d'arborer les trois couleurs. Le 14 mars, Napoléon fit son entrée à Châlons au milieu d'un concours immense qui frappoit l'air d'acclamations bruyantes. L'auberge du Parc, où il mit pied à terre, fut entouré à l'instant d'un ramas de misérables soudoyés dont les cris tumultueux redoublèrent avec une sorte de fureur. « Ce ne sont pas là des cris, dit-il, » tout aussi peu flatté qu'à Lyon, c'est de la » rage ; et je ne vois là que de la canaille ! » Il mande les autorités civiles et militaires, et donne des éloges aux Châlonnois pour avoir défendu long-temps dans la dernière campagne le passage de la Saône. Il décerne ensuite des décorations à des officiers d'artillerie qui venoient de diriger les émeutes. Déjà les tribunaux civils et de commerce avoient paru à son audience; le maire (1) étoit resté seul fidèle à son roi.

Cherchant un appui dans le système d'anarchie et de terreur, Buonaparte trouvoit partout des auxiliaires dans les dernières classes

---

(1) M. Royer.

du peuple ; et partout leur triomphe portoit l'effroi dans l'âme des propriétaires. Ce mouvement de désorganisation, qui se propageoit alors dans toute la Bourgogne, étoit parti de Dijon même, où les partisans de Napoléon n'avoient pas eu besoin, pour se prononcer, ni d'aucun exemple, ni de provocations directes. Dès le 10 mars, un lieutenant-général, son ancien aide-de-camp, s'y étoit porté dans le dessein de faire soulever la garnison et les officiers en retraite, au moment même où les troupes se mettoient en marche pour Lyon, par ordre du ministre de la guerre. Les sentimens de fidélité du lieutenant-général comte Heudelet (1), du préfet de la Côte-d'Or (2) et du maire de Dijon (3), n'avoient pu tenir contre l'exaltation des Buonapartistes ; l'esprit du peuple, que ces derniers avoient perverti, n'étoit plus susceptible d'être redressé, ni par des prières, ni par des proclamations. La gendarmerie même, ce corps si fidèle au maintien de la tranquillité, se refusoit à réprimer les crix séditieux. Le lieutenant général Heudelet, sans moyens coerci-

---

(1) Commandant la 18e division militaire.
(2) M. Terrey.
(3) M. Durande.

tifs, à la veille d'être arrêté, et voyant un de ses maréchaux-de-camp se déclarer pour l'usurpateur, abandonna Dijon en pleine révolte, et se réfugia à Châtillon-sur-Seine avec le préfet et le maire. Les factieux arborent à l'instant le drapeau tricolore sur les tours du palais, et forment une députation qui va au-devant de Buonaparte.

Ces mouvemens, que le général Veaux vint lui annoncer à Châlons, le comblèrent de joie. Il conféra aussitôt à ce général le commandement de la dix-huitième division militaire; et sûr de trouver de nombreux partisans en Bourgogne, il prit la route d'Autun. C'étoit de toutes les villes de Saône et Loire celle qui résistoit au torrent avec le plus de fermeté. Les deux partis étoient aux prises; mais jusqu'au 12 mars, les royalistes l'avoient emporté. L'approche de l'usurpateur, donnant plus d'énergie à ses partisans, le chef de la gendarmerie, stimulé par des instructions de Lyon, s'empare de l'autorité. Il est secondé par la populace, qui enlève le drapeau blanc, et y substitue l'étendard tricolore. Le conseil municipal est insulté dans le lieu même de ses séances; et les séditieux promènent le buste de Napoléon jusque dans la cathédrale qu'ils profanent. Le lendemain les royalistes indignés reprennent leur énergie; le maire, réuni à son conseil, fait une proclamation vigoureuse, et le drapeau blanc est porté en pompe aux cris de *vive le roi!* Les chefs de la révolte, confondus, intimidés, quittent à l'instant la ville. Ce triomphe fut court. Buonaparte arrivoit; mais il trouva Autun encore soumis au roi, et manda aussitôt le maire et le conseil municipal, qu'il accabla de reproches. Il apostropha d'abord le maire en agitant des lambeaux de sa proclamation royaliste : « Connoissez-vous cet écrit? lui » dit-il d'une voix terrible; c'est l'ouvrage » d'un furieux. Comment la guerre civile n'est- » elle pas à Autun? Allez! vous n'êtes pas digne » d'exercer des fonctions publiques. » Enveloppé dans cette condamnation, le président civil (1) ose prendre la défense du maire : il représente à l'usurpateur que lui-même, par son abdication a remis les Français sous l'autorité de Louis XVIII. « Que vous importe mon » abdication? répond Buonaparte agité. C'est » une grande question qui vous est étrangère; » ce qui est plus certain, c'est que j'accours pour » tirer les Français de l'esclavage des prêtres » et des nobles, qui veulent rétablir les dîmes

---

(1) M. de Lachaize.

» et les droits féodaux. » Le morne silence des magistrats le porte alors à déclamer avec violence contre les nobles et les prêtres. A son imitation, les généraux de sa suite destituent plusieurs officiers de la garde nationale, entre autres le chevalier de Mortima et le comte de Dony. « Vous êtes nobles, leur dit Brayer; » vous avez servi dans l'armée de Condé, vous » n'êtes point faits pour figurer ici : retirez- » vous. » Il attiroit en même temps et les militaires isolés, et les officiers en retraite, pour former ce qu'il appeloit le *bataillon sacré*, faisant aussi réimprimer les proclamations et les décrets de Lyon qu'il répandoit par milliers.

Ce fut à Autun, dans la nuit du 16 mars, que Napoléon reçut la nouvelle certaine de la défection de Ney et du maréchal-de-camp Gruyer, qui venoit de se déclarer pour lui à Vesoul, de concert avec le préfet de la Haute-Saône (1). Dès le 14 mars, ce général réunit, en vertu de l'ordonnance du roi, les officiers à demi-solde et les poussa lui-même à la révolte. Napoléon apprit également qu'Arbois et Poligny lui obéissoient, ainsi que la place d'Auxonne que le maréchal-de-camp

---

(1) M. de Flavigny.

legrin (1) lui livra sur un ordre de Ney.
maire de Dole (2) ; jugeant combien il
ortoit de conserver au roi ce dépôt mi-
re, y étoit accouru avec cent volon-
es royalistes ; mais le général, le raillant sur
rand témoignage de zèle, l'avoit congédié
ui avouant qu'il étoit venu trop tard, et
uxonne appartenoit désormais à Napoléon.
e place importante devenoit le pivot de
mouvement sur Paris.

andis qu'il y marchoit en ligne directe
ccompagné de peu de troupes, des insur-
ions populaires, sourdement préparées, et
quelles tout servoit de prétexte, éclatoient
oite et à gauche de la route par laquelle
vançoit. C'est ainsi que ses agens em-
assoient les magistrats royalistes et la
ilation fidèle, qui, disposés à tenter
ernier effort pour retarder sa marche,
eroient portés sur son passage. Ces dis-
tions se manifestoient également sur la
e du Bourbonnois. Dans cette partie cen-
de la France, les agens du ministère
l se succédoient avec rapidité ; ils avoient
ission de déterminer un mouvement roya-

Commandant l'école d'artillerie de cette ville.
M. Garnier de Felletans.

liste, ou du moins d'observer attentivement la marche des événemens. On avoit conçu le projet de créer une *Vendée* dans le département de la Nièvre; et sans consulter le préfet (1), on avoit mis ce département en état de siége. Mais les révolutionnaires, soufflant le feu de la révolte, soulevèrent, le 14 mars, la populace de Nevers. Au milieu des ténèbres, un peloton de gardes nationaux fait feu sur les mutins, et trois d'entr'eux tombent atteints de plusieurs balles; alors leurs complices, espérant exciter de nouvelles fureurs, prennent du sang dans les boucheries, et le répandent à dessein sur la place publique. La fermentation redouble, et cette insurrection contre le pouvoir légitime entraîne bientôt la perte de toute autorité de la part des magistrats. Créer une Vendée au centre de la France devenoit un projet chimérique. Plusieurs régimens passoient successivement à Nevers, marchant en hâte pour le camp de Montargis, ou plutôt pour former une seconde armée à Buonaparte. La populace insurgée se portoit toujours au-devant des troupes, et crioit: *Vive l'empereur !* Mais les soldats se taisoient devant le peuple, et souvent même le repoussoient. A peine les régi-

---

(1) M. Fiévée.

mens étoient-ils hors de la ville, qu'à leur tour ils crioient : *Vive l'empereur!* Ce trait caractéristique de la séparation des troupes mutinées et des révolutionnaires insurgés sembloit le résultat d'ordres secrets donnés aux régimens pour rester étrangers à tout mouvement populaire; peut-être ne provenoit-il que de la disposition morale du soldat. Moins scrupuleux sur la ligne que parcouroit Napoléon, il se mêloit à la populace pour accélérer la subversion. Sur la route de Nevers on vit une exception honorable : le fils de M. le maréchal Moncey, colonel d'un régiment de hussards, conduisit son régiment presque toujours à travers terre, pour le préserver de tout contact séditieux.

Le sang avoit coulé dans cette ville sans aucun avantage pour la cause royale; déjà même le sieur Robert de Connantres, sous-préfet à Clamecy (1), proclamoit le renversement du gouvernement, sur une injonction du général Alix, se disant commissaire de l'empereur (2). Le préfet suspendit de ses fonctions le sous-préfet infidèle, et rendit compte, dans les termes

---

(1) Nommé par le roi.
(2) Chargé de soulever les départemens de la Nièvre, de l'Allier et de l'Yonne.

suivans, au ministre de l'intérieur, de ce dernier acte de son autorité expirante : « N'allez pas en conjecturer qu'il me reste le moindre pouvoir; mais il faut finir avec honneur. » Dans une autre de ses dépêches (1), il avoit déclaré au même ministre, que le gouvernement étoit trahi partout, parce qu'il avoit laissé partout, en place et en activité, les hommes de la révolution, qui s'étoient servis de la constitution contre lui. « Les gardes nationales, » ajoutoit-il, ne s'organisent pas; il n'y a pas » d'armes à leur donner. Voyez l'exemple de » Lyon; d'ailleurs, elles ne peuvent qu'être » auxiliaires de l'armée, à moins qu'elles ne » soient depuis vingt ans la seule force publique; » et quand l'armée se range d'un côté, il y a » impossibilité que la garde nationale se range » de l'autre; elle reste alors ce qu'elle est na- » turellement, protectrice de l'ordre local. » Jusqu'à présent je n'ai pu réunir plus de » trois membres du conseil général; leur con- » vocation ne produira rien; il ne faut jamais » demander aux plus riches propriétaires d'un » département qu'ils se compromettent.

» Pauvre France ! où ceux qui dominent

---

(1) Voyez *Correspondance politique et administrative*, Ire partie, Lettre au ministre de l'intérieur, du 17 mars 1815.

» n'ont pas su que pour des hommes qui n'ont
» ni religion, ni institution, ni sentimens
» profonds, il n'y a qu'une vérité qui soit
» incontestable, c'est la force!... »

A peu d'exceptions près, ces réflexions étoient applicables à la généralité du royaume. On y vouloit sauver le roi; mais tandis que des magistrats fidèles attendoient avec anxiété de Paris les courriers, les dépêches, les journaux, croyant y trouver une instruction énergique, ou un exemple vigoureux, on délibéroit dans la capitale, et il n'arrivoit dans les provinces que des discussions sur ce que permettoit ou défendoit la Charte. Or, dès que les ministres ne prenoient aucune mesure contre les ennemis connus du roi, il ne restoit au petit nombre de préfets dévoués qu'à se résigner à être bientôt la victime des agens de l'usurpateur : voilà ce qu'on vit dans la Nièvre.

Cependant l'attitude des Parisiens déconcertoit les conjurés prêts à s'emparer du gouvernenement; telle étoit l'effervescence des royalistes, qu'il ne restoit plus aucun succès possible contre la famille royale autrement que par la force des armes. La confiance régnoit à la cour; la plupart des courtisans partageoient la sécurité des ministres, et se flattoient que l'usurpateur seroit arrêté dans sa marche. On assuroit que la désertion s'étoit mise dans les rangs de ses soldats. Le ministre de la guerre lui-même, abusé par de faux rapports, répandit la nouvelle dont on l'avoit perfidement imbu, que Buonaparte venoit d'être abandonné par deux régimens, et que la défection étoit inévitable parmi le reste de ses troupes. En vain des royalistes clairvoyans, placés hors de la sphère de la cour, se hâtent de réfuter ces bruits forgés pour endormir les ministres ; ils leur annoncent au contraire que le gouvernement de Buonaparte, déjà formé, vient de rassurer ses partisans sur le résultat de l'échec de Lefebvre-Desnouettes, promettant que Buonaparte seroit, sous peu de jours, dans Paris, et dissipant toute inquiétude pour l'avenir. En effet, les factieux, ne pouvoient contenir leur joie, et s'applaudissoient du mouvement qu'ils venoient d'imprimer à toute la France ; sûrs du retour de l'homme dont le nom seul remuoit le peuple et l'armée, peu d'entr'eux apercevoient la fausse base sur laquelle s'appuyoit leur nouvelle révolution. Déjà même ils se persuadent dans leur ivresse que l'apparition de Buonaparte assurera dans toute l'Europe le triomphe des doctrines révolutionnaires sur les principes d'ordre et de légitimité. De là cette hilarité cruelle de Fouché de Nantes en présence de vingt personnes rassemblées dans son salon, auxquelles il proteste que Buonaparte a pour lui toute l'armée, et le roi pas un soldat; répétant, avec un ton d'inspiré, la fameuse prophétie des démocrates, que dans dix ans il n'y auroit plus de roi en Europe : prophétie effrayante dans une telle crise, et dans la bouche d'un tel homme. Dès lors sa coopération au 20 mars fut visible. Dans ce péril extrême, la renommée de Fouché fit tenter, par des personnes augustes, des démarches pour l'attacher aux intérêts du roi : fausse combinaison, mais qui plus tard ne devoit pas être sans fruit. Fouché allégua la rapidité des événemens, et laissa échapper à dessein, soit alors, soit deux jours plus tard, ces paroles si astucieuses : « Sauvez le » roi, et je me charge de sauver la monar- » chie (1). » Ces paroles furent répétées depuis par ses partisans comme un gage de son insigne prévoyance. Il lui fallut rechercher un

---

(1) On prétend qu'il parla ainsi à un capitaine des gardes de service.

nouveau titre pour que Napoléon ne pût suspecter son influence, ni se passer de son appui. Fouché fut le seul dont la police royale montra l'intention de se saisir ; mais il se joua de la police et des gendarmes venus pour l'arrêter dans son propre hôtel. Une porte mystérieuse s'ouvrit tout à coup devant lui, et il put s'évader librement par les jardins contigus d'Hortense. Le facile succès de ce vétéran de révolutions témoignoit à la fois son triomphe et l'impuissance du gouvernement royal.

Chaque minute enfantoit de nouveaux dangers : on savoit que Buonaparte avançoit, et qu'à Châlons, Mâcon, Dijon, Autun, la populace s'étoit soulevée en sa faveur ; que plusieurs régimens, dirigés contre lui, avoient passé sous ses drapeaux ; que d'autres s'étoient emparés en son nom de quelques villes de la Bourgogne ; que son invasion enfin, semblable à une trombe menaçante, absorboit tout sur son passage, et changeoit pour lui les obstacles en ressources. Alors la confiance fit place à l'inquiétude, au palais des Tuileries, dont le général Dessoles avoit renforcé les postes. Une foule de personnes de tout âge, de toute condition, affluoit dès le matin dans les cours, et pénétroit dans l'intérieur, donnant des marques de l'affliction la plus profonde. A toute heure, à tout moment, chacun demandoit des nouvelles. Un ministre traversoit-il les appartemens, on cherchoit à deviner aussitôt sur son visage l'état des affaires publiques. Ses traits paroissoient-ils sereins, la confiance renaissoit et la foule diminuoit. Au milieu de cette anxiété renaissante on se demandoit qui sauveroit Paris, dont on ne pouvoit confier la défense qu'à des bras suspects. La disposition du soldat à la défection n'étoit plus douteuse ; le chef-d'œuvre de la politique eût consisté à disperser les régimens, et à paralyser leur action ; mais cette mesure forte, il eût fallu l'ériger en principe le jour même du débarquement de l'usurpateur. Malgré tant d'exemples déplorables et récens, quelques généraux, les uns aveuglés, d'autres perfides, insistèrent pour qu'on défendît les approches de la capitale. Il fut décidé qu'on réuniroit les gardes nationaux d'élite et les volontaires au corps d'armée commandé par le maréchal duc de Tarente, sous Mgr le duc de Berry. Dès lors les troupes de la première division militaire, et de la garnison de Paris se rassemblèrent à la hâte à Melun, à Fontainebleau, à Vincennes et au Champ-de-Mars. Toutefois la route de

Paris à Auxerre ne présentoit aucun préparatif pour une défense sérieuse. Les mouvemens de l'armée qui devoit couvrir Paris sembloient appartenir à plusieurs plans, ou plutôt il n'y avoit ni plan ni unité dans les préparatifs comme dans les mesures. Rassuré pour les départemens du nord, depuis qu'on avoit échappé à La Fère et à Compiègne à un péril imminent, on voulut aussi former, sous le commandement du maréchal duc de Trévise, une armée de réserve à Péronne, où les troupes réunies seroient moins exposées à la séduction. Le conseil délibéroit comme si l'ennemi eût laissé quelques jours de relâche. Le roi, dans la sphère d'esprit public dont il étoit le centre, ne pouvoit fermer son âme à l'espérance. Plus occupé de l'avenir de la France que de ses malheurs personnels, le roi, s'appuyant sur la Charte, tint le 16 mars une séance royale au milieu des princes de sa famille, des pairs et des députés du royaume dont il avoit voulu s'entourer à la première approche du danger. Le bruit du canon, le roulement des tambours, et les acclamations des citoyens annoncèrent l'arrivée du monarque et de son cortége. La plus brillante assemblée décoroit les tribunes de la salle. Les deux chambres

réunies, les maréchaux, les officiers généraux de la garde nationale et de la ligne, la multitude enfin qui, des Tuileries jusqu'au palais du corps législatif, avoit inondé tous les passages, étoit émue, et manifestoit son émotion. Quel spectacle à la fois majestueux et touchant que celui de cet auguste vieillard, dont le front chargé d'une douleur tendre, venoit confier son diadème à l'amour d'une nation soumise à la plus cruelle épreuve? Avec quelle religieuse attention, avec quel intérêt vif on entendit le roi déclarer qu'à soixante ans il ne pouvoit mieux terminer sa carrière qu'en se dévouant pour son peuple!
« Je ne crains rien pour moi, dit-il, mais je
» crains pour la France : Celui qui vient allu-
» mer parmi nous les torches de la guerre ci-
» vile, y apporte aussi le fléau de la guerre
» étrangère; il vient mettre notre patrie sous
» son joug de fer; il vient détruire cette Charte
» constitutionnelle que je vous ai donnée......
» Rallions-nous autour d'elle; qu'elle soit notre
» étendard sacré; les descendans d'Henri IV
» s'y rangeront les premiers. Que le concours
» des deux chambres donne à l'autorité toute
» la force qui lui est nécessaire, et cette guerre
» vraiment nationale prouvera par son heu-

» reuse issue ce que peut un grand peuple uni
» par l'amour de son roi et la loi fondamen-
» tale de l'Etat. »

A peine le roi eut-il fait entendre ces paroles mémorables, que Monsieur et Mgr le duc de Berry prêtèrent le serment solennel de vivre et de mourir fidèles au roi et à la Charte. Cette déclaration volontaire, ce testament politique, cette prévoyance paternelle au bord de l'abîme, produisirent sur toute l'assemblée une émotion profonde; des cris d'enthousiasme se mêlèrent aux larmes de l'attendrissement et de la reconnoissance; l'assemblée tout entière, électrisée par la franchise et le dévouement des princes, se leva par un mouvement rapide et unanime, et du fond des cœurs sortirent ces cris mille fois répétés : *Vive le Roi! Mourir pour le Roi! Le Roi à la vie et à la mort!* Ces acclamations continuèrent à la sortie des princes : on eût dit que l'élan et l'accord de l'auguste famille ramenoient l'espérance, faisoient naître de toutes parts des émotions de gratitude et d'amour.

Ces sentimens respiroient dans le discours éloquent prononcé par M. Lainé, président de la chambre; discours qui suivit et couronna la

séance royale. L'orateur, après avoir invoqué l'union de tous les cœurs et le secours de tous les bras pour soutenir et défendre la France si malheureuse, appela sur le roi l'hommage de vénération et de piété qu'attirent ses hautes vertus et ses illustres infortunes. « Nous
» l'avons rappelé, dit-il, et pour gage de notre
» repentir, nous lui avons remis la sanglante
» couronne de son frère. Nous l'avons rappelé ;
» tous les Français lui ont demandé une Charte
» qui assure la liberté publique : il l'a donnée ;
» elle a reçu l'assentiment universel : et vous
» savez si le roi a voulu qu'elle fût religieuse-
» ment observée! Il s'est étudié à étouffer les
» passions et les vengeances, toujours prêtes
» à se ranimer. Le monde s'est étonné de la
» profonde paix qui a suivi la restauration.
» Indiquer aucune époque de la monarchie où
» la liberté publique ait été plus respectée, où
» les tribunaux aient joui de plus d'indépen-
» dance, seroit impossible. La bonté du roi
» méditoit comme vous le perfectionnement
» de nos institutions, lorsqu'une incroyable
» apparition a étonné tous les esprits......
» Dieu ! à quelles calamités notre pays ne se-
» roit-il pas en proie? L'âme la plus stoïque
» s'en effraie, car les imaginations sont encore

» éclairées par l'incendie de Moscou, et j'en
» vois les fatales lumières réfléchir sur les co-
» lonnes du Louvre..... Réunissons nos efforts
» contre l'ennemi commun. Non, la France
» ne laissera périr ni son roi, ni sa liberté. »

Le mal avoit déjà fait des progrès si alarmans sur toute la ligne d'invasion, que rien ne pouvoit plus déconcerter la faction militaire, ni retarder la marche de l'usurpateur. Le 17 mars la cour reçut la nouvelle accablante de la défection du maréchal Ney; elle apprit aussi que la ville de Sens où l'on espéroit arrêter l'ennemi, s'étoit déclarée hors d'état de défense, et que Napoléon n'avoit plus à vaincre d'autre obstacle que les grandes routes. Dès-lors plus de sécurité, plus de confiance; le découragement et la tristesse s'emparèrent de la cour. L'attitude morne du soldat, la confusion et l'incohérence des mesures de salut public, et l'audace des factieux, étoient des signes certains d'une prochaine révolution. Au sein même de la capitale, les Buonapartistes bravoient une surveillance dérisoire; ils s'entendoient, recevoient l'impulsion d'un même centre, avoient pour signe de ralliement *la violette*, et pour se reconnoître un mot d'ordre. Au contraire les mouvemens des royalistes n'avoient ni unité, ni ensemble, ni précision. Dès le 16, MONSIEUR, frère du roi, réunissant au château les officiers supérieurs et les chefs de légion de la garde nationale, leur avoit parlé en ces termes : « Je serai fier de » commander les braves qui voudront partager » avec moi les dangers qui menacent le trône » et la patrie; mais je ne saurai pas mauvais » gré à ceux que des circonstances impérieuses » empêcheroient de suivre comme nous l'élan » de leur cœur. » Il avoit passé ensuite en revue, dans différens quartiers de la capitale, toute la garde nationale, faisant un appel au dévouement des douze légions. Une foule de braves, sortis des rangs, avoient demandé aussitôt à partir; mais une garde urbaine, composée en grande partie de pères de famille, ne pouvoit fournir assez de volontaires pour donner quelque espoir de résistance. Le général Dessoles fut d'avis de mêler les citoyens aux soldats pour retenir ceux-ci dans le devoir, et d'y joindre en outre les corps de cavalerie de la maison du roi. Le 17 mars, tous les régimens de la garnison de Paris commencèrent *leur mouvement en avant*, qu'un ordre du jour du général comte Maison avoit annoncé. Les troupes de toutes armes, destinées à marcher contre l'ennemi, sortirent de leurs cantonnemens, et prirent position aux points qu'on leur avoit assignés, ayant pour centre Villejuif, où le maréchal duc de Tarente porta son quartier-général. Les corps de la maison du roi, les volontaires, les détachemens d'élite de la garde nationale de Paris et ceux des gardes nationales des départemens voisins alloient se trouver en ligne; en un mot, cette effervescence, d'abord si tumultueuse, commençoit à recevoir un mouvement régulier.

Mais déjà toute défense sérieuse dans Paris ne pouvoit que devenir funeste à la cause du roi. L'usurpateur avoit reçu à Autun des agens secrets, chargés de l'informer que toutes les troupes étoient prêtes à se déclarer, et n'attendoient que son approche et ses derniers ordres; que même dans le Nord, malgré l'échec de Lefebvre-Desnouettes, la défection étoit tout aussi infaillible; qu'on travailloit à prolonger la sécurité de la cour et des ministres; et que par un mouvement combiné il seroit encore possible d'envelopper la famille royale et de la tenir prisonnière. Napoléon hésite alors sur le parti qu'il doit suivre; il voudroit s'arrêter à Fontainebleau, y donner une déclaration solennelle *le jour anniver-*

saire de son abdication, et n'entrer dans Paris que le 31 *mars*, quand les corps gagnés seroient sur le terrain, ou en mesure de couper toute retraite au roi. Il donne des instructions dans ce sens à plusieurs de ses émissaires, entr'autres au général Ameil, qui venoit de passer sous ses drapeaux. Traître et parjure, complice des conspirateurs, Ameil, ancien officier de hussards, n'avoit pris d'abord le masque de la fidélité en suivant à Lyon Monsieur, comte d'Artois, que pour livrer à l'usurpateur les informations les plus récentes sur la situation de la cour et sur les dispositions de la garnison de Paris (1). Récompensé à Autun où il avoit suivi Napoléon, par le commandement de son avant-garde, il reçut un ordre de service ainsi conçu : « La cavalerie » légère, commandée par le général Ameil, » se composera provisoirement du quatrième » régiment de hussards et du régiment de lan- » ciers, qui est à Joigny. Ce corps étant dans » les meilleures dispositions, le général Ameil » ira s'en emparer de suite, et en prendra le » commandement (2). » Ses instructions se-

---

(1) L'almanach royal de 1814 et de 1815 le désigne comme ayant eu à cette époque le commandement de l'école militaire au Champ-de-Mars.

(2) Signé comte Bertrand, grand-maréchal, faisant fonctions de major-général de l'armée.

crêtes portoient d'étendre en passant la révolte à Auxerre. Il y arrive en courrier, trouve les habitans dans l'anxiété, la ville dans le trouble, et cherchant à ébranler la fidélité du général Baudin, ne peut obtenir de ce général aucun acte contraire à ses devoirs. Pressé d'aller remplir à Joigny le principal objet de sa mission, il demande hautement des chevaux en présence de M. Charles Defouroles (1) et de M. le chevalier Augustin d'Aulnois (2), remplissant alors les fonctions de commissaire général des postes. A peine ces deux royalistes zélés ont-ils aperçu Ameil, que, le soupçonnant un émissaire, ils l'interpellent : « Vous » n'êtes pas un courrier » lui disent-ils, et le somment aussitôt de se rendre. Ameil pâlit et se trouble. Ouvrant son *carrick*, et montrant son habit militaire : « C'est vrai, répond-il ; » je suis votre prisonnier ! » On l'entoure, on le saisit ; plusieurs officiers accourent ; Ameil, cherchant à les toucher, s'exprime en ces termes, avec un accent qui décèle tour à tour l'inquiétude, la rage et l'espoir : « Mes-

(1) Aujourd'hui officier dans la garde royale.
(2) Depuis long-temps l'un des plus fermes antagonistes des principes révolutionnaires, et l'un des hommes les plus dévoués à la cause royale, avant même la journée du 31 mars, où il a si honorablement figuré.

» sieurs, nourri dès l'enfance des écrits de Plu-
» tarque, mon âme s'est élevée à la hauteur des
» grands événemens qui se préparent. C'est
» pour celui à qui l'Europe devroit appartenir
» que je me suis dévoué ; c'est à lui que je suis
» redevable d'être sorti de l'obscurité pour
» figurer sur un plus noble théâtre. Si je dois
» succomber, il me sera doux de mourir pour
» une si belle cause ! » Ces paroles excitent
l'intérêt des militaires présens. La plupart penchoient déjà pour se déclarer; les plus modérés
exigent seulement qu'on brûle les papiers qui
peuvent compromettre Ameil, et qu'un pro-
cès-verbal constate qu'il s'est rendu afin de pro-
fiter du délai accordé par l'ordonnance royale
du 12 mars. On le trouva couvert de proclamations de Buonaparte : il fallut transiger ;
mais, grâce à leur fermeté et à leur prudence,
les deux royalistes, maîtres du prisonnier, le
transférèrent à Paris à travers toutes les embûches. Ameil, tantôt troublé par la peur,
tantôt exalté par l'espérance, avoua, pendant le trajet, que la conspiration étoit générale dans l'armée, et que Napoléon étoit
sûr de tous les corps cantonnés à Paris ou
aux environs. Il désigna même les officiers
généraux rangés d'avance sous le drapeau de

la révolte. Arrivé dans la capitale, il fut aussitôt conduit en présence de Monsieur, frère du roi, et avoua sans détour qu'il méritoit la mort, que lui-même la prononceroit contre quiconque se seroit rendu coupable de la même faute. Mais il n'omit rien pour toucher l'âme du prince, se jetant à ses pieds, mettant son sabre à terre, fondant en larmes, et, au nom de sa femme, de ses enfans, lui demandant la vie avec l'accent du désespoir. La bonté des Bourbons se montra tout entière. Monsieur promit d'implorer la clémence du roi. Mgr le duc de Berry se laissa également toucher. Ameil fit éclater alors les regrets les plus amers pour avoir aidé à répandre d'atroces calomnies contre un prince si généreux. Il fut conduit enfin devant le ministre de la guerre, qui l'accabla de reproches, et le remit au général Grundler (1), pour le transférer à l'Abbaye, et de là devant un conseil de guerre.

L'arrestation du général d'avant-garde de Buonaparte fit un moment diversion à tant d'inquiétudes et d'alarmes; on exagéra l'importance de cette capture due au hasard et à la fermeté de deux sujets fidèles.

Napoléon en fut instruit près de Saulieu

---

(1) Alors secrétaire général du ministère de la guerre.

le 16 mars, jour de son départ d'Autun; il montra le plus grand trouble, et précipita sa marche calculée sur la défection de la garnison de Paris que préparoient ses émissaires. Lui-même continuoit à répandre partout sur son passage le mensonge, la corruption et l'appel au parjure. Ses troupes, au nombre de sept à huit mille hommes, s'avançoient par toutes les directions sur Avalon, Auxerre et Joigny. Déjà même ses coureurs étoient à Avalon et au-delà: c'étoient les hussards du 4e régiment, qui, faisant jusqu'à vingt-cinq lieues par jour, déterminoient d'avance, soit par l'exagération de leur récit, soit par l'étonnement qu'ils imprimoient, la soumission des habitans et la défection des troupes. L'un de ses émissaires les plus actifs, le général Girard, l'avoit précédé à Avalon. Il y fomentoit la révolte du quatorzième régiment de ligne, arrivé d'Orléans, et celle des lanciers (1), qui, de Joigny, se replioient alors sur Montereau. Instruit, le 16 mars, que Buonaparte arrive, Girard somme le maire d'Avalon de proclamer l'empereur; ce magistrat s'y refuse: « Je n'ai prêté que deux ser- » mens, dit M. Raudot, l'un à Buonaparte,

---

(1) Le 6e régiment.

» qui m'en a délié par son abdication, l'autre
» au roi, dont je ne sais qui pourra me délier. »
On convoque le conseil municipal. Un officier d'ordonnance vient réitérer au maire la même sommation, et en reçoit le même refus. Ce qu'on ne peut arracher de ce magistrat inflexible, les caresses et les menaces l'obtiennent d'un membre du conseil municipal. Napoléon est proclamé, et bientôt il est salué à Avalon par les acclamations de la populace que grossit un ramas confus de paysans : tel fut son cortége. Il manda sur-le-champ le maire et ses conseillers pour vaincre leur résistance. D'abord il attaqua devant eux, par de virulentes déclamations, toute la famille royale, puis il eut recours à l'astuce, et variant ses impostures, il répandit le soupçon indistinctement sur tous les maréchaux et les généraux qui entouroient le roi. « Je rentre
» en France, où j'ai mon armée, dit-il : partout
» elle reçoit mes ordres et y obéit. Il ne peut y
» avoir et il n'y a de résistance nulle part. Les
» cours royales, notamment celles de Lyon
» et de Grenoble, ont regardé comme inutile de s'exposer à la persécution. Le maréchal Ney m'amène ses troupes. J'ai sur cette
» route quarante mille hommes, et partout
» le peuple m'accueille comme un libérateur.

» J'entrerai à Paris comme je suis entré à
» Grenoble et à Lyon. La garnison de Paris
» et ses chefs sont à moi ; la garde nationale
» m'est à moitié dévouée. On parle de la Ven-
» dée, mais dans ce pays la guerre n'y sera
» jamais plus ce qu'elle a été. Les Vendéens
» ne troubleront pas mon entreprise ; et j'aurai
» fini assez tôt pour arriver à la frontière avant
» les forces des autres puissances. Le moment
» étoit favorable, et je l'ai choisi. Mille dif-
» ficultés entravoient le congrès : l'Italie étoit
» en combustion ; la Russie avoit rappelé ses
» troupes ; la Prusse venoit de retirer les
» siennes, et le Rhin étoit libre. Quelques
» Anglais sont en Belgique ; il est vrai ; mais
» la session du parlement venant à s'ouvrir,
» les ministres ne peuvent entamer une guerre
» extérieure, sans que les chambres aient dé-
» libéré. Du reste je n'ai eu d'autres commu-
» nications avec Paris que par le Moniteur
» et les journaux. » Tel étoit le point sur
lequel il insistoit avec le plus d'affectation,
voulant persuader qu'il rentroit en France,
non en conspirateur, mais en conquérant.
Du reste, il essaya vainement de ramener
à lui le maire d'Avalon : jamais il ne put
en obtenir d'autre titre que celui de *Mon-*

sieur. « Je vois bien, lui dit ce courageux
» magistrat, que vous êtes à la tête d'un
» rassemblement d'hommes armés, et que
» vous avez le droit de la force; mais je ne
» reconnoîtrai jamais d'autre souverain que
» Louis XVIII. » Napoléon parut étonné de
trouver un homme d'honneur et de caractère
au milieu de tant de traîtres, et de parjures,
qui lui prodiguoient déjà les formules de la
plus servile flatterie : n'ayant pu le séduire,
il le remplaça le soir même.

Le lendemain se faisant apporter de la poste
les dépêches de Paris, il viola le secret des
lettres, et partit immédiatement pour Auxerre,
semant le bruit, pour étendre l'insurrection,
qu'il marchoit sur Troyes où ses agens avoient
ordre de demander dix mille rations, ainsi
qu'à Provins. Déjà l'émissaire Babœuf avoit
inondé une partie de la Champagne des proclamations de Buonaparte. Arrêté et conduit à
Troyes, il se dit commissaire du général
Veaux, commandant pour l'empereur la
dix-huitième division militaire; il se vanta
d'avoir fait deux fois le voyage de l'île d'Elbe;
il intimida les magistrats, et se fit remettre en
liberté. Alors soufflant le feu de la sédition,
il entraîna les officiers à demi-solde, qui

presque tous se dirigèrent vers Sens pour grossir le cortége de l'usurpateur.

Il venoit d'entrer à Auxerre où le préfet de l'Yonne (1), au mépris de ses sermens, l'avoit complimenté à la tête des autorités départementales. Cet exemple de félonie ne fut point imité par le général Gaudin, qui sortit de la ville, ni par le clergé d'Auxerre que représentoit le vicaire général (2). Ce vénérable pasteur, osant parler avec fermeté à Buonaparte, alluma sa colère, et en reçut un geste de mépris, même d'insulte, accompagné de l'injonction : « Allez, retirez-» vous ! » A ces mots et à ce geste le grand vicaire s'éloigna en prononçant tout haut ces paroles de l'écriture : « Béni soit celui » qui nous humilie. »

La première entrevue de Ney avec l'usurpateur (3) eut lieu à Auxerre. Ney, arrivé à franc-étrier pendant la nuit, et admis sur-le-champ en sa présence, se jette à ses pieds, et fond en larmes, en s'écriant : « Est-ce bien » vous, sire, que je vois ? — Ce n'est pas à

---

(1) M. Gamot, beau-frère du maréchal Ney; il resta *fidèle à son poste*, selon la relation officielle de Buonaparte.

(2) L'abbé Viart.

(3) Il avoit dit de Ney avant sa défection : « Je suis sûr de » lui. »

» mès pieds que vous devez être, répond Buo-
» naparte, c'est dans mes bras. » Il le relève
et le serre affectueusement.

Le lendemain il attend à Auxerre des nouvelles de Paris et l'arrivée de ses troupes, donnant l'ordre de réunir assez de bateaux pour les embarquer sur l'Yonne, afin de les porter le soir même à Fossart, et dans la nuit à Fontainebleau. Ce jour-là il admit à sa table avec le maréchal Ney les généraux Cambronne, Bertrand, Drouot, Brayer, Alix, les colonels Labédoyère et Jermanouski (1). Ce fut à ce dîner qu'en parlant de sa défection, Ney dit en riant : « Ces pauvres Francs-Comtois, » comme je les ai mystifiés ! » Napoléon, plein de confiance dans ses convives, et cessant de jouer un rôle apprêté, leur démontra, par une foule de traits, dans une conversation intarissable, qu'on l'avoit informé exactement à l'île d'Elbe de tous les événemens de la capitale; depuis les plus importans jusqu'aux plus minutieux. Ce dîner fut surtout remarquable, en ce qu'il n'y dissimula point que son retour étoit le résultat d'une profonde combinaison. Ne perdant pas

---

(1) Et un autre colonel, qui commandoit l'artillerie de sa garde.

de vue toutefois son système d'imposture, si utile pour fasciner les esprits, il répéta à Ney ce qu'il lui avoit fait dire par ses agens sur la prétendue convention faite à l'îled'Elbe avec le baron de Koller, commissaire autrichien. (1).

Plus il s'approchoit de Paris, plus il sembloit perdre l'espoir de s'emparer de la famille royale, redoutant même déjà les germes de résistance qui se manifestoient dans quelques provinces. Instruit d'ailleurs que les troupes du roi faisoient un mouvement en avant, il se décida à tout brusquer pour se rendre maître de la capitale. Sans plus différer il ordonne qu'on s'empare des ponts de Montereau et de Melun, et que de proche en proche on fasse soulever le peuple. Il part d'Auxerre le 19 mars, et se dirige sur Joigny d'où les autorités vont à sa rencontre. Après une heure de repos il continue sa marche vers Sens, et ne s'y arrêtant pas, fait dire au maire qu'il se porte en hâte aux avant-postes, afin d'arrêter l'effusion du sang, car déjà il s'étudioit à diminuer l'horreur de son entreprise. Ce fut alors qu'en parlant des troupes de la maison du roi, il dit que son nom seul les

(1) Voyez les pièces du procès du maréchal Ney.

dissiperoit : comme si la trahison n'eût pas été son plus puissant auxiliaire. Arrivé à Pont-sur-Yonne, il trouve un bateau chargé de ses troupes, qu'arrêtoit jusqu'au lendemain le danger d'une navigation nocturne ; s'adressant aux mariniers : « Auriez-vous peur de vous mouil- » ler ? » leur dit-il. A ces mots les soldats forcent les mariniers de remettre à la voile. A peine le bateau est-il éloigné de quelques toises qu'il s'enfonce dans l'Yonne où s'engloutissent soixante soldats, un colonel et plusieurs officiers. Témoin de ce naufrage sans paroître ému, sans verser une larme, Napoléon entend les derniers soupirs de ces hommes tellement dévoués à sa cause, qu'en mourant ils laissoient encore échapper les cris de *vive l'empereur !* La soif de régner le dévoroit tout entier, et il ne songeoit plus qu'à préparer pour le lendemain la défection des troupes royales.

Sous ces tristes auspices la chambre des députés avoit ouvert la veille sa séance du 18 mars, digne seulement de l'histoire par deux propositions tardives. Le commissaire ordonnateur Sartelon demanda une loi relative au recrutement et à l'organisation de l'armée dans des formes constitutionnelles. Le maréchal-de-camp Augier proposa de déclarer la guerre nationale, et fut appuyé par des considérations, que son collègue Barrot puisa dans les droits constitutionnels de la nation, les devoirs des citoyens, les vertus du monarque rappelé au trône par le vœu général et la condamnation du nouvel attentat de Buonaparte. La chambre accueillit ces considérations, et renvoya à ses bureaux l'examen des propositions qu'elles motivoient, donnant ainsi, jusqu'au dernier moment, la preuve que les seules ressources constitutionnelles ne pouvoient sauver la monarchie. Une proclamation du roi, promulguée le même jour, révéla d'une manière douloureuse la détresse de l'Etat. « J'ai répondu de » votre fidélité à toute la France, dit le mo- » narque aux soldats ; vous ne démentirez point » la parole de votre roi ; » puis leur faisant envisager les conséquences affreuses de leur jonction avec l'ennemi, les horreurs de la guerre vomies sur la France par les soldats étrangers, dont il ne pourroit plus arrêter les bras, Louis offroit aux égarés non-seulement pardon, mais oubli, et promettoit à la fidélité des récompenses. On ne lut pas sans émotion, que cette pièce royale avoit été imprimée sur l'original écrit de la main du roi.

Au milieu des dangers qu'aggravoit l'imprévoyance de ses ministres, il avoit conservé seul toute la force de son âme, manifestant même le désir de se mettre à la tête des sujets fidèles qui se rallioient pour la défense de son trône. Mais presque toute la cour, égarée par de faux rapports, abusée sur l'esprit des troupes réunies au camp de Villejuif, et sur les progrès de l'usurpateur, remettoit encore à deux ou trois jours, le 19 mars au matin, l'événement qui devoit décider du sort de la capitale. De là cette négligence inconcevable, qui portoit le conseil à ne rien prescrire d'avance pour combiner la retraite du roi, au cas de défection ou d'échec. Les nouvelles devinrent plus inquiétantes d'heure en heure. La fidélité de quelques régimens ne pouvoit déjà plus balancer l'esprit de révolte qui régnoit parmi les troupes. L'orage s'amonceloit, et une multitude de symptômes annonçoient les dernières convulsions de la crise. La garde nationale avoit relevé la troupe de ligne, et veilloit à la tranquillité du palais des Tuileries, qui désormais étoit confié à elle seule. On doubla le poste du Pont-Tournant, et on en établit un autre au bout de la galerie du Musée, chargé de donner des factionnaires à la cour du Louvre, et de se replier, en cas d'attaque, par l'intérieur sur différentes barricades. Ainsi le sanctuaire des arts devenoit un théâtre de guerre, et les chefs-d'œuvre du génie ne décoroient plus qu'un bivouac.

On avoit vu paroître à onze heures du matin dans la cour des Tuileries quelques détachemens de volontaires, parmi lesquels s'étoit fait remarquer le corps des officiers de la marine, conduit par de vieux amiraux couverts de blessures, et la plupart échappés au massacre de Quiberon. Ces nobles gardiens du pavillon français étoient venus apporter au pied du trône les derniers efforts de leur courage.

Les détachemens de quatre légions avoient défilé ensuite, et s'étoient établis dans les salles du château. « C'est à vous, leur avoient » dit leurs chefs, qu'est réservé de garder le » roi en cet instant critique; la troupe de » ligne et les Suisses se sont portés en avant, » et la maison du roi va les suivre. Promettez » de périr tous ici plutôt que de laisser péné- » trer l'ennemi dans ce château, l'asile de nos » rois, et d'y voir se renouveler les scènes » sanglantes du 10 août. »

Cependant la foule assiégeoit les Tuileries malgré le froid humide et une pluie continuelle ; le silence succédoit à l'agitation, et la crainte se mêloit à la tristesse. Déjà au milieu des groupes se faisoient remarquer des hommes d'une tournure militaire et résolue, qui laissoient échapper le sourire du contentement et de l'ironie.

On savoit que le roi iroit au Champ-de-Mars passer en revue sa maison militaire composée des gardes-du-corps, des gendarmes, des chevau-légers et des grenadiers à cheval, auxquels s'étoient agrégés volontairement un grand nombre de royalistes. Toute espèce de frivolité étoit déjà bannie de cette jeunesse d'élite qui, jusqu'alors étrangère à un service pénible et à la contrainte, brûloit de s'enfoncer dans le danger et d'ouvrir la campagne. Le maréchal duc de Raguse (1) l'avoit passée en revue la veille, et venoit de la réunir pour recevoir le roi. Après plusieurs heures d'attente, on aperçut la voiture royale, et aussitôt les escadrons se mirent en bataille, et les trompettes se firent entendre. Louis accompagné de MONSIEUR et de Mgr le duc de Berry à cheval, passa devant les rangs de cette brillante cavalerie, qui le salua par des acclamations d'amour

---

(1) Nommé commandant-général de la maison militaire du roi.

et d'enthousiasme. Elle se crut au moment du départ, mais aucun ordre ne fut signifié, et le roi rentra dans son palais où l'agitation étoit extrême.

L'aveuglement des ministres touchoit enfin à son terme; ils ne pouvoient plus douter que l'ennemi ne marchât sur Fontainebleau, et que toutes les troupes rassemblées sous Paris ne fussent à la veille de se déclarer; la défection des avant-postes n'étoit que trop réelle. Voici ce qui s'y étoit passé : Quatre compagnies rouges et soixante gardes-du-corps, envoyés en reconnoissance sur deux lignes différentes, s'étoient mis en mouvement, les premiers sur Fontainebleau, les seconds sur Melun; ceux-ci conduits par M. de Virieu, se portoient de Melun en éclaireurs, sur Montereau. Mais le pont et la ville étoient au pouvoir des lanciers (1), qui ne reconnoissoient déjà plus que l'usurpateur; ils avoient même fait prisonniers les deux fourriers des gardes-du-corps (2). M. de Virieu marchant à la tête de son détachement, un paysan vint l'avertir que les lanciers se te-

---

(1) Le 6ᵉ régiment.

(2) MM. Javel et Camboulas, arrêtés par ordre du sieur Galbois, colonel des lanciers, qui, oubliant les bontés dont l'avoit comblé M.ʳ le duc de Berri, s'étoit empressé de substituer l'aigle à l'effigie de Henri IV.

noient dans la forêt en embuscade avec du canon. Il sut en même temps que les cuirassiers venoient aussi de se révolter à Melun, et qu'ils se disposoient à fondre sur les gardes-du-corps au moment de leur retraite. En effet Melun étoit en proie au désordre; les autorités y étoient insultées et méconnues; les rebelles y triomphoient, et sur toute la route jusqu'à Paris régnoit l'épouvante. Les gardes-du-corps, se voyant à la veille d'être coupés et chargés par les cuirassiers d'une part, et attaqués par les lanciers de l'autre, se replièrent de position en position sur la forêt de Senars, puis sur Charenton, après avoir arrêté sur la route deux émissaires de l'usurpateur. Ainsi les ministres apprennent au même moment que l'avant-garde de la maison du roi est poursuivie par des régimens en révolte ouverte, que les corps en position à Villejuif ont passé la nuit à préparer leur défection (1), et qu'en peu d'heures Napoléon peut arriver de Fontainebleau sur Paris, sans que le roi ait un seul régiment de ligne dévoué à sa cause. On assure qu'un grand conseil fut tenu, où assistèrent les princes, les ministres, et où

---

(1) Les soldats arrangeoient leurs *schakos* et leurs cocardes tricolores.

furent entendus les généraux chargés de la défense de Paris; que ces derniers déclarèrent n'avoir plus aucun ressort moral pour faire marcher les troupes, et que la disposition de la presque totalité de l'armée leur faisoit pressentir qu'elle ne se battroit pas contre Napoléon. Ainsi on n'apercevoit l'abîme prêt à engloutir l'Etat, que lorsque, pour sauver le roi, il restoit à peine quelques heures. On dit que M. le comte de Blacas fut le seul dans le ministère qui, dès le commencement de la crise, sonda le danger, et ne vit d'autre chance de salut que dans la retraite du roi; on ajoute que, dans ces tristes et dernières conjonctures, la mésintelligence qui s'étoit sourdement insinuée entre quelques ministres ou personnages influans, éclata avec plus de vivacité et même de scandale; et que des reproches amers, des injures réciproques, achevèrent de porter le trouble dans les délibérations, le désordre dans les mesures, et la douleur dans l'âme du roi.

Quoi qu'il en soit, essayer de résister aux portes mêmes de le capitale eût été le comble de l'imprudence et du délire. Le Roi pouvoit-il et devoit-il combattre ses propres troupes révoltées? Quel espoir restoit-il de les arrêter sous les murs de Paris, ou de les rallier sous la bannière royale? Trop long-temps; on s'étoit bercé d'illusions. Le devoir du Roi ne consistoit pas à exposer sa tête auguste, sans aucune chance de succès. Quelle perspective se présentoit à ses regards attendris! l'affreux spectacle de Français égorgés par des Français, et de sa capitale inondée de larmes et de sang. Ce dernier sacrifice n'eût sauvé ni le Roi ni Paris, dont le soldat, par sa cupide frénésie, eût peut-être consommé la ruine. N'écoutant que son cœur paternel, Louis XVIII prit la résolution de quitter sa capitale pour la préserver. Mais quelle retraite alloit-il choisir? seroit-ce à l'ouest ou au nord de la France? Le sens droit du monarque le faisoit pencher pour l'ouest. La Rochelle étoit alors sous les ordres du brave général Rivaud, militaire plein d'honneur, dévoué à son Roi et à sa patrie. Rien ne s'opposoit à ce que cette place importante devînt le refuge de la royauté ou plutôt son quartier-général. Là, au milieu de ses sujets, entouré de sa maison militaire, placé entre ses loyaux Bordelais et ses fidèles Vendéens, Louis XVIII auroit pu rallier, en quinze jours, une armée de cent mille royalistes. On auroit vu l'ouest et le midi de la France devenir par enthousiasme le rempart des Bourbons. Avec le moindre appui, le nord se seroit aussi déclaré. Malheureusement, d'autres considérations prévalurent, soit que, redoutant la guerre civile, on cherchât la sécurité au sein de la guerre étrangère, soit que des conseillers perfides voulussent dès lors anéantir tous les moyens de rétablir le roi par les royalistes, soit enfin qu'un esprit d'erreur présidât aux délibérations. Ceux qui représentèrent qu'en approchant des frontières du nord le roi seroit plus à portée d'y recevoir des secours, et de tenir les places indispensables comme points de ralliement pour ses fidèles sujets, oublièrent sans doute que toutes les forteresses étoient au pouvoir de soldats préparés à la révolte, et que le roi, ne trouvant bientôt plus de sûreté qu'au delà des frontières, se verroit dans la dépendance absolue de la politique de l'Europe et des événemens du dehors. Ainsi des motifs spécieux tels que la nécessité de s'éloigner du foyer de la défection, et d'entretenir des communications directes avec les puissances alliées l'emportèrent sur toute autre considération, et le roi, entraîné par l'arrêt du destin, consentit à se diriger vers la Flandre.

Aux termes de la Charte, parut l'ordonnance royale qui prescrivoit la clôture de la session des deux chambres, et convoquoit une session nouvelle au lieu qui seroit indiqué pour le siége provisoire du gouvernement. Dans le préambule de cette ordonnance, le roi s'exprimoit en père affligé ; il refusoit, malgré la défection de l'armée, les secours patriotiques des Parisiens fidèles, ne voulant point attirer dans leurs murs les malheurs d'un combat ; en outre, le monarque annonçoit que, ne pouvant défendre Paris, il se préparoit à réunir sur un point plus favorable les Français voués à la bonne cause, et il laissoit entrevoir le pressentiment de son retour prochain. On avoit décidé que sa retraite et celle de sa maison se feroient par Saint-Denis. La précipitation et le trouble présidèrent à ces dispositions inopinées. Tout parut tellement désespéré qu'on désorganisa, pour ainsi dire, la fidélité, en prescrivant de licencier les volontaires royalistes, et qu'on oublia même dans les appartemens une partie des papiers secrets et du trésor de la liste civile.

A neuf heures du soir, M. le prince de Poix, en donnant le mot d'ordre, prévint le commandant de la garde nationale que le départ

roi auroit lieu à minuit. Déjà des mouve-
ens dans l'intérieur du château déceloient
qu'on cherchoit à couvrir encore de mys-
re. Il ne fut plus permis de s'aveugler quand
s voitures royales parurent sous le pavillon de
ore. Emus et troublés, tous les gardes natio-
ux qui gardoient le palais, officiers et sol-
ts, se portèrent pêle-mêle à tous les pas-
ges, couvrirent les escaliers, et attachèrent
rs regards sur les portes des appartemens
térieurs. Un profond silence régnoit. Tout à
up les portes s'ouvrent, et le roi apparoît
écédé seulement d'un huissier portant des
mbeaux, et soutenu par le comte de Blacas
le duc de Duras. A son aspect vénérable,
spectateurs tombent à genoux; les uns
xpriment leur douleur que par des larmes;
utres pressent de leurs lèvres les mains au-
stes du roi, et baisent même les pans de son
bit; d'autres se traînent sur les degrés que
fortuné monarque descendoit lentement,
ur considérer de plus près leur père; tous
conjurent de rester avec eux, tous offrent
répandre pour lui la dernière goutte de
r sang. « En grâce, mes enfans, épargnez-
noi, leur dit le monarque; j'ai besoin de
epos..... Retournez dans vos familles....... Je

20.

» vous reverrai...... Mes amis, votre attache-
» ment me touche..... » On n'entendoit plus
autour du roi que des sons entrecoupés. Ceux
qui se relevoient joignoient les mains, s'en
couvroient le visage, et versoient un torrent
de larmes. Le comte d'Artois, profondément
ému, confondoit sa douleur avec celle de ces
fidèles citoyens. Le roi, ainsi entouré, parvint avec peine à sa voiture, qui bientôt s'éloigna, escortée par un détachement de gardes-
du-corps. Les princes partirent une heure
après, suivis bientôt par les voitures de service. Alors le palais de nos rois ne présenta
plus que l'image de l'abandon, et ce silence imposant qui retrace le passé et réfléchit l'avenir.

A une heure du matin, les corps de la maison du roi s'étoient mis en mouvement, du
Champ-de-Mars, après avoir reçu l'ordre de
se diriger sur Beauvais, et d'y envoyer les
dépôts. L'instant choisi pour le départ avoit
fait naître dans les rangs une tristesse morne,
accrue encore par une nuit sombre. On marcha sur Saint-Denis, par les boulevards exté-
térieurs et par Clichy. La route étoit tellement
obstruée de bagages, qu'on s'arrêtoit à chaque
pas. Vers sept heures du matin on entra à Saint-
Denis, et chacun put voir alors dans quel état

se trouvoit la colonne. Une foule de vieillards, pêle-mêle avec des jeunes gens, marchoient tout armés et le sac sur le dos, à travers la fange, oubliant leur âge et leurs fatigues pour ne songer qu'aux infortunes de leurs princes, auxquels ils offroient le foible reste du sang fidèle qui couloit encore dans leurs veines. « Chers enfans, disoient-ils à leurs jeunes ca- » marades, nous ne vous apprendrons pas com- » ment on court à la victoire, mais vous saurez » de nous comment on meurt à son poste. »

Tout présentoit l'image d'une retraite désolante et précipitée. En moins de deux heures, on vit défiler plus de deux cents voitures de familles anglaises; toutes les routes du nord et du nord-ouest étoient couvertes de Français, d'étrangers et d'équipages qui se dirigeoient vers le nord : on eût dit les restes de la civilisation européenne qui reculoient devant des hordes de Barbares.

Les troupes de la garnison de Paris, échelonnées sur la route de Fontainebleau, avoient déjà reçu l'ordre de se replier. Deux régimens suisses, formant dix-huit cents hommes, inaccessibles à la séduction, opéroient, sur Saint-Denis, leur retraite en bon ordre, l'œil morne, et gardant le silence du désespoir, tandis que tous les régimens de ligne cédoient successivement à l'impulsion de la révolte. Dès huit heures du matin, à la première halte, le colonel du 1er régiment d'infanterie légère (1), donnant lui-même l'exemple, avoit ordonné à ses soldats de prendre la cocarde tricolore (2). Il s'étoit porté ensuite vers le régiment de la Reine (3), en poussant le cri de *vive l'empereur!* mais ce régiment étoit resté immobile, ainsi que celui du Roi infanterie. Tous deux, dans un triste silence, continuoient leur retraite, lorsqu'au sortir de Villejuif, ils sont abordés par deux officiers généraux arrivant de Paris au galop, et en criant *vive l'empereur!* L'un d'eux, le général Sébastiani (4), provoque à la défection les officiers du 1er régiment, qui tout entier n'avoit d'abord opposé, au cri de la révolte, que le silence et la stupeur. Ce corps est bientôt entraîné par de pressantes instigations. Le général Montesquiou-Fezenzac, et quelques officiers se retirent. Un jeune lieutenant, M. Negré de Massals (5), arrache ses épau-

---

(1) M. Dorsenne.
(2) *Itinéraire*, etc., pag. 136.
(3) 2e d'infanterie de ligne.
(4) *Itinéraire*, etc., pag. 137.
(5) Aujourd'hui capitaine dans le 5e rég. de la garde royale

lettes, les foule aux pieds, au cri répété de *vive le Roi!* et, s'adressant aux parjures : « Que » ceux, dit-il, qui se sentent humiliés de l'ac- » tion que je viens de faire sortent des rangs : » je suis là. » Les traîtres respectèrent son désespoir.

A l'exception des Suisses, tous les corps se déclarèrent pour l'usurpateur ; et bientôt, par son ordre, dit-on, le lieutenant-général Belliart (1), après avoir arboré lui-même la cocarde tricolore, leur fit prendre position à la Chapelle, à la Villette, à Vertus et aux Saint-Denis.

Cependant des généraux fidèles, tels que le lieutenant-général Maison (2), n'avoient pas perdu tout espoir de rallier et de concentrer dans le nord de la France quelques troupes sûres qui auroient épargné à la patrie la douleur de voir son père chercher un asile sur un sol étranger. Pour mieux diriger les corps et les détachemens vers les points les plus éloignés des opérations de Buonaparte, le général Maison venoit d'établir son quartier-général à Saint-Denis même. Ce rendez-vous indiqué

---

(1) Nommé par le roi, comme on l'a vu plus haut, major-général de l'armée qu'on essaya de former sous Paris.

(2) Gouverneur de la 1re division militaire.

aux officiers à demi-solde devint bientôt le théâtre d'une lâche sédition fomentée secrètement par le lieutenant-général Excelmans, par le colonel Simon (1), et par les lieutenans-colonels Jaussens et Latappi. Poussés par ces instigateurs, les militaires réunis à Saint-Denis s'indignent d'abord de ce qu'on fait filer des troupes dans une direction qui les éloigne de Napoléon; puis s'animant les uns les autres, échauffés par les plus perfides d'entre eux, ils parlent de mettre leur général en pièces, ou au moins, de l'amener mort ou vif à Buonaparte. Des discours, passant aux actions, ils se jettent sur le quartier-général, l'épée ou le sabre à la main. Le sang-froid du colonel Vilatte, qui, à la tête d'une poignée de carabiniers, barre le passage aux mutins, et repousse ceux qui avoient déjà pénétré dans la cour, sauve le général Maison, qui auroit été victime de la fureur des factieux. Mais comment les contenir plus long-temps? leur nombre grossit à vue d'œil. La présence du général, qui se présente pour les haranguer, allume leur rage : ils veulent le saisir. Dans ce péril extrême, le général Maison se jette fur-

---

(1) Ancien graveur au Palais-royal, devenu fameux en 1814 à la tête d'un corps franc organisé à Paris.

tivement sur le cheval d'un lancier d'ordonnance, et parvient à échapper à un groupe de forcenés qui s'étoient mis à sa poursuite.

Les insurgés ne reconnoissent plus alors pour chef que le général Excelmans; ils s'emparent de l'artillerie, des caissons, et de plusieurs fourgons des équipages de Mgr le duc de Berry; ils montent en postillons sur les chevaux, forcent les conducteurs à rétrograder, et vomissant d'atroces injures contre des princes que leur infortune sembloit rendre plus respectables encore, dirigent leur capture vers les Tuileries, offrande digne de l'usurpateur qui alloit envahir le palais de nos rois.

Mais l'histoire conservera le souvenir d'actions plus honorables au caractère français. Un bataillon de volontaires royaux, formé d'étudians des écoles de droit et de chirurgie, et de quelques royalistes isolés, avoit rejeté, la veille, avec un mouvement de désespoir, au pont de Saint-Maur, dont il défendoit le passage, son licenciement que lui avoit notifié, au nom du roi, le colonel baron de Druault qui le commandoit. Dans un élan unanime, cette loyale jeunesse s'étoit écriée : « Nous ne quitterons point notre colonel, » nous voulons mourir au service du roi ! »

Digne d'une telle confiance, le baron de Druault ordonne aussitôt la retraite, qui s'opère dans le plus bel ordre et avec un égal enthousiasme. Arrivé à Saint-Denis, douze heures après le passage du roi, le bataillon royaliste défile devant toute la ligne d'un régiment de cuirassiers, aux cris mille fois répétés de *vive le Roi! vivent les Bourbons!* Les cuirassiers qui n'avoient déjà plus le signe de la fidélité, restent mornes et confondus en voyant cette jeunesse brillante parée de la cocarde blanche et du panache de Henri IV. Les volontaires traversent Saint-Denis avec unanimité de résolution, au milieu d'une double haye d'officiers à demi-solde en révolte ouverte ; leur contenance noble et hardie ressort davantage encore à deux lieues de là, au moment où à la vue de deux régimens de ligne, ils ne cessent de crier *vive le Roi!* et d'agiter leurs panaches. Ces deux troupes, si différentes d'opinion et de sentiment, sembloient se mesurer ; un des colonels présens se détache et engage le colonel royaliste à calmer l'effervescence de ses jeunes gens : « Je ne suis pas de ceux, » répond le brave Druault, qui éteignent le » feu sacré! » et il marche en hâte vers Beauvais pour rejoindre le Roi.

Un autre bataillon de royalistes (le 3ᵉ), commandé par le chevalier d'Angibau (1) délaissé à Vincennes, se refuse d'obtempérer aux ordres réitérés des généraux de Buonaparte, et défend la position de Charenton jusqu'à ce qu'il ait la certitude que la retraite du roi est assurée; il ne se disperse qu'après la capitulation du château de Vincennes, sur les glacis duquel il s'étoit rangé en bataille.

Déjà Paris avoit changé de face; on pouvoit s'y croire transporté chez un autre peuple, ou vis-à-vis d'acteurs différens, qui occupoient le même théâtre et parloient un autre langage. Dès sept heures du matin, la foule s'étoit portée vers les grilles des Tuileries. Bientôt un peuple entier avoit garni, et la place extérieure du Carrousel, et les terrasses du côté du jardin. Le bruit du départ du roi se répandoit de proche en proche. On lisoit sur des fronts pâles, dans des yeux fixes et hagards, sur des lèvres entr'ouvertes et tremblantes, dans des pas précipités ou ralentis par la douleur : *Le roi est parti!* Un murmure sourd, pareil à la tourmente, commençoit à gronder dans les rangs pressés de la multitude. Partout des groupes se formoient, se séparoient, et se reformoient encore. A

---

(1) Qui s'étoit signalé à Constance dans l'armée de Condé.

l'exception d'une minorité factieuse, tout Paris pleuroit son roi, et une terreur profonde s'étendoit depuis les premières classes jusqu'aux dernières. Les uns cherchoient au loin un refuge contre l'usurpateur ; d'autres en plus grand nombre se voyoient condamnés à l'attendre comme dans une ville à la veille d'être conquise. Toutefois la plupart de ses partisans, forcés de respecter la douleur publique, dissimuloient leur joie ; quelques-uns, plus impatiens, sortoient de Paris, et alloient porter leurs hommages aux pieds du maître qu'ils avoient rappelé. Contenus par le frein de l'opinion, les ministres de Napoléon et ses plus intimes adhérens, n'osoient encore se saisir des rênes de l'Etat que les ministres du roi venoient de quitter. Un seul, Lavalette, s'empara de vive force de la direction générale des postes, et arrêta les journaux qui contenoient la touchante proclamation du monarque ; il fit plus, il expédia des courriers à Napoléon, et sur toutes les routes, pour annoncer à l'avance son entrée dans Paris, tandis que les facteurs de la poste y distribuoient des proclamations par milliers. Cette invasion criminelle d'une administration importante fut partout préjudiciable à la cause royale.

Cependant la foule s'accumuloit de plus en plus aux Tuileries, et dans son effrayante fluctuation elle offroit le mélange des passions irritées. Les partis étoient en présence ; des discours opposés sortoient de groupes ennemis, et donnoient lieu à des débats et à des rixes menaçantes. Ici les cris de *vive le roi!* qu'exhaloit la douleur, excitoient une sorte de délire ; là des clameurs contraires marquoient une sorte de rage. Vers dix heures une forte rumeur se fit entendre, et on vit grossir les attroupemens. Un général, que désigne la clameur publique, le général Boyer, arbore la cocarde tricolore, veut faire ouvrir la grille et crier *vive l'empereur!* mais il trouve dans la cour intérieure une foule de royalistes parés de la cocarde blanche, et qui lui opposent le cri de *vive le roi!* Devenu l'objet de leur fureur, il ne peut s'y soustraire que par la fuite. Au milieu de ce conflit, la garde nationale, remarquable par son attitude et par le nombre de ses détachemens, opposoit le sang froid à l'emportement, et la fermeté aux passions déchaînées. Cependant les boulevards du Nord depuis les portes Saint-Denis et Saint-Martin jusqu'au Jardin du Roi s'étoient remplis de la populace des faubourgs, ivre et hideuse, grâce aux largesses des satellites de Buonaparte. Jamais, depuis les temps exécrés de la terreur, on n'avoit vu dans Paris de physionomies plus effrayantes. Pendant cette crise intermédiaire, d'où pouvoit naître l'anarchie, les autorités secondaires furent permanentes, les tribunaux jugèrent, un grand nombre de boutiques restèrent ouvertes, et la garde nationale fit un service actif. Mais le silence de la stupeur régnoit sur presque tous les points de l'enceinte immense de Paris, tandis que toutes les passions sembloient s'amonceler aux Tuileries et au Carrousel. Il en sortoit par intervalle une sorte de clameur bruyante, des trépignemens convulsifs et de grands cris factieux. Tout parut se calmer pendant la garde montante : mais à peine venoit-elle de se ranger en bataille, qu'à un grand silence succéda une vive agitation. Tout-à-coup un affreux tumulte règne au milieu du Carrousel: des cris opposés de *vive le roi! vive l'empereur!* partent du même côté. A travers la foule on distingue seulement des casques, des conducteurs de charriots, une forêt de sabres et d'épées nues qui s'agitent en l'air. C'étoient les officiers à demi-solde insurgés à Saint-Denis, traînant avec eux plusieurs pièces de canon, et se faisant escorter par un détachement de cuirassiers qui avoient partagé leur révolte ; ou plutôt c'étoient les représentans de cette armée de parjures, qui dispersoit les élémens de notre constitution politique. Excelmans les commandoit ; il étoit à cheval et dirigeoit leurs mouvemens. La saine partie du peuple retardoit leur marche, et ne répondoit point à leurs acclamations forcenées. A peine touchent-ils à la grille des Tuileries, qu'ils veulent pénétrer de vive force : la garde nationale s'y oppose. Excelmans survient, et entre en pourparlers, annonçant tout haut l'arrivée de Napoléon. Au même instant la cour intérieure et le palais sont envahis par les soldats et une partie de la populace.

A deux heures le drapeau tricolore, ou plutôt le signe de la rébellion et du carnage, est arboré sur les Tuileries par ordre d'Excelmans. Une partie de la garde nationale, cédant à l'impulsion de M. de Montesquiou, son nouveau chef, prend la cocarde aux trois couleurs ; les révolutionnaires et les factieux applaudissent ; les royalistes consternés se dispersent, et la révolte est consommée. Déjà même arrivent de tous côtés aux Tuileries les conseillers d'Etat, les ministres, les chambellans de Buonaparte dans leur ancien costume, tandis que les maîtres d'hôtel, les valets de pieds en livrée, reprennent leur service avec autant de facilité que si leur maître n'eût été absent que peu de jours. On vit aussi des femmes éhontées, couvertes d'ornemens et de parure, monter le grand escalier avec hardiesse, guidées par Hortense de Saint-Leu, et remplir d'un air satisfait les salons d'un palais dont elles connoissoient les issues les plus secrètes. Enfin les huissiers même se trouvèrent à leur poste à l'entrée des appartemens pour faire observer l'étiquette impériale. Ainsi la maison, la cour, le gouvernement, l'armée de l'usurpateur se trouvoient organisés et montés avant même qu'il eût paru dans la capitale. Toutes les choses, ainsi que les hommes, étoient si soigneusement conservées pour le renouvellement de son usurpation, qu'il alloit retrouver jusque dans le Louvre les murailles et les voûtes couvertes de ses images, de ses inscriptions, de ses devises, signes de sa souveraineté.

Que faisoit-il? où étoit-il, tandis que ses adhérens envahissoient pour lui le palais de nos rois? Arrivé à Fontainebleau à quatre heures du matin, il avoit trouvé le préfet de

Seine et Marne (1), non moins fidèle à son poste que celui de l'Yonne. A sept heures il avoit appris par les courriers de Lavalette le départ du roi et des princes. Le palais étoit libre ; et la place vacante ; il pouvoit y faire son entrée en plein jour. Quel motif lui fit différer de l'occuper? quel obstacle put arrêter sa marche? Il n'y avoit plus d'armée à séduire ; la garnison même de Paris avoit cédé au mouvement général de défection, et aux portes de la capitale, comme sur toute la route, les troupes qui devoient le combattre étoient devenues son avant-garde. Mais à défaut d'autres barrières, l'opinion publique, le deuil et la consternation retardèrent son entrée dans Paris. Cet homme naguère si audacieux craignoit alors la lumière du jour. Il attendit que les ténèbres dérobassent aux regards publics, et à ses propres soldats, l'humiliant spectacle d'une immense cité partagée entre la douleur du départ de son roi, et l'horreur que lui inspireroit la vue de son oppresseur triomphant.

Il part enfin de Fontainebleau, entouré de sa garde arrivant d'Auxerre, d'une partie de son armée qui le précédoit, et de l'autre qui

---

(1). M. de Plancy.

venoit à sa suite. Plusieurs de ses officiers généraux, quelques-uns de ses dignitaires, étoient partis de bonne heure pour aller à sa rencontre avec de longues files de chevaux demains, et plusieurs équipages élégans qu'on lui destinoit. Ils le joignirent au-delà d'Essonne vers six heures du soir. Napoléon refusa leurs voitures brillantes, voulant demeurer dans la même berline qui l'avoit conduit de Fontainebleau à l'île d'Elbe, et qui le ramenoit aux Tuileries. Dix voitures de poste le suivoient. La route, éclairée par ses lanciers polonais, étoit bordée des deux côtés par d'autres lanciers de la même nation, plus particulièrement chargés de le garder et de l'escorter. Le bruit s'étoit répandu qu'il arriveroit par l'arc de triomphe du Carrousel, et aussitôt une haie de sentinelles y fut posée pour y maintenir l'ordre ; cette disposition fut changée, soit à cause de la foule, soit qu'on redoutât contre sa personne un attentat du désespoir. Cinquante grenadiers furent placés au guichet du pavillon de Flore ; on s'y porta aussitôt. La nuit couvroit déjà Paris de ses ombres : un peuple immobile et consterné, une soldatesque empressée et tumultueuse, sembloient assiéger les Tuileries. Un mélange de clarté dans le palais, et d'obscurité au dehors, imprimoit à ce tableau un caractère sinistre. On étoit comme plongé dans la stupeur, quand, à neuf heures et demie du soir, un grand bruit de chevaux et de voitures se fait tout-à-coup entendre. Une troupe de lanciers, le fer étincelant à la main, se précipite vers le guichet en jetant des cris effrayans, et renversant tout ce qui se présente. Presqu'au même moment une berline qui rouloit au milieu d'eux s'arrête à la place même d'où étoit partie la voiture du roi, vingt-deux heures auparavant. La portière s'ouvre, et sur le marche-pied paroît Napoléon, vêtu de la même redingotte grise, et couvert du même chapeau uni qu'on lui avoit vus si souvent dans les jours de sa haute fortune. Un tel aspect au milieu d'une obscurité mêlée de lueurs, présentoit l'image d'une apparition fantastique. Ceux des ministres, des officiers, des agens, des dignitaires de Napoléon, qui, n'ayant pas été à sa rencontre, l'attendoient au pied du grand escalier, manifestèrent à sa vue tous les signes d'une joie délirante. Il veut alors avancer, et ne peut traverser la foule. Pressé, harassé, gêné, dit-on, par la cuirasse cachée sous ses habits, il ne répond à tant de transports que par ces mots : *Vous m'étouffez !* A l'instant une troupe de généraux et d'officiers, la plupart l'épée nue à la main, le soulèvent et le portent comme en triomphe jusque dans l'intérieur du palais, en faisant retentir les voûtes du cri prolongé de *vive l'empereur !* Il est au milieu des siens, et tous les regards se portent tour à tour sur lui et sur Hortense de Saint-Leu, qui s'étoit jetée dans ses bras.

A travers ces acclamations frénétiques, on sembloit encore entendre les soupirs, les sanglots de la veille. A la place de ce soldat sortant de l'exil, et se replaçant de nouveau sur un trône usurpé, on se représentoit cette dignité vénérable, cette fermeté noble, cette bonté paternelle d'un monarque versant des larmes sur les maux de tout son peuple. L'esprit est encore saisi d'horreur quand il se retrace cette soldatesque en proie au vertige, tout Paris offrant une image lugubre ; l'usurpateur choisissant pour son entrée déplorable le temps sinistre de la nuit ; présage de sa prochaine catastrophe.

Tandis qu'à l'aide de ses satellites et de ses

familiers, il prenoit possession du palais des Tuileries, des détachemens de tous les corps, huit compagnies d'officiers à demi-solde, et sa garde de l'île d'Elbe, arrivoient successivement au Carrousel. Les uns bivouaquoient sur la place même; d'autres dans la cour intérieure; d'autres vers les grilles. Les cavaliers y attachoient leurs chevaux; et tous les abords du palais sembloient un grand quartier-général après le gain d'une bataille. Les officiers, les soldats, en se rencontrant, s'embrassoient et se félicitoient sur leur nouvelle perspective d'avancement et de richesse : tous se montroient impatiens de recommencer le carnage. A leurs propos, à leurs gestes, à leurs espérances, on voyoit que le signal de la dernière guerre Punique française étoit donné.

LIVRE XXVI.

Paris au 21 mars. — Grande revue au Carrousel. — Harangue de Napoléon à ses soldats. — Etablissement du gouvernement usurpateur. — Ses premiers actes. — Défection de l'ancienne garde impériale. — Dévouement et fidélité du maréchal duc de Reggio et de son fils. — Défection du général Rigau à Châlons-sur-Marne. — Résistance honorable du maréchal duc de Bellune. — Retraite de Louis XVIII et de sa maison militaire. — Son licenciement à Neuve-Église. — Défection entière de la Franche-Comté, de toute l'Alsace et de la place de Metz. — Energie du congrès de Vienne. — Déclaration du 13 mars. — Projet d'enlèvement de l'archiduchesse Marie-Louise et de son fils. — Traité du 25 mars, base de la croisade européenne contre Napoléon. — Tentative infructueuse pour armer la Vendée. — Soumission d'Angers, Nantes, Rennes, Tours, Orléans, et des provinces du Maine et de Normandie.

LE ravisseur de nos libertés s'étoit glissé dans le palais de nos rois à la faveur des ténèbres, et entouré de ses complices. La superstition et la frayeur lui avoient servi de cortége. Paris offrit le lendemain le spectacle d'une ville conquise. Un voile couvrit le trône royal, et le colosse de l'empire, relevé par la populace et les soldats, reparu dans toute sa pompe sauvage. A de véritables désordres succédoient les mouvemens tumultueux de la soldatesque et de la dernière classe du peuple. Les adhérens de Napoléon s'agitoient, parés de bouquets de violette. La timide fleur du printemps, dont l'emblême étoit profané, devenoit le signe de ralliement des parjures.

A peine l'usurpateur a-t-il repris le pouvoir, que le règne de l'imposture et du glaive recommence : tromper la France et l'Europe, tel est son premier besoin pour fonder sa nouvelle autorité. Ses agens se répandent dans les groupes, publient qu'il n'y aura point de guerre, que Napoléon s'entend avec les alliés, et que, sans aucun doute, Marie-Louise arrive avec son fils. Les murs de Paris sont déjà couverts d'affiches où l'on outrage la raison, la vérité et l'honneur. Ici on apprend aux Français que *l'empereur, rappelé par la nation*, est enfin rendu à nos vœux ; là c'est un colonel qui, faisant un appel aux braves, se vante, avec l'audace du crime, d'avoir donné le premier exemple d'insubordination et de révolte; plus loin c'est un maréchal de France qui se glorifie de sa trahison, et s'enorgueillit de son infamie. Les mots les plus sacrés du langage semblent avoir tout à coup changé d'acception. Les journaux prennent aussi un autre ton et un autre style; tous annoncent en termes pompeux que la veille l'empereur Napoléon a fait son entrée *dans sa capitale*. En parcourant les journaux du 20 et du 21 mars on croit lire les annales de deux peuples différens Là c'étoient trente mille gardes nationaux, trois mille volontaires et dix mille étudians qui poussoient des cris de rage contre l'usurpateur; ici tout bénit sa présence. Chaque jour alloit voir éclore de nouvelles impostures inventées pour décourager les bons et enhardir les méchans.

Toutes les troupes avoient pris les armes à midi, et s'étoient rangées en bataille, soit dans le Carrousel, soit dans la cour intérieure du château. Après avoir passé dans tous les rangs, Napoléon fit former le carré, et prononça une harangue dont voici les principaux traits :
« Soldats, dit-il, je suis venu avec onze
» cents hommes en France, parce que je
» comptois sur l'amour du peuple et sur le sou-
» venir des vieux soldats; je n'ai pas été trompé
» dans mon attente. Soldats, je vous en remer-
» cie; la gloire de ce que nous venons de faire
» est tout entière au peuple et à vous; la mienne
» se réduit à vous avoir appréciés........

» Soldats! le trône impérial peut seul ga-

» rantir les droits du peuple, et surtout le pre-
» mier des intérêts, celui de notre gloire. Nous
» allons marcher pour chasser du territoire ces
» princes auxiliaires de l'étranger; la nation
» non-seulement nous secondera de ses vœux,
» mais même suivra notre impulsion. Le peuple
» français et moi nous comptons sur vous; nous
» ne voulons pas nous mêler des affaires des
» autres : mais malheur à qui se mêleroit des
» nôtres ! »

Cet anathème étoit peu menaçant dans la bouche d'un conquérant déchu, apporté par une tempête, et menacé déjà d'une tempête plus redoutable. On reconnut Buonaparte à ce discours, d'autant plus astucieux, qu'il attribuoit la révolution à tout le peuple, tandis qu'il n'avoit trouvé d'appuis que dans les dernières classes de la société. Du reste nul auditoire ne fut mieux préparé. Vers la fin de la revue on vit arriver Cambronne à la tête des officiers du bataillon de l'île d'Elbe, qui portoient les anciennes aigles; l'esprit militaire en fut exalté. Les troupes défilèrent au son d'une musique militaire, qui jouoit l'air: *Veillons au salut de l'empire*, s'efforçant ainsi de ressusciter les chants de triomphe et de gloire.

Des succès si rapides, obtenus à l'aide d'une trame, ne pouvoient dérober long-temps à l'usurpateur son isolement et sa foiblesse. Sa puissance ne résidoit plus que dans une armée en révolte et dans une faction qui le détestoit. Il forma son ministère, ou plutôt il reçut ses collaborateurs pour ministres, parmi lesquels figurèrent trois régicides et un homme souillé d'un crime presque aussi énorme. Bassano reparut auprès de sa personne avec le titre de secrétaire d'Etat. Fouché envahit de plein droit le département de la police générale; celui de la guerre échut au maréchal Davoust. Carnot, laissant de côté l'égalité républicaine, prit avec le titre de *comte* le ministère de l'intérieur. Le duc Decrès reprit la marine, le duc de Gaëte les finances, le comte Mollien le trésor, et ce trésor étoit garni de *soixante et onze millions* laissés avec une insigne *bonne foi* par le ministre des finances de Louis XVIII (1). Le comte de Ségur se ressaisit de son département des cérémonies impériales; et M. de Caulincourt n'hésita point à se jeter de nouveau dans l'abîme des affaires étrangères. En horreur, même à ses collègues, Savary fut relégué à la gendarmerie. Réal garda la con-

---

(1) M. l'abbé Louis.

tre-police de la capitale. La préfecture de la Seine tomba à M. de Bondy, ancien préfet de Lyon; et le reste du pouvoir dans les mains des Thibaudeau, des Merlin, des Regnault, des Lavalette, des Boulay, des Defermon, etc... ; appelés aux délibérations secrètes et au conseil intime. Bravant l'opinion publique, ces hommes se déclarent les suppôts de l'usurpateur; ils se grouppent autour de sa personne, et jettent avec lui les premiers fondemens de son gouvernement éphémère. Sans aucun souvenir du passé, sans prévoyance de l'avenir, fiers d'avoir poussé leur patrie dans toute sorte d'écueils, se croyant seuls capables de gouverner, tandis que leur funeste talent ne les rend propres qu'à détruire, la plupart prennent sur eux la responsabilité d'une subversion terrible, et consentent à partager avec Napoléon l'exécration de l'univers. Leur habileté consiste à lui soumettre la France d'un bout à l'autre : peu de jours vont suffire *à ces fidèles serviteurs si cruellement éprouvés, mais alors si complètement dédommagés*, selon l'expression de *l'archichancelier de l'empire* (1); tous se hâtent de complimenter leur maître sur son heureux retour et sur la sagesse de sa nouvelle politique.

---

(1) M. Cambacérès.

Dès le 21 mars, des actes concertés signalent sa rentrée dans le gouvernement de l'Etat. Les gardes nationales mobilisées, par ordonnance royale, rentrèrent en non activité; la session extraordinaire des conseils généraux des départemens demeura close, et toute l'administration fut rendue aux préfets; les règles établies dans l'ordre administratif et dans l'ordre judiciaire furent remises en vigueur comme elles l'étoient antérieurement au 1er avril 1814; en un mot tout prit un aspect menaçant, et l'étroite alliance entre les démagogues et un despote militaire, fut accomplie au milieu du deuil général. La France se vit foulée aux pieds par une armée rebelle, comme le fut l'empire romain aux funestes époques de sa dégradation. Une faction perfide dispersa tous les élémens de notre constitution politique, mit en fuite le roi légitime, et replaça sur le trône un soldat qui avoit rompu le charme de sa renommée. Le bruit seul de ses progrès avoit frappé d'épouvante, ou condamné à l'inertie la majorité de la nation; les lois, la discipline, les liens sociaux sembloient ne plus exister. La défection où la révolte n'éclatoient pas seulement sous les yeux de l'usurpateur, mais partout où il y avoit un régiment, une garnison, un corps d'armée.

Les sentimens du devoir et l'habitude de la discipline ne servoient même plus de frein aux troupes d'élite ; tant le mal étoit contagieux !

On avoit aussi abusé le ministère sur les dispositions de l'ancienne garde impériale réduite à quatre mille hommes, sous le nom de chasseurs et de grenadiers royaux. Réglés dans leur conduite, ils avoient montré un tel esprit d'union et de sagesse, qu'on les avoit crus conquis au pouvoir légitime, tandis qu'ils épioient une révolution plus favorable à leurs sentimens secrets. Les transformer en garde royale, et leur confier la personne du monarque, c'eût été créer de nouveaux prétoriens qui auroient fait et défait le gouvernement. On en avoit, dit-on, formé le projet. Les grenadiers tenoient garnison à Metz, et les chasseurs à Nancy, se trouvant placés les uns et les autres dans le gouvernement militaire du maréchal Oudinot, duc de Reggio. Une haute réputation de loyauté et de valeur environnoit cet illustre maréchal ; elle étoit un sûr garant que les troupes sous ses ordres ne recevroient de lui que l'impulsion de la discipline et de la fidélité.

L'ancienne garde, avant de se diriger sur Melun pour faire partie de l'armée royale, s'étoit formée aussitôt en bataillons de marche(1). En l'absence du général Friant, le général Roguet commandoit les grenadiers. Du reste les instructions portoient de n'employer ces troupes d'élite qu'avec précaution.

A son arrivée à Metz, le maréchal duc de Reggio avoit adressé aux officiers de la garnison ces paroles, qui peignent à la fois l'élévation et la pureté de son âme : « Le roi et l'hon- » neur, voilà, Messieurs, notre unique bous- » sole ! » On faisoit monter à près de vingt-cinq mille hommes les troupes placées alors dans le gouvernement de Metz. Tout ce qui étoit disponible sortit des cantonnemens, soit pour se diriger sur Melun, soit pour soutenir au besoin le maréchal Ney, dont la défection ne pouvoit être soupçonnée par celui que l'opinion publique a surnommé, avec tant de justesse, le *second Bayard français*. Mais déjà la trahison manœuvroit dans l'ombre et à son insu. A peine l'ancienne garde fut-elle en route, grenadiers et chasseurs, que sa contenance fit présager sa défection. Un comité secret d'officiers avoit dépêché, dit-on, à Buonaparte un député

---

(1) Deux bataillons de grenadiers et deux bataillons de chasseurs.

chargé de lui demander qu'il indiquât le point où sa garde devoit le joindre. Parti de Lyon le 12, après avoir rempli sa mission, cet envoyé militaire vint s'aboucher avec ses camarades à leur passage à Toul (1). Dès-lors la désertion est décidée. En sortant de Toul, les grenadiers, laissant de côté la route qui leur est tracée, suivent celle de Vaucouleurs pour gagner Sens, et se réunir à Buonaparte. En vain le maréchal Oudinot accourt, espérant les faire rentrer dans le devoir. Sourds aux sollicitations de ce fidèle chef, ils se contentent de répondre : *M. le maréchal, il n'est plus temps.* Venu au-devant des grenadiers, le général Friant les trouva en pleine révolte, et les conduisit à Buonaparte.

Le duc de Reggio s'étoit porté aussi auprès des chasseurs qui marchoient de Nancy à Chaumont dans l'espoir de les ramener; mais leur sédition fut encore plus caractérisée. Ils avoient reçu les émissaires de Buonaparte, dévoroient ses proclamations, et venoient d'avoir connoissance de la défection du maréchal Ney. Ce fut sur la place même de Chaumont que, le 18 mars, officiers et soldats, cessant de dissimuler, foulèrent aux pieds la cou-

---

(1) Voyez les pièces du procès du maréchal Ney.

leur royale, pour arborer la cocarde tricolore et les autres signes de rébellion que la plupart d'entr'eux avoient tenus cachés jusqu'alors. Le duc fit d'inutiles efforts pour rappeler cette troupe au devoir et à l'honneur. Mais tout l'ascendant qu'une réputation sans tache pouvoit exercer sur des soldats ébranlés par une sorte de vertige, le maréchal Oudinot l'obtint. Le reste de son corps d'armée, c'est-à-dire la presque totalité, lui obéit et rentra dans ses cantonnemens, à l'exception toutefois de deux compagnies de hussards royaux qui se portèrent vers Buonaparte. Ce fut à l'occasion de cette défection partielle que le jeune Oudinot, colonel de ces mêmes hussards, électrisé par l'exemple de son père, et digne de marcher sur ses traces, arracha le drapeau des mains des soldats révoltés, et le conserva sans souillure au péril de ses jours. Maître encore de la masse de ses troupes par le seul exemple de ses vertus militaires, le maréchal duc de Reggio alla se renfermer dans la place de Metz, nourrissant encore l'espérance de conserver à son roi cette ville importante. Quel contraste entre son dévouement honorable et la conduite criminelle du maréchal son collègue, qui en un seul jour avoit flétri tous ses lauriers!

Trahi aussi par ses propres soldats, le maréchal duc de Bellune fit éclater des sentimens de fidélité dignes d'être consignés dans cette histoire. La défection prit dans son gouvernement (la cinquième division militaire) un caractère de perfidie. Dès le 16 mars le maréchal avoit réuni à Châlons-sur-Marne les corps sous ses ordres, destinés à marcher contre Buonaparte. Mais c'étoit à Châlons que le général Rigau débauchoit les soldats, cherchoit à soulever le peuple, et donnoit asile à Desnouettes dont il étoit le complice. Toutefois il cachoit encore sa trahison sous des dehors trompeurs. Consulté par le duc de Bellune sur les dispositions des soldats placés sous son commandement, il témoigne de la sécurité, promet de servir le roi, et se plaint qu'on distribue, dans les villes et dans les campagnes, des proclamations contre l'autorité royale, proclamations que lui-même faisoit imprimer et répandre. Le maréchal, abusé par cette lâche duplicité, avoit été prendre les ordres du roi à Paris. Revenu à Châlons le 20 mars, il se dispose aussitôt à porter une partie de son corps d'armée sur la rive droite de la Marne, dans les diverses directions de la capitale pour combattre l'usurpateur. Il ordonne un mouvement en avant, et appelle près de lui les colonels chargés de l'opérer. Mais déjà Rigau, faisant mettre sous les armes les troupes réunies à Châlons, leur apprend la marche de Buonaparte et sa prochaine entrée dans la capitale; puis foulant sous ses pieds le Lis et la croix de Saint-Louis, il ordonne à ses soldats de crier *vive l'Empereur!* Le 5ᵉ de hussards et le 12ᵉ d'infanterie de ligne se montrent seuls dociles à sa voix et aux instigations de Lefebvre-Desnouettes, mêlé parmi la populace. Averti de cette révolte, le maréchal ordonne aux colonels de retourner en toute hâte près de leurs régimens, hors d'état d'y marcher lui-même par suite d'une blessure grave reçue au champ d'honneur (1). Les colonels aperçoivent sur la place publique les soldats en pleine insurrection, et le général Rigau à leur tête, les haranguant, les excitant de plus en plus à la révolte : indignés, ils le menacent de coups de sabre, s'il ne se retire. Rigau craint l'arrivée des autres régimens qu'il n'a pu entraîner, et se réfugie à Epernay, escorté par les hussards et le 12ᵉ de ligne dont il a provoqué la défection. Le lendemain, il fait publier l'installation de Buonaparte, reprend, en son nom, le

---

(1) A la bataille de Craonne, en mars 1814.

commandement du département de la Marne ; et au moment même où le maréchal donne des ordres pour qu'on s'assure de sa personne, il pousse l'audace jusqu'à ordonner l'arrestation du maréchal. Le fidèle Bellune ne songea plus dès lors qu'à joindre le roi et à partager sa destinée. Ainsi, au moment où Louis XVIII s'éloignoit de sa capitale, il n'y avoit déjà plus sur la ligne de sa retraite, ni sur aucune des directions du Nord, un seul régiment armé pour le soutien de l'autorité légitime.

Quels regrets pour l'usurpateur, en entrant dans le palais de ses maîtres, de n'avoir pu se saisir de leurs personnes augustes! Ne perdant pas un moment pour consommer l'œuvre de sa conspiration, il met en toute hâte des troupes à leur poursuite, et fait manœuvrer le télégraphe dans la direction de Lille. Mais la Providence, qui veilloit aux jours de Louis, protégeoit sa retraite et celle des princes à travers une armée en révolte; elle les conduisoit heureusement hors des atteintes du crime.

Suivons les traces du monarque abandonné, trahi, réduit à chercher un asile hors du royaume. Laissant partout l'impression la plus profonde de sa bonté, le roi étoit arrivé le 20 mars à Abbeville vers cinq heures de l'après-midi;

avec l'intention d'y attendre les troupes de sa maison sous les ordres des princes et du maréchal duc de Raguse. Le lendemain, le duc de Tarente, ayant rejoint le roi, démontra la nécessité de s'éloigner davantage. Sur son rapport on prit la résolution de se renfermer à Lille, et on envoya immédiatement l'ordre aux princes et à la maison militaire de s'y diriger par la route d'Amiens. En sortant de la capitale, la maison du roi, qui formoit trois ou quatre mille hommes montés, s'étoit dirigée sur Beauvais, avoit marché toute la nuit du 19 au 20, et toute la journée du 20 presque sans s'arrêter, voulant passer le pont de l'Oise à Beaumont avant que les troupes de Buonaparte eussent pu s'en emparer. Là on sut que le roi se retiroit vers Lille, et qu'on alloit le suivre. On pouvoit à chaque minute être attaqué. A six heures du soir on s'arrête à Noailles : l'arrière-garde, composée des mousquetaires gris, des cent-suisses et d'une partie des gardes de MONSIEUR, fait halte à Puisieux. Après une marche si accablante, les chevaux et les hommes avoient besoin de repos. De fausses alertes sont données dans la soirée et pendant la nuit. A peine entroit-on à Beauvais le lendemain, qu'on annonça la cavalerie de Buonaparte. On place aussitôt des postes; on monte à cheval: c'étoit encore une fausse alerte. Après quelques heures de repos, on se remet en mouvement. Les princes apprennent l'entrée du roi dans Lille, ce qui redonne de l'espoir à cette brave élite, à laquelle s'étoient joints un grand nombre de volontaires. MONSIEUR et Mgr le duc de Berri, toujours à la tête de ces Français fidèles, en partageoient les fatigues, et en admiroient la constance. A la vue d'Abbeville, le bruit se répand qu'un régiment de cuirassiers se dispose à défendre le passage de la Somme. On se met en ordre pour charger l'ennemi; mais des avis plus sûrs annoncent bientôt que les portes sont ouvertes, et qu'il n'y a dans la ville qu'un dépôt de cavalerie. La maison du roi reçut à Abbeville la plus douce récompense de sa fidélité: hommes, femmes, enfans, vieillards, toute la population entouroit les officiers royalistes et les portoient pour ainsi dire en triomphe. Ces loyaux habitans d'Abbeville avoient vu le roi la veille: les expressions d'amour, les attentions les plus touchantes avoient attesté leur dévouement. Un officier des cuirassiers ose mêler des cris séditieux à ce concert de bénédictions; il a l'insolence de crier *vive l'empereur!* sur le passage même de Mgr le duc de

Berri. Le peuple et quelques grenadiers royaux alloient en faire justice; la clémence des princes arrêta les bras vengeurs prêts à punir le rebelle qui insultoit aux malheurs de la famille royale. On partit d'Abbeville. Plus on avançoit vers le nord, plus le peuple se montroit dévoué au roi. Le 23, les princes couchèrent à Saint-Pol, et en partirent le lendemain pour Lille en passant par Béthune, ville toute royaliste, où le drapeau blanc ornoit toutes les fenêtres, et où les habitans hospitaliers s'arrachoient les officiers royaux. Jusque-là les princes croyoient joindre le roi, qui le 22 avoit fait son entrée à Lille, devancé par le duc d'Orléans, par le duc de Trévise et par le maréchal duc de Tarente. En se dirigeant sur cette place importante, le roi avoit pensé qu'il s'y maintiendroit difficilement au milieu d'une garnison nombreuse et mal disposée. L'ordre de la tenir hors de la ville avoit été donné; mais le maréchal duc de Trevise, par des motifs inconnus, l'avoit fait rentrer. Ce fâcheux incident déconcertoit tout le plan de résistance. Si la garde nationale et la maison du roi, débarrassées des troupes de ligne, et secondées par le patriotisme des habitans de Lille, pouvoient assurer au roi ce dernier asile sur le territoire français, il n'en étoit plus de même en présence d'une garnison préparée à la révolte. Le roi persista néanmoins, plein de confiance dans les vives démonstrations d'amour et de fidélité que lui prodiguoient les braves Lillois. Sa présence avoit porté à son comble l'enthousiasme du peuple. Une foule empressée se portoit sur les pas du monarque, faisant tous ses efforts pour émouvoir les soldats, répétant sans cesse devant eux le cri de *vive le roi! vivent les Bourbons!* Mais le sombre silence du soldat ne présageoit que trop sa prochaine défection. Bientôt, en effet, le maréchal Mortier vient déclarer au roi qu'il ne peut répondre de la garnison, et qu'il n'est plus en son pouvoir de faire sortir les troupes. D'inutiles efforts sont encore tentés pour les éclairer sur les funestes résultats dont leur trahison va être suivie, et sur les malheurs inévitables qu'elles attirent sur la France. Mais tout étoit combiné à Paris, pour que le roi fût forcé de se séparer de ses sujets fidèles, et de chercher un refuge sur le sol étranger. Bassano, faisant les fonctions de ministre de l'intérieur, avoit déjà transmis au préfet de Lille des instructions au nom de l'usurpateur. L'ordre d'arrêter Louis XVIII et tous les princes étoit même parvenu au maréchal duc de Trévise, lequel reçut aussi une lettre de Fouché, qui, dit-on, le pressoit de hâter le départ du roi. Dans la position délicate où s'étoit placé le maréchal, en mettant pour ainsi dire le roi à la merci des troupes, il ne lui restoit plus qu'à déterminer le monarque à s'éloigner pour éviter de plus grands malheurs. Le maréchal se présente à M. le comte de Blacas, et lui déclare que sur le bruit répandu généralement que Mgr le duc de Berri doit arriver avec la maison militaire et deux régimens suisses, toute la garnison est prête à se soulever; il presse le comte de Blacas de conjurer le roi de se soustraire au plus affreux attentat, offrant de l'escorter lui-même hors des portes pour imposer aux soldats; ce qui deviendroit impossible, si le départ étoit différé d'un seul instant.

Le roi se détermine alors à expédier à sa maison l'ordre de se diriger sur Dunkerque; et ne pouvant s'y porter directement, il prend la route d'Ostende, en passant par Menin, accompagné jusque-là par le maréchal duc de Tarente : la religion du serment et la foi de l'honneur n'étoient pas éteintes dans le cœur de tous les braves.

Malheureusement l'ordre de marcher sur Dunkerque ne parvint ni aux princes ni à la maison militaire; ils furent seulement informés à Béthune que le roi venoit de quitter Lille, et ils connurent alors toute l'étendue des malheurs qui menaçoient le royaume. Le cœur navré, mais sensibles à l'accueil des habitans de Béthune, les officiers de la maison du roi y répondoient par des témoignages réciproques d'affection, lorsque tout-à-coup les cris d'alarme : *à cheval, à cheval, voilà l'ennemi!* se firent entendre. En cinq minutes les gardes-du-corps, les compagnies rouges, les gardes de MONSIEUR, sont en bataille sur la place de Béthune, tandis que les volontaires royaux occupent les remparts, et que les grenadiers à cheval sont déjà en présence du troisième régiment de lanciers renforcés par cinquante grenadiers de l'ancienne garde, venus d'Arras, et marchant à eux d'un air menaçant. Tous les regards des royalistes brilloient du feu le plus pur; le nom du roi sortoit de toutes les bouches, et sembloit promettre la victoire. On ne demandoit qu'à charger. Bientôt les trois cents soldats sont investis de tous côtés par les troupes royales; et dans l'excès de leur délire ils font encore entendre le cri de la révolte. Survient Mgr le duc de Berri à cheval, au moment même où M. de Talon faisoit mettre pied à terre aux rebelles. Le

prince, accompagné du comte de Nantouillet, s'approche d'eux, parcourt leurs rangs, fait parler l'honneur, rappelle les soldats à la fidélité, et les engage à crier *vive le roi!* Saisis de respect, mais retenus par leurs officiers, ils restent sourds à la voix du prince. Il étoit maître de la vie de ces insensés; enveloppés de toutes parts, ils tomboient au premier mot de sa bouche; mais le digne rejeton de Henri IV répond à ceux qui l'invitent à faire un exemple: « Voulez-vous frapper des gens qui ne se dé-
» fendent pas? Vous voyez bien, dit-il ensuite
» aux buonapartistes, que nous pourrions vous
» exterminer tous ; mais vivez malheureux, et
» disparoissez! » L'un d'eux se met à crier *vive l'empereur et le duc de Berri!* et tous répètent ce cri tout à la fois de révolte et de reconnoissance. Soumis à la voix de leur prince, les royalistes ouvrent leurs rangs, et laissent passer en paix les rebelles.

La maison du roi ne descendit pas de cheval: tout devenoit hostile autour d'elle. On avoit la triste certitude que le roi venoit de quitter Lille: tous les esprits étoient abattus. L'espérance ne soutenoit plus cette loyale jeunesse dont la mission alloit se borner, selon des bruits répandus avec des desseins secrets, à conduire les princes jusqu'à la frontière. Ici l'histoire peut tout au plus indiquer par quelle imprévoyance d'une part, et de l'autre avec quelle intention perfide la position de Béthune devint si funeste aux troupes royales, par l'effet d'une dislocation forcée, d'une séparation subite entre ceux qui voulurent passer outre, et ceux qui s'obstinèrent à vouloir attendre des ordres. Ces déplorables résultats, on les impute à l'encombrement de la ville et à la confusion des corps; à des ordres de licenciement mal interprétés ou mal rendus; à l'absence ou au partage du commandement, souvent méconnu et mal exercé. Tous ceux qui ne se mirent point en route, succombant sous le poids du chagrin et de la fatigue (ils étoient nombreux), se renfermèrent dans Béthune, sous les ordres des généraux de la Grange et Montmarie. Le reste, au nombre de deux mille hommes à cheval, conduits par le duc de Raguse, le général Lauriston, et une vingtaine de généraux, se jeta, pour gagner la route d'Ypres, à travers les marais d'Estaires, dans des chemins de traverse presqu'impraticables, quoiqu'il y eût à droite et à gauche deux routes qui menoient au même but. L'infanterie étoit restée presque toute à Béthune. Le colonel baron de Druault, commandant les volontaires de

Paris, apprenant le lendemain qu'on doit livrer, dans Béthune même, le reste de ces troupes fidèles, prend aussitôt la résolution de franchir les portes de la ville avec le peu d'hommes qu'il lui est possible d'assembler à la hâte. Il n'a pu en réunir que quatre-vingts, et c'est à la porte de Lille qu'il se présente pour en forcer le passage. Tel est l'effet du discours qu'il improvise d'enthousiasme devant le poste assemblé, que les soldats qui le composent se mettent immédiatement tous à sa suite. Le baron de Druault rejoignit les troupes à cheval qui se trouvoient déjà engagées dans le terrain fangeux d'Estaires; les chevaux pouvoient à peine en sortir. Déjà les habitans du canton de Léventie, pays qui avoisine Béthune, s'attachant aux voitures et aux canons des princes, les avoient tirés de ces bourbiers affreux. C'étoit ce chemin sans fond, réduit en pâte à une profondeur de plusieurs pieds, qu'avoit à parcourir cette belle cavalerie. Des jeunes gens qui, pour la première fois, avoient chargé leurs bras d'une arme pesante; des vieillards, qui faisoient à pied des marches forcées; et l'artillerie, les bagages restoient enfoncées dans la fange. Lorsqu'un cheval s'abattoit, il étoit perdu sans ressource. Cette troupe fidèle s'avançoit péniblement;

sans être rebutée, ni par les privations, ni par la fatigue, ni par l'incertitude d'une marche que la défection des garnisons voisines rendoit à chaque instant plus périlleuse. A Estaires, on retrouva le même accueil, les mêmes soins qu'à Béthune. Mais vaincues par le chagrin, les troupes royales n'étoient plus susceptibles de consolations. Après quelques heures de repos, elles remontèrent à cheval. Le 25 mars, à la pointe du jour, on arrive enfin à Neuve-Eglise, sur la grande route de Lille à Armentières. Là, on apprend que les princes ont touché le sol étranger; que, privés de communications avec le roi, ne pouvant agir d'après ses ordres, la générosité leur a inspiré de ne pas compromettre cette fleur de la jeunesse française; que trop émus pour parler eux-mêmes, ils ont chargé les chefs des corps de lui rendre ses sermens; en un mot, de laisser chacun libre de se retirer, ajoutant toutefois que ceux qui les suivroient partageroient toujours leur bonne ou leur mauvaise fortune.

Ce moment fut déchirant, et arracha des larmes. Une grande partie de la maison du roi rétrograda sur Armentières, et y reçut son licenciement prononcé dès le 13 mars à Lyon par l'usurpateur. En congédiant les braves cent-suisses, le comte de Diesbach leur donna à tous rendez-vous dans leur patrie : pas un ne manqua d'y reprendre son rang, sous les ordres de ce digne chef. Le 26 mars, on rentra dans Béthune. Là, surpris et renfermés par des ordres reçus de Paris, les gardes-du-corps se virent forcés de laisser leurs chevaux. On délivra ensuite des feuilles de route à ceux qui prirent l'engagement de retourner dans leurs foyers ; mais une fois hors de la ville, se voyant en danger, ils quittèrent leur uniforme. Le 27 mars, les compagnies rouges furent licenciées à Saint-Pol.

Tous les départemens du Nord furent bientôt subjugués. Les troupes que l'usurpateur avoit envoyées à la poursuite du roi, et dont l'avant-garde étoit commandée par Excelmans, rencontrèrent une partie des officiers royalistes qui revenoient isolément et par détachemens, en vertu de l'espèce de capitulation que la fraude et la surprise leur avoientt fait accepter à Béthune. Ce fut alors qu'on vit des soldats ajouter au crime d'avoir trahi leurs sermens celui de maltraiter, de dépouiller, de mutiler même des Français restés fidèles à l'honneur, et de s'approprier leurs chevaux, dont ils firent un trafic honteux, sans profit pour l'Etat. Disséminés, exilés bientôt à cinquante lieues de Paris, les militaires de la maison du roi qui s'étoient retirés la plupart à travers les outrages et les vexations des troupes rebelles, se jetèrent ensuite en assez grand nombre soit dans le Midi soit dans la Vendée.

Cependant les princes, avec une poignée de braves qui n'avoient pas cessé de les accompagner, s'étoient dirigés du côté d'Ypres. A peine Mgr le duc de Berri eut-il dépassé la frontière, qu'un détachement de la cavalerie de Buonaparte se présenta pour passer la Lys à sa poursuite. Un officier du septième bataillon belge, qui commandoit le poste du Pont-Rouge, s'y opposa, et par sa contenance et son énergie, força les soldats de l'usurpateur de respecter le sol étranger.

Le roi, navré de douleur, suivi par les paysans de l'Artois et de la Flandre, qui le combloient de bénédictions, étoit arrivé à Ostende le 24 mars, accompagné d'un petit nombre de personnes de sa maison et d'officiers français. Il espéroit encore se rendre à Dunkerque dès que cette ville seroit occupée par les princes. Ce ne fut que le lendemain, à huit heures du soir, qu'il sut MONSIEUR arrivé à Ypres, sur le territoire belge. Alors se fit sentir tout le fardeau des sentimens douloureux ; le roi fut surtout accablé de la destinée que venoit d'éprouver sa maison militaire. Il apprit également, à son arrivée à Ostende, que le télégraphe de Paris avoit transmis l'ordre d'arrêter tous les princes de sa famille qui se trouveroient sur le sol français. On frémit quand on songe que ce criminel complot, tant de fois formé, tant de fois déjoué, a failli recevoir son exécution. Le 26 mars, quand ce bon et malheureux monarque se rendit dans l'église d'Ostende pour invoquer en faveur de son peuple le Dieu de miséricorde, les habitans se portèrent à sa rencontre, et firent retentir l'église des cris de *vive le roi!* Toutes les femmes fondoient en larmes.

Ainsi l'usurpateur, aidé par l'activité de ses adhérens, se trouva le maître, sans coup férir, de tout le nord de la France. La Lorraine, où la masse du peuple s'étoit prononcée en sa faveur, comprima aussi les royalistes. Un vénérable ecclésiastique y donna un témoignage de fidélité et de courage digne d'être cité. Le 17 mars, au moment même où la trahison du maréchal Ney retentissoit dans les Vosges, et y enflammoit les partisans de Napoléon, le curé de Plombières (1) célébroit publiquement

---

(1) M. Maffioli. Ce respectable ecclésiastique avoit adressé,

l'anniversaire de l'entrée en France de MONSIEUR, frère du roi. C'étoit lui et le maire (1) qui les premiers avoient reçu, à pareille époque, l'auguste prince avec tous les honneurs dus à son rang.

D'autres beaux exemples étoient donnés en Franche-Comté par des préfets en fonctions et par des officiers généraux. Toutes les troupes du gouvernement du maréchal Ney ayant reçu l'ordre de se diriger sur Dijon, et de là sur Auxerre pour joindre Buonaparte, le colonel du 6e léger s'y refusa; il passa outre, et arriva le 22 mars à Lons-le-Saulnier avec la cocarde blanche. Son régiment manifestoit le meilleur esprit. Le général Jarry le reçut, et dans une harangue militaire le combla d'éloge sur sa discipline, sa fidélité à ses drapeaux et au roi. Cette conduite de deux fidèles sujets, si digne d'être louée, formoit un contraste frappant avec celle qu'avoit tenue, huit jours aupara-

---

le 17 mars 1814, à MONSIEUR, frère du roi, qu'il recevoit à la porte de l'église de Plombières, ces paroles : *Benedictus qui venit in nomine Domini*; Béni soit le fils de Saint-Louis qui nous vient au nom du Seigneur. Le prince répondit : *Et in adjutorio Altissimi.* Les neveux de ce digne pasteur (MM. Maffioli), l'un, officier dans la garde nationale parisienne; l'autre, avocat à la Cour royale de Nanci, ont embrassé et servi la même cause, avec un zèle égal au noble exemple de leur oncle.

(1) M. Jacotel.

vant, dans la même ville, et sur la même place le gouverneur de la province. La disparition du drapeau tricolore et le refus de faire afficher les proclamations de Buonaparte attirèrent bientôt au général Jarry une honorable disgrâce : le commandement que lui avoit confié le roi lui fut retiré. Plus d'espérance alors de maintenir la bonne cause dans ces départemens. A Besançon, l'attitude ferme et courageuse du préfet comte de Scey avoit comprimé les desseins des autorités militaires ; et pendant six jours cette ville avoit donné un exemple remarquable de ce que peut la force de caractère d'un seul homme sans moyens matériels de défense contre les vœux et les projets des chefs de la force armée. Le 21 mars une insurrection d'officiers à demi-solde éclata dans la ville. Le commandant d'armes, M. Durand, donne à l'instant sa démission ; le préfet est contraint de se retirer, et le drapeau tricolore n'est arboré qu'après son départ. Au moment où le nom seul de ce fidèle magistrat luttoit à Besançon contre l'influence militaire, on recevoit, daté d'Auxerre, le décret de Buonaparte, qui ordonnoit, sur le rapport de Ney, son arrestation et sa mise en jugement. Les officiers généraux, les colonels et officiers supérieurs qui avoient blâmé la désertion du maréchal, étoient enveloppés dans cette mesure de proscription. Le préfet s'étoit retiré pour ainsi dire de position en position. A l'installation des nouvelles autorités, il passa la frontière, et se réfugia en Suisse (1).

La défection de toute l'Alsace répondit aussi à l'attente de l'usurpateur. Le maréchal Suchet, duc d'Albuféra, celui de tous nos généraux qui s'est le plus illustré dans les guerres de la péninsule, tenoit le gouvernement de cette province. Il avoit reçu, le 6 mars, du ministre de la guerre, l'ordre de se rendre en toute hâte à Strasbourg: dès qu'il en avoit connu le motif, il n'avoit pas hésité de témoigner des craintes sur la défection de l'armée, si on ne la retiroit de la ligne qu'alloit suivre Napoléon. C'est ce juste aperçu qui avoit manqué au conseil et aux ministres du roi. Le maréchal devança les courriers en Alsace. A son arrivée à Strasbourg, il ordonne, le 12 mars, pour ranimer la confiance, une grande parade, et tandis que les troupes défilent, toutes les musiques des régimens font en-

---

(1) Après y avoir rallié les jeunes gens des meilleures familles de Franche-Comté, il rentra dans la province en 1815, et y arbora le drapeau blanc à main armée.

tendre l'air de *vive Henri IV!* Le soir au spectacle, le maréchal fait crier *vive le roi!* Il avoit déjà réuni les chefs des corps, leur avoit fait lecture de l'ordonnance royale contre Buonaparte, et avoit vu avec surprise quelques officiers supérieurs verser des larmes. Il leur prescrivit de réunir les officiers et sous-officiers, et de les rappeler à leur devoir. Le maréchal faisoit imprimer et publier successivement toutes les ordonnances qu'on lui expédioit de Paris. Dans l'intervalle, il reçut l'ordre de former à Béfort un camp avec ses troupes disponibles, sans trop affoiblir ses garnisons, et de marcher ensuite en Franche-Comté pour appuyer les corps qui manœuvroient sur ce point; il fit aussitôt ses dispositions. Aux termes de l'ordonnance royale, il réunit les officiers à demi-solde et les militaires retraités, dont le nombre passoit cinq mille dans son gouvernement, et rendit tous ceux qui résidoient à Strasbourg responsables du maintien de la tranquillité publique.

Cependant le maréchal Suchet avoit trouvé une disposition inquiète dans les esprits : les partis se prononçoient. A mesure que Buonaparte avançoit, les cafés, les lieux publics devenoient autant d'arènes où les passions se montroient à découvert. Les garnisons qui occupoient alors les places de première ligne étoient autant de foyers de sédition. A Strasbourg, on avoit rassemblé une foule de soldats sortis des prisons de Hongrie, de Russie, d'Angleterre, et qui, dans les guerres d'Espagne et du Nord, avoient contracté l'habitude de tous les excès que toléroit Buonaparte. Accoutumés à la licence des camps, et devenus étrangers aux travaux de l'agriculture, ces hommes disoient, dans leur jargon, que « la terre étoit trop basse pour eux. » Ils détestoient la discipline, et ne désiroient que la guerre pour vivre à discrétion dans les pays envahis. C'étoit aussi en partie un assemblage d'hommes des dernières classes, vrais idiots qui suivoient machinalement l'impulsion de leurs chefs ou de leurs camarades. Des jeunes gens de l'artillerie et du génie, sortis de l'Ecole polytechnique et de celle de Saint-Cyr, enflammés pour Napoléon, secondoient les officiers supérieurs et subalternes qui souffloient le feu de la révolte. La population de l'Alsace d'ailleurs s'étoit altérée depuis la révolution. De nouveaux propriétaires, étrangers au pays, une tourbe immense de suppôts de la fiscalité impériale, étoient les auxiliaires naturels de la soldatesque qui chérissoit la tolérance de Buonaparte pour le brigandage. Dans le département du Haut-Rhin, le mal étoit si invétéré, que le préfet comte de la Vieuville écrivit le 31 mars, « que son département sembloit n'avoir jamais » connu d'interruption dans le régime du gou- » vernement impérial. »

Les agens de l'usurpateur, pour augmenter le nombre des mécontens, avoient supposé au roi et aux princes l'intention d'exclure de toutes les places les protestans qui, en Alsace, forment une classe industrieuse. Ces insinuations semées avec perfidie, égaroient ou aigrissoient les esprits. Les révolutionnaires avoient même poussé la noirceur jusqu'à répandre le bruit qu'une nouvelle Saint-Barthélemy se préparoit, et que le massacre des protestans étoient infaillible : abusés par cette fable atroce, ceux-ci montroient la plus grande exaspération contre le gouvernement royal. Avec de telles dispositions, et dans une telle crise, il devenoit difficile de maintenir en Alsace l'autorité du roi.

A la nouvelle de la défection de Lyon, les révolutionnaires de Strasbourg ne purent se contenir : ils tinrent dans les tavernes des conciliabules, tandis que les militaires, leurs complices, établissoient dans les casernes des comités insurrecteurs. Les fleurs de lis disparoissoient, et les factieux ne dissimuloient plus leurs espérances. Les autorités civiles fermoient les yeux par foiblesse sur les manœuvres des mécontens. Au milieu de l'abattement général, quelques royalistes courageux se prononçoient hautement pour le roi. Quatre jours s'écoulèrent en provocations de la part des soldats, et en hésitations du côté des autorités. Les 53ᵉ et 91ᵉ régimens inclinoient ouvertement à la révolte; le maréchal Suchet les dirigea sur Béfort, où devoit se former le camp d'observation; le lieutenant-général Maurice Gerard partit pour le commander. On assure que cet officier-général, ne dissimulant point ses sentimens pour Napoléon, avoit dit aux corps des officiers, le 16 mars, à Strasbourg: « Pour cette » fois il a tenu parole. Je ne l'ai pas quitté à » Fontainebleau jusqu'au dernier moment, et » il m'a souvent répété: Je reviendrai plus tôt » qu'on ne pense (1) ! » En traversant les rues, les troupes qui se rendoient à Béfort crioient déjà *vive l'Empereur !*

L'esprit de défection faisoit des progrès si rapides, que le maréchal Suchet proposa au préfet, comte de Kergariou, de cantonner les troupes de ligne hors de la place, et d'en confier la défense à la garde nationale; la réponse

---

(1) Voyez Recueil de pièces officielles, 21ᵉ livraison, p. 23.

négative du préfet lui fit assez pressentir qu'une grande partie de la garde urbaine, accoutumée, depuis vingt ans, à faire le service avec les soldats, en partageroit les écarts et la conduite.

Le maréchal ayant éloigné les deux régimens les plus exaltés, visita les troupes dans leurs quartiers, et remarqua tous les symptômes d'un soulèvement général. Il fit arrêter encore quelques officiers ouvertement séditieux. Mais les mesures coercitives devenoient impuissantes. La nouvelle de la trahison du maréchal Ney se répandit promptement et augmenta la fermentation.

Le préfet rompit alors le silence par une protestation de fidélité au roi; son exemple fut suivi par le maire et le conseil municipal; mais ces proclamations tardives n'imposèrent ni aux troupes ni aux factieux. Le conseil général du département s'étoit prononcé sans aucune hésitation.

Cependant quelques royalistes énergiques avoient formé le projet de faire entrer dans la place dix mille paysans, organisés en bataillons, qui, réunis à la masse des citoyens, auroient désarmé la garnison, réduite à trois mille hommes, et conservé Strasbourg au roi; mais les autorités n'avoient point assez d'énergie pour adopter un parti aussi vigoureux. Le gouverneur répondit qu'après avoir songé aux moyens de retenir dans l'obéissance les places de son gouvernement, il en avoit reconnu l'impossibilité ; que l'esprit du soldat étoit porté pour Buonaparte ; que ce n'étoit point sans peine qu'il avoit retenu la garnison prête à se déclarer à chaque instant ; qu'il étoit même douteux qu'elle obéît encore vingt-quatre heures (1). Ce fut de Béfort que partit le signal de la révolte. A peine arrivé dans cette ville, le général Maurice Gerard faisant arborer le drapeau tricolore, donna, le 22 mars, le signal de l'insurrection (2). Bientôt des officiers en courriers se montrent dans Strasbourg avec des signes de ralliement, tandis que de nombreux émissaires pénètrent dans la place, et y prennent le titre de commissaires de Napoléon. La nouvelle de l'entrée de l'usurpateur à Paris étoit publique ; et le Bulletin des Lois, arrivé rapidement, contenoit les décrets de Lyon. Le gouverneur fut accablé de lettres anonymes, qui toutes renfermoient des menaces, et annonçoient un soulèvement. Il fut informé que des corps

---

(1) Voyez Recueil de pièces officielles, 21ᵉ livraison.
(2) *Idem*.

entiers venoient d'envoyer des députations à Paris, pour se plaindre qu'il comprimoit l'élan des soldats. Bientôt le télégraphe et les courriers expédiés par Lavalette annoncèrent que la famille royale avoit quitté le sol français. Mille bruits absurdes répandus par les factieux, jetèrent les autorités dans l'anxiété et la stupeur. Telle étoit la position critique du maréchal Suchet, lorsqu'il fût prévenu que sept à huit cents soldats, et des hommes de la lie du peuple, avoient formé le projet de se porter aux prisons pour enlever les officiers séditieux, et forcer, à main armée, les autorités à se déclarer. Placé dans l'alternative de laisser un des boulevards de la France dans l'anarchie et à la merci du premier occupant, ou de partager la faute de tant d'officiers généraux qui faisoient arborer les couleurs de la rébellion, il céda, le 25 mars, et prescrivit pour le 26 l'exécution du décret impérial sur la cocarde tricolore. Dès le soir même, le peuple et les soldats, rompant le frein de la discipline, et dirigés par des officiers, se rendent en tumulte à l'hôtel de la préfecture, violent l'asile du premier magistrat, et le traînent au milieu d'eux dans la cour de son hôtel. Là, mettant la pointe de leurs épées sur sa poitrine, au son d'une musique séditieuse ; ils le menacent de la mort, s'il ne pousse avec eux le cri de *vive l'Empereur!* Pendant trois jours se prolongent ces saturnales, annonçant assez qu'une armée en révolte et une populace en délire maîtrisoient l'Etat et subjuguoient les bons citoyens. Le lendemain, le gouverneur fait arborer le drapeau tricolore, et, dans un ordre du jour, reconnoît l'autorité de Napoléon. Peu de jours après, il est rappelé à Paris, et remplacé sans ménagement dans le gouvernement de Strasbourg. Déjà le préfet, après l'horrible scène dont il avoit failli être la victime, s'étoit éloigné, et l'administration étoit restée entre les mains des rebelles.

L'importante place de Metz alloit aussi échapper au roi malgré la fidélité du maréchal duc de Reggio, et du préfet comte de Vau-blanc (1). Là, les instigateurs et les factieux, se montrant moins à découvert, sèment des bruits perfides, et persuadent à la garde nationale que les autorités songent à livrer la ville aux Prussiens. Ainsi partout ce n'étoit qu'à l'aide de l'imposture que pouvoit triompher l'usurpateur. La garnison de Metz, mise d'abord en mouvement par le maréchal duc de Reggio, n'étoit point rentrée dans la place, et

---

(1) Ministre de l'intérieur en 1815 et en 1816.

les dépôts en faisoient le service intérieur conjointement avec la garde nationale. A 11 heures du soir, le 25 mars, par une impulsion secrète, et à l'insu du gouverneur, on bat la générale dans les rues et les places publiques; la garde nationale prend les armes et occupe tous les postes; la révolution est irrésistible, et, le lendemain, les autorités civiles sont forcées de céder au mouvement dirigé contre l'autorité royale. Napoléon est proclamé, et il ne reste plus au gouverneur et au préfet qu'à se retirer pour gémir, dans la retraite, sur les malheurs de la France.

Ainsi furent rangées sous les lois de Napoléon nos provinces de l'est et du nord. Il reste à raconter maintenant l'infructueux essai des royalistes pour armer la Vendée, l'héroïque tentative de MADAME, duchesse d'Angoulême, pour conserver au roi la fidèle Bordeaux, et les efforts non moins héroïques de son auguste époux, dans l'espoir de sauver le Midi. Ces événemens mémorables, nous les retracerons après avoir porté nos regards au delà du Rhin, dans cette assemblée de rois, arbitres de l'Europe, qu'insultoit de nouveau celui qu'une année auparavant ils avoient désarmé et confiné dans une île. Cette auguste assemblée n'inspiroit déjà plus ni le même intérêt ni la même confiance ; l'esprit de rivalité et de désunion y régnoit. La politique du congrès étoit tournée alors contre les agrandissemens de la Russie, qu'on représentoit comme ayant pris la place de la France. « L'oppression est venue de » l'Ouest, disoit-on, elle viendra de l'Est dé- » sormais. » Au moment même où les alliés présentoient une apparente unanimité, l'Angleterre, l'Autriche et la France formoient en secret une ligue (1) contre la puissance et les prétentions de la Russie.

Instruit de ces divisions, et persuadé que l'opinion publique abandonnoit le congrès, Napoléon s'étoit élancé de nouveau sur l'Europe. *Le congrès est dissous* : tels avoient été ses premiers mots en touchant le rivage de France. Napoléon reparoît, et le congrès est ressuscité ; il reparoît, et lève tous les obstacles à une réconciliation cordiale, à une confiance réciproque ; il fait ajourner toute discussion et renaître l'esprit de prudence, d'union et d'énergie. Son apparition fait changer de direction à la politique, et force le congrès surpris à s'occuper sans délai de la sûreté des couronnes. Toute

---

(1) Au mois de janvier 1815, selon quelques aveux échappés dans les débats de la chambre des communes.

autre affaire étoit de peu d'importance comparée à un mal prêt à s'étendre comme une contagion, à moins qu'on n'y appliquât sur-le-champ des remèdes décisifs. Au moment même où arrivoit à Vienne la nouvelle du débarquement de Napoléon, le bruit s'y répandoit qu'il marchoit sur Grenoble, comme si l'indice de son plan eût échappé à l'indiscrétion de ses adhérens secrets.

Il étoit de la dignité des souverains et de leurs ministres de convaincre l'Europe par une démarche solennelle que les principes qui les avoient guidés pour sa délivrance, n'avoient pas céssé un instant d'être la règle de leur conduite; que résolus d'achever leur ouvrage, et de le maintenir, ils étoient décidés à combattre ensemble et de concert quiconque viendroit menacer la paix générale. Pénétrés de ce devoir, remettant dans l'oubli toute discussion personnelle, les souverains alliés, dont la douceur mal entendue avoit trop ménagé Buonaparte, se réunissent dans la pensée de l'écraser sans retour. Les plénipotentiaires des huit puissances signataires du traité de Paris (1) prennent l'engagement de maintenir

---

(1) L'Autriche, l'Espagne, la France, la Grande-Bretagne, le Portugal, la Prusse, la Russie, et la Suède.

intactes les dispositions sanctionnées par ce traité, et déclarent solennellement que Napoléon Buonaparte s'est placé par son évasion hors des relations civiles et sociales; et qu'il s'est livré à la vindicte publique comme ennemi et perturbateur du repos du Monde. Telle fut cette fameuse déclaration promulguée à Vienne, au nom de toutes les puissances réunies en congrès. C'étoit le 13 mars que Napoléon, s'érigeant en maître absolu de la France, avoit rendu les décrets de Lyon; et le même jour, à la même heure, le congrès, en le vouant à la vengeance des lois et des hommes, l'avoit considéré comme un brigand hors de la loi commune des nations. Cette déclaration foudroyante raffermissoit sur ses bases la société ébranlée par un chef de révolution qui ne reconnoissoit pour droit que son épée; elle étoit de nature à ouvrir les yeux des Français égarés qui déjà se groupoient autour de ce fantôme de gloire et de puissance. Apportée à Strasbourg, le 18 mars, par un courrier extraordinaire, elle auroit pu arrêter les chefs de la garnison au bord de l'abîme; mais un agent expédié de Vienne par les adhérens de Napoléon avoit suivi de près le courrier, à l'effet de démentir la déclaration. Il avoit affirmé que la plus grande désunion régnoit dans le congrès ; qu'à la vérité l'entrée de Buonaparte à Lyon étant encore ignorée, le prince de Talleyrand avoit surpris aux monarques la déclaration du 13 mars; mais que mieux instruit, l'empereur Alexandre s'étoit rétracté le lendemain; que d'autres princes avoient suivi son exemple, et qu'on pouvoit s'attendre à une prochaine dissolution du congrès. Des hommes déjà prévenus ou entraînés crurent ou feignirent de croire à un rapport aussi absurde que perfide, et la déclaration du 13 ne put réprimer les mouvemens de l'intérieur (1).

Elle étoit parvenue aussi à Lille le 22 mars, au moment même où Louis XVIII cherchoit un asile au milieu des Lillois. En vain on l'avoit répandue et placardée, dans l'espoir d'éclairer les troupes sur les funestes résultats de leur défection : la force seule pouvoit arrêter ce mal contagieux.

Le plan de Napoléon eût été incomplet, s'il n'avoit eu aussi pour objet l'enlèvement de l'archiduchesse Marie-Louise et de son fils; par là il eût ajouté à son entreprise un poids énorme, et remis dans ses mains des gages précieux, capables d'éblouir sans retour les peuples

---

(1) Voyez Recueil de pièces officielles, 21ᵉ livraison.

d'Italie et de France. On désigne un peintre célèbre, admis autrefois dans son intimité comme ayant été l'intermédiaire, sous le voile de son art, de sa correspondance avec l'archiduchesse. La présence de cet artiste à Vienne, au milieu d'un immense concours d'étrangers et de curieux, ne pouvoit paroître suspecte.

Voici ce qu'ont rapporté au sujet du projet hardi d'enlèvement, les relations particulières publiées en Europe à cette époque. Dès le 16 mars des agens de Buonaparte, au nombre de vingt-deux, dirigés, dit-on, par le comte Anatole de M......., s'étoient introduits, sous des noms supposés, dans les villages de Hitzing et de Madling, près du palais de Schœnbrunn, résidence de Marie-Louise. Le principal émissaire, venu à Vienne sous prétexte de voir la gouvernante du jeune Napoléon, prend d'abord connoissance des localités, tandis qu'il se ménage des intelligences dans l'intérieur du château. Les voitures et les relais étoient déjà préparés jusqu'aux frontières. La veille du jour choisi pour l'enlèvement, le bruit circule à dessein que le duc de Wellington doit partir la nuit suivante. C'étoit en son nom que les relais étoient commandés sur toute la route jusqu'au Rhin. Le 19 mars, à onze heures du soir, tout étant prêt, chaque émissaire ayant son cheval bridé et sellé, une des femmes de Marie-Louise tenant déjà dans ses bras le jeune Napoléon, les affidés et leurs complices sont tout à coup arrêtés par ordre de l'empereur François. La trame venoit d'être révélée à ce monarque par une des femmes du château, qui, frappée de certains préparatifs clandestins, avoit recueilli aussi quelques traits d'une conversation suspecte entre deux femmes initiées. On doubla aussitôt les gardes, et on donna aux sentinelles des cartouches. Dès le lendemain le jeune prince fut séparé de sa mère pour déjouer toute tentative future du même genre. Il fut transféré au palais impérial par le comte Urbna, et l'archiduchesse dans les appartemens de la chancellerie impériale. On relégua provisoirement la gouvernante à Sulberg, où devoit, dit-on, la suivre l'abbé Landi, maître de langue du jeune Napoléon, auquel on donna une gouvernante allemande. Ainsi se brisa une des branches essentielles de la conspiration de l'île d'Elbe. Cette tentative hardie faisoit voir clairement quelles liaisons puissantes l'usurpateur avoit formées de nouveau jusque dans le palais de l'empereur d'Autriche, et combien de partisans il avoit encore à sa solde dans les différentes cours.

Ses intrigues s'étendoient jusqu'aux courriers; on découvrit que ceux du prince de Talleyrand livroient leurs dépêches, et dès lors tous les courriers français furent accompagnés par des officiers autrichiens. L'enlèvement de Marie-Louise ayant échoué, la consternation s'empara de la nouvelle cour des Tuileries où l'arrivée de l'archiduchesse avoit été annoncée avec impudence. Toutefois rien de positif ne transpira d'abord dans le public, grâce à l'habileté des ministres de l'usurpateur; tous sentirent combien il importoit de prévenir la divulgation d'un incident si défavorable à sa cause.

Cependant son arrivée à Paris, si merveilleuse en apparence, agitoit diversement les esprits au congrès. Un parti y inclinoit pour rétablir la régence en faveur de Marie-Louise et de son fils. Des hommes d'Etat, qui professoient des principes plus sains en politique, combattirent ce pernicieux système. Témoin de cet égarement de l'opinion, M. Fauche-Borel écrivit à son arrivée de Paris au prince de Hardenberg, pour lui donner l'assurance que la majeure partie de la nation française étoit dévouée à Louis XVIII et à la dynastie des Bourbons; que l'armée seule vouloit Buonaparte, et que la plupart des citoyens étoient comprimés par la crainte qu'inspiroient les militaires; mais que tout ce qu'on substitueroit au roi légitime ne feroit qu'assurer le triomphe éphémère d'un parti, et donner naissance à des guerres interminables; il ajouta que l'établissement de la régence en faveur du jeune Napoléon offriroit bientôt les mêmes dangers qu'on vouloit éviter, particulièrement à l'égard de la Prusse, qui n'auroit plus à espérer de repos. Fauche-Borel parla dans les mêmes principes à l'archiduc Charles, qui lui accorda deux conférences. Soit que ces nouvelles lumières et d'autres encore répandues dans le même esprit rectifiassent insensiblement les idées des principaux personnages du congrès, soit que le triomphe du parti révolutionnaire en France sous un chef quelconque parût incompatible aux souverains avec la sûreté de leurs couronnes; il est certain que la marche de la politique européenne prit une rectitude du plus favorable augure. Le roi de Prusse, instruit des conférences qu'avoit eues M. Fauche-Borel dans l'intérêt de la monarchie française, et frappé peut-être de ses réflexions, écrivit à Louis XVIII, et lui donna l'assurance la plus positive de sa coopération pour détruire l'hydre qui menaçoit de nouveau l'Europe,

M. Fauche-Borel reçut l'ordre de porter la lettre du monarque prussien au roi de France, quel que fût le lieu de sa retraite.

On vit alors la Russie, l'Autriche et la Prusse resserrant les liens qui les unissoient, conclure un nouveau traité d'alliance tendant à maintenir dans toute son intégrité les conditions du traité de Paris, et à faire revivre les principes consacrés par celui de Chaumont. Chacune des puissances contractantes prit l'engagement de défendre contre toute attaque l'ordre établi en Europe, et d'agir en commun avec toutes ses forces contre les plans de Napoléon et contre tous ceux qui pourroient se joindre à sa faction désorganisatrice. Les puissances stipulèrent aussi par le même traité, signé le 25 mars, de mettre chacune sur pied une armée de cent cinquante mille hommes, déclarant en outre qu'elles avoient uniquement pour but de préserver la France et tous les autres pays attaqués par Napoléon de ses entreprises et de celles de ses adhérens.

Telles furent les bases de la croisade européenne à laquelle l'Angleterre et les puissances du second ordre alloient bientôt adhérer.

Ces actes d'une politique vigoureuse étoient promulgués au moment où Napoléon prenoit possession de la capitale de Louis XVIII. Accablé par la déclaration du 13 mars, mais acharné à subjuguer le reste de la France, il n'étoit pas homme à lâcher sa proie au milieu des foudres fulminées contre lui au congrès. Il ne s'attacha d'abord qu'à dissimuler aux Français l'orage qui, grondant sur sa tête, eût frappé de terreur ses adhérens et réveillé ses ennemis. Les journaux, par son ordre, gardèrent le silence sur les actes du congrès, et il se réserva de statuer avec ses ministres, après l'entière soumission de la France, sur les affaires du dehors. Menacé d'une opposition armée au Midi et à l'Ouest, il lui fallut songer, pour affermir sa puissance, à éteindre les premières étincelles de la guerre intestine.

La Vendée cependant que tant de combats, de malheurs et de gloire, ont attachée pour jamais à la destinée des Bourbons, sembloit appelée à donner le premier exemple d'une courageuse résistance. On s'attendoit généralement qu'une insurrection spontanée de tous les départemens qui avoisinent la Loire présenteroit à l'usurpateur une barrière insurmontable, et que là iroient se rallier tous les Français dévoués au roi. Désirée avec transport par les Vendéens, la restauration n'avoit pas répondu à leur attente, sous le double rapport de l'administration et de l'esprit public. L'opinion dans ces contrées avoit considéré le roi comme replacé, depuis sa rentrée en France, sur un trône dont les bases étoient peu solides. Vainement d'anciens royalistes avoient représenté combien il pouvoit être utile pour le parti royal d'établir dans les provinces de l'Ouest des dépôts d'armes et de munitions, et de donner au pays vendéen tout l'essor dont il étoit susceptible. Le ministère s'y étoit constamment refusé, sous le spécieux prétexte de maintenir l'unité dans le système d'administration générale. Il avoit envisagé la Vendée comme une contrée suspecte, visant à l'indépendance, et ses habitans comme des sujets turbulens et factieux, ennemis de la monarchie constitutionnelle. L'administration de la guerre avoit laissé la masse des guerriers vendéens dans l'oubli, sauf un petit nombre de principaux chefs compris dans les récompenses royales. Des secours, il est vrai, qu'on n'avoit pu refuser à des sollicitations opiniâtres et aux intentions paternelles du roi, avoient été destinés aux royalistes mutilés dans les combats, et aux veuves de ceux qui avoient péri; mais ces secours tardifs, les bureaux ministériels en entravoient la distribution. Enfin les ministres avoient poussé leur funeste erreur jusqu'à donner l'ordre d'enlever aux paysans vendéens les armes qu'ils avoient si glorieusement portées pour la défense du trône. Cet état de défiance s'étendoit à toutes les provinces de l'Ouest, quand survint le fatal 20 mars. Menacé par l'usurpateur, le roi avoit tourné ses regards vers les fidèles Vendéens, et choisi pour les rallier un prince de son sang, digne héritier des Condé. Ce prince, renommé par sa valeur autant que par la pureté de ses sentimens, avoit à venger son roi, son nom, et les mânes de son illustre fils. Nommé gouverneur-général des cinq divisions militaires de l'Ouest, Mgr le duc de Bourbon prit aussitôt la route d'Angers, et fut précédé à Nantes par le comte de Suzannet, chargé du commandement de la Loire-Inférieure. Cet officier-général, passant à Orléans, trouva le préfet sans instructions, et à Tours le lieutenant-général Dupont dans l'ignorance complète des événemens, ne dissimulant même pas qu'il auroit cru de son devoir de faire arrêter tout autre qui lui eût annoncé une agression aussi surprenante. Cette négligence du ministère fit pressentir au comte de Suzannet que la conspiration s'étendoit à toutes les branches de l'administration. Il continua sa route pour Nantes, et trouva la saine partie de la ville dévouée à Louis XVIII. Mais là comme ailleurs, les mesures que prenoient les royalistes étoient entravées ; ils agissoient sans plan ni ensemble, tandis que les révolutionnaires suivoient une marche habilement concertée. L'arrivée du prince Louis de la Tremoille, en qualité de commissaire du roi, releva le courage des partisans des Bourbons. Le prince fit au-delà de ce qu'on pouvoit attendre d'un commissaire enchaîné par des pouvoirs qui ne l'autorisoient ni à destituer les traîtres, ni à s'emparer des arsenaux et des caisses publiques au nom du roi.

Il enrôla des volontaires, nomma des chefs et embarqua sur la Loire des munitions pour les Vendéens ; mais ses ordres n'étoient exécutés qu'avec une lenteur étudiée, et même on n'y auroit pas obtempéré, sans l'attente de la prochaine arrivée de M[sr] le duc de Bourbon. Il étoit visible que le succès de l'insurrection royaliste alloit dépendre de la mission de ce prince. Quand on sut dans la Vendée qu'il étoit investi du commandement général de l'Ouest, tous les cœurs tressaillirent de joie. Parti brusquement de Paris sans instructions, sans argent, sans officiers, Mgr le duc de Bourbon arriva le 14 mars à Angers, et fut accueilli par les Angevins avec ces démonstrations d'alégresse mêlées de respect, qui caractérisent les bons princes et les bons peuples. La présence d'un si valeureux chef, et les touchans souvenirs attachés à son nom, excitèrent un véritable enthousiasme. Les lieutenans-généraux commandant les divisions militaires de la Rochelle et de Nantes se hâtèrent de prendre ses ordres, et de l'assurer de leur entier dévouement à la cause royale. Les villes d'Angers, Saumur et Nantes firent éclater leur zèle en offrant d'ouvrir un crédit pour couvrir tous les frais d'un premier armement. Les habitans des villes et des campagnes venoient à l'envi souscrire pour des sommes considérables. « Inscrivez-moi non pour mille » ou deux mille écus, disoit au sous-préfet de » Saumur Mme de Montagnac (1), mais pour » tout ce qui me reste ; je serai trop heureuse » de tout sacrifier pour mon roi. »

Le prince gouverneur-général avoit d'abord eu le dessein d'établir à Nantes le siége de son gouvernement. Plus populeuse qu'Angers, Nantes, point central des pays royalistes de la

---

(1) Fille du comte de la Rozière.

Bretagne et du Poitou, étoit d'ailleurs plus éloignée de l'influence de la capitale. Mais on allégua que M**gr** le duc de Bourbon seroit à Angers plus à portée de communiquer avec le duc d'Angoulême, et de combiner ses opérations avec l'insurrection du Midi : peut-être ne cherchoit-on dès lors qu'à faire échouer toutes les mesures conservatrices du gouvernement royal. On assure que le prince attendit pendant cinq jours ses pouvoirs; de là une perte de temps irréparable, dont le vide fut à peine rempli par son empressement à passer en revue les troupes de ligne, les gardes nationales et les volontaires. On délibéroit, au lieu d'imprimer une commotion vive sur les deux rives de la Loire; au lieu de sonner le tocsin dans toutes les paroisses, et d'armer les paysans, on se bornoit à enrôler des volontaires, dont on forma un bataillon. Les instructions portoient de les amalgamer avec les troupes de ligne, et de donner aux levées vendéennes des sarraus bleus; rien n'étoit plus antipathique avec les idées de ces hommes simples qui répugnoient à adopter la couleur des soldats qu'ils avoient si long-temps combattus : l'amalgame, d'ailleurs, frappoit de mort l'insurrection.

Le prince gouverneur-général avoit trouvé,

auprès des autorités civiles et militaires, un grand empressement à seconder ses vues; mais bientôt la hardiesse de l'usurpateur, la rapidité de sa marche, jetèrent dans l'Anjou, comme dans le reste de la France, le trouble et le désordre. M. le comte Charles d'Autichamp commandoit la division militaire d'Angers : élève de l'illustre Bonchamp, son nom se perd dans les premières années de gloire de la Vendée. Les grâces de son extérieur, la politesse de ses manières et son immense popularité dans les campagnes de l'Anjou, le rendoient propre à concilier tous les intérêts et à faire prévaloir ceux du roi. Mais il falloit agir avec détermination et promptitude. Le conseil général qui, d'abord, avoit montré de la fermeté, foiblit; le payeur général (1) refusa de l'argent sous différens prétextes; le préfet, vicomte de Toqueville, si dévoué au roi, mais atterré par le développement rapide des défections environnantes, ne trouva aucun parti énergique praticable. Versé dans la connoissance du pays, le colonel de la gendarmerie Noireau apporta de l'adresse dans sa conduite, du déguisement dans ses rapports, et entrava sourdement tous les moyens de défense. On exagéroit à des-

---

(1) M. de Bondy.

sein les progrès de l'usurpateur et la défection des troupes, afin de porter l'épouvante dans la population angevine ; on cherchoit surtout à effrayer les âmes foibles, par la perspective de la guerre civile. « La révolution qui se pré-
» pare, disoient les pusillanimes, est purement
» militaire ; les citadins et les habitans des cam-
» pagnes y sont étrangers. Pourquoi se jeter
» dans la guerre civile ? Préservons-nous de ce
» fléau. Si la guerre du dehors éclate, les mili-
» taires qui l'auront suscitée la soutiendront
» seuls. L'inertie est le seul moyen qui nous
» reste pour constater notre fidélité au gouver-
» nement légitime ; nous éviterons la guerre
» intestine ; nous n'armerons pas les Français
» contre les Français. »

C'est ainsi qu'on enchaînoit les âmes élevées au-dessus des misérables calculs de l'égoïsme. « La guerre civile, disoient les royalistes ardens,
» n'existe-t-elle pas lorsqu'une armée se révolte
» contre son souverain ; lorsqu'elle veut impo-
» ser des lois à la nation d'où elle émane, et
» qu'elle doit protéger ? N'est-elle pas préférable
» d'ailleurs à l'invasion étrangère ? Comme si
» résister à la rébellion n'étoit pas le premier de-
» voir d'un bon Français, d'un sujet fidèle ! O
» égoïstes, vous rougirez un jour des misé-

» rables raisonnemens avec lesquels vous cher-
» chez à pallier votre indifférence ! C'est en
» repoussant l'appel des âmes fières que vous
» tomberez dans le plus grand de tous les
» maux, celui d'être subjugués ! » Tel étoit le
choc des opinions que le découragement étoit
qualifié de perfidie, et le zèle ardent de fougue
insensée.

Cependant Mgr le duc de Bourbon brûle
de faire prendre les armes aux Vendéens. Il
sonde d'abord les dispositions de plusieurs notables du pays. La plupart protestent que le
peuple est peu disposé à se soulever, et qu'il
redoute de supporter seul le poids de la guerre.
En même temps des officiers-généraux accourent de Bretagne et des provinces limitrophes,
feignent de prendre les ordres du prince,
s'abouchent avec les ennemis du roi, et par des
menées sourdes entravent l'insurrection. Tout
paroît perdu et la résistance impossible, quand
on apprend le départ du roi. On cherche alors à
inspirer au duc de Bourbon des inquiétudes
pour sa sûreté ; on lui présente Angers comme
n'étant plus tenable, et on le conjure de
s'éloigner. Le prince décide d'abord de se
porter à Nantes, et ne trouve pas même à sa
disposition des chevaux de poste. On presse

tellement sa détermination, que le 22 mars il part à cheval, et se dirige vers Beaupreau, point central de la Vendée angevine, après avoir enjoint au commandant militaire de tenir Angers et le Pont-de-Cé avec les volontaires royalistes. Se confiant dans la renommée des Vendéens, il établit son quartier-général à à Beaupreau (1), foyer des anciennes insurrections, dans l'espoir qu'à son ordre tout se mettra en mouvement. A peine a-t-il paru que les autorités lui rendent hommage, et qu'il n'a plus d'autres gardes que des Vendéens.

Une foule de vétérans royalistes, anciens chefs de division, anciens commandans de paroisses; de nouveaux émules des héros vendéens, accourent impatiens de prendre les armes sous les drapeaux de l'héritier des Condé. Parmi ces braves se faisoit remarquer M. Auguste de la Rochejaquelein, nom si cher à la Vendée. Tous supplient le prince de ne pas perdre un instant pour commencer la guerre. Un conseil est tenu, et on y décide qu'une proclamation hostile appellera les Vendéens aux armes; que les premiers rassemblemens se porteront sur la Loire, et s'empareront de tous les passages. Dans ce plan d'insurrection, le commandement du dé-

---

(1) Chez Mme la maréchale d'Aubeterre, décédée depuis 1815.

partement de Maine et Loire est dévolu à M. le comte de la Rozière. Le lieutenant-général Canuel, plein de dévouement pour les Bourbons et de haine contre Buonaparte, se charge de soulever le pays de Loudun et le département de la Vienne, tandis que MM. de Suzannet, de Sapineau, et Auguste de la Rochejaquelein feront sonner le tocsin dans leurs divisions respectives. Les partisans de la guerre se flattent que tout peut être mis en mouvement par un grand effort de courage. On alloit afficher dans toutes les paroisses la proclamation du prince gouverneur-général, qui appeloit sous les drapeaux les Vendéens depuis dix-huit jusqu'à cinquante ans, lorsqu'on reçut la nouvelle que les volontaires royalistes commis à la garde d'Angers venoient d'être licenciés; qu'on avoit détourné un convoi de poudre destiné pour la Vendée, et que partout on armoit les rebelles et on désorganisoit les serviteurs du roi. L'arrivée à Beaupreau de M. le comte d'Autichamp ne laissa bientôt plus de doutes sur ces tristes résultats. Navré de douleur, et de l'inutilité des tentatives pour armer les Vendéens; convaincu des dangers personnels qui environnoient le prince gouverneur-général, par suite de tant d'irrésistibles défections, le comte d'Au-

tichamp rendit compte au duc de Bourbon de la situation d'Angers, et lui communiqua une lettre du colonel de la gendarmerie, écrite dans les termes les plus respectueux; mais où l'on conjuroit le prince de calmer l'effervescence qui pouvoit encore ensanglanter la malheureuse Vendée..... « Vous jugerez, Monsei-
» gneur, ajoutoit le colonel Noireau, qu'un plus
» long séjour dans l'arrondissement de Beau-
» preau, compromettroit à la fois la sûreté
» intérieure du pays, et la sûreté particu-
» lière de Votre Altesse (1). » M. d'Autichamp, de son côté, motiva l'avis d'ajourner tout projet de soulèvement, incompatible alors avec la disposition générale de la Vendée et la rapidité effrayante d'une crise sans exemple; il invoqua à cet égard le témoignage des députations de plusieurs paroisses, qui, surprises par un si brusque orage, se montroient peu disposées à lui résister. Mais ses observations ne purent être accueillies par des hommes qui ne respiroient que la guerre. Presque tous s'étonnèrent qu'un officier général, si dévoué à son roi, se fut chargé de la sommation d'un officier de gendarmerie qui intimoit à un prince du

---

(1) Voyez tous les journaux de Paris des premiers jours d'avril 1815.

sang l'ordre de quitter la France. Des murmures et des reproches se firent entendre. Les passions s'exaltèrent; on vit alors se renouveler ces divisions jadis si funestes à la Vendée. Exposé à de fausses interprétations, M. d'Autichamp s'éloigna, après avoir persisté à soutenir que dans l'état désespéré des affaires toute tentative d'insurrection seroit préjudiciable, et compromettroit le prince : son opinion paroît avoir été partagée par MM. d'Andigné et de Suzannet. Le duc de Bourbon, jugeant lui-même qu'il ne pouvoit s'engager dans une telle guerre sans préparatifs, et sans un plus grand accord parmi les chefs, fit suspendre l'exécution de sa proclamation, et adressa au colonel Noireau le billet suivant : « J'autorise M. le » chevalier d'Auteuil, mon aide-de-camp, à » expliquer mes intentions à M. Noireau au » sujet de la lettre qu'il m'a écrite. »

M. d'Auteuil demanda des passeports en blanc pour les personnes de la suite du prince, et réclama pour elles la faculté de passer dans le pays étranger, ou de rentrer dans leur résidence. Il annonça que Mgr le duc de Bourbon s'embarqueroit à Nantes. En effet, aucune résistance n'étoit possible. Délaissé pour ainsi dire au milieu de la terre de la fidélité, et entouré d'embûches, le duc de Bourbon s'éloigna de Beaupréau, l'âme profondément blessée de n'avoir pu opposer ni son dévouement, ni son courage au torrent qui entraînoit la France sur le penchant de sa ruine. Rien ne put le déterminer à mettre sa personne sous la protection des passeports destinés à ses officiers; son âme noble et fière eût été révoltée de recevoir d'un officier de gendarmerie la permission de sortir d'un royaume où sa valeur n'avoit demandé qu'à se déployer. Accompagné du comte de Rully, et conduit de ferme en ferme, le prince gagna le rivage de Nantes, s'embarqua le 6 avril, et fit voile pour la côte d'Espagne. Presque tous les chefs de la Vendée se dispersèrent, et, à l'abri de toutes les recherches, ils firent des vœux pour que l'Europe en armes donnât bientôt le signal des combats.

Tout fléchit aussi à Nantes dès qu'on y eut connoissance que l'insurrection des Angevins avoit avorté. Une partie du peuple, excité par les révolutionnaires, seconda les troupes de ligne et les officiers à demi-solde, qui s'emparèrent de la ville, reconnurent Napoléon, et comprimèrent les royalistes. Le prince Louis de la Tremoille, partageant le sort de Mgr le duc de Bourbon, s'éloigna d'un pays qu'il n'étoit plus possible de conserver au roi.

Cette paralysie de la Vendée fut un triomphe pour l'usurpateur : aussi tous ses journaux annoncèrent-ils avec affectation que les Vendéens avoient mis bas les armes; que l'espoir d'agiter ces contrées venoit d'être déçu; que les distributions d'armes et de poudres n'avoient pas été effectuées, grâce au général Foi (1); que la présence d'un prince de la maison de Bourbon n'avoit pu réchauffer les cendres éteintes, et que, préparée à si grands frais, la Vendée avoit fini en trois jours, ou plutôt n'avoit pas même commencé.

L'impartiale histoire l'imputera aux erreurs de l'administration de 1814. Prétendre armer les Vendéens méthodiquement, les assujétir aux règles de la discipline, à la soumission passive des camps, et mêler dans leurs rangs des soldats exaspérés contre les Bourbons, c'étoit frapper de mort la Vendée. Jamais elle ne pourra être appelée aux armes autrement que par un tocsin général. Il falloit une sorte de dictature royale pour imprimer de proche en proche le mouvement d'insurrection à la masse de ces guerriers agriculteurs dont les rassemblemens, maîtrisés par une force suprême, se seroient

---

(1) Commandant militaire de la ville de Nantes.

emparés de toutes les positions de la Loire. Ils auroient occupé Nantes, Angers, Saumur, tandis que le lieutenant-général Dupont, ainsi appuyé, eût peut-être conservé Tours et Blois, et que le maréchal Gouvion-Saint-Cyr, par le même ascendant, seroit resté maître d'Orléans et du cours supérieur de la Loire. Alors la Bretagne, la Guienne et le Midi auroient organisé leurs insurrections, et les deux tiers de la France seroient restés sous l'influence royale. Or, ce n'étoit que par un mouvement rapide, et en quelque sorte électrique sur tous les points de l'Ouest, qu'on pouvoit obtenir ce grand résultat.

Etouffée dans son principal foyer, l'insurrection royaliste put encore moins s'étendre en Normandie et en Bretagne, où la plupart des officiers-généraux se servirent de l'autorité qui leur étoit confiée pour faire reconnoître le gouvernement impérial. Le maréchal Augereau, alors gouverneur de la Normandie, oubliant que l'usurpateur venoit de le flétrir dans ses proclamations, se déclara ouvertement pour lui, et alla rougir de sa foiblesse dans l'exil. En vain M. le duc de Castries voulut défendre les intérêts du roi dans cette province; forcé de se jeter dans Dieppe, et de s'embarquer, il s'éloigna d'une terre où la fidélité n'avoit plus d'asile. Napoléon envoya son aide-de-camp Lemarois en prendre possession. La Bretagne eut le même sort. Au moment où les royalistes couroient aux armes, les lieutenans-généraux Caffarelli, Piré et Bigaré faisoient échouer les plans du prince Louis de la Tremoille. A Rennes le buste de Napoléon fut porté en triomphe. La province du Maine céda aussi, mais à regret. A Orléans le lieutenant-général Pajol venoit de se déclarer; mais son ordre du jour où il reconnoissoit l'usurpateur, trouva de l'opposition dans un grand nombre d'officiers fidèles à leurs sermens. Au milieu de ce conflit arrive le lieutenant-général Dupont, avec une partie des troupes de son commandement qui, d'abord en marche contre Buonaparte, avoient reçu l'ordre de rétrograder : elles étoient entrées à Orléans avec les signes de l'obéissance au roi. Le maréchal Gouvion-Saint-Cyr survint presqu'aussitôt, déterminé à maintenir la ville, et à couper ainsi les communications de Paris à Toulouse. Il se hâta de faire mettre aux arrêts le général Pajol. Le lendemain 22 mars, il passe en revue toutes les troupes réunies dans la ville, ordonne de fermer les portes, et d'interdire toute relation avec la capitale. Orléans offrit alors le singulier contraste d'une garnison nombreuse, qui, le même jour, avoit passé du commandement d'un général buonapartiste, sous les ordres d'un maréchal de France venu au nom du roi. On y voyoit à côté des proclamations royalistes, récemment promulguées et placardées, les adieux du préfet, et l'ordre de prendre la cocarde tricolore, donné par le général Pajol, alors en arrestation. Pendant trois jours, le maréchal Saint-Cyr maintint la ville, espérant contenir la garnison, et trouver un appui dans la Vendée, qu'il se représentoit tout organisée et dans une attitude hostile. Mais il en étoit autrement : Nantes, Angers, Saumur et Tours cédoient à la défection. Orléans fut bientôt entraîné. Les cuirassiers (1), donnant le signal d'une révolte ouverte, enfoncent les portes de la ville, et le maréchal Saint-Cyr se voit contraint de s'éloigner pour se soustraire aux emportemens de la soldatesque.

Tandis que les généraux dévoués à l'usurpateur agissoient avec autant de célérité que d'adresse, les généraux, fidèles au roi, étoient délaissés, ou restoient sans instructions. Pendant quatre jours entiers le lieutenant-général Rivaud attendit vainement à la Ro-

---

(1) Du premier régiment.

chelle les ordres qu'on lui avoit annoncés comme devant servir de règle à sa conduite. Bientôt la révolte de ses soldats le força de donner sa démission, et le commandement une fois tombé dans d'autres mains, l'usurpateur fut proclamé.

La route de Paris à Bordeaux et à Toulouse étant dès lors ouverte de tous les côtés, l'insurrection bordelaise et celle du Midi ne présentèrent plus que des mouvemens partiels, sans solidité et sans bases : tant est funeste en politique l'influence d'une grande erreur ou d'une première faute !

LIVRE XXVII.

Situation de Bordeaux aux approches du 20 mars. — Départ de Mgr le duc d'Angoulême pour Nismes. — Ardeur et dévouement des royalistes du Midi. — Organisation de l'armée royale. — Sa marche vers Lyon. — Le général Debelle, à la tête des révoltés de la Drôme, s'oppose aux desseins de Mgr le duc d'Angoulême. — Combat de Montélimart. — Succès de l'armée royale. — Combat de Loriol; passage de la Drôme et défaite des buonapartistes par Mgr le duc d'Angoulême. — Entrée de S. A. R. à Valence. — Préparatifs de défense à Lyon. — Levée en masse contre les royalistes. — Mission des généraux Piré et Grouchy contre le duc d'Angoulême. — Marche du lieutenant-général Ernouf sur Gap et Grenoble. — Défection du général Gardanne. — Conspiration du Midi. — Mission du général Chartrand. — Révolte des garnisons de Nismes et de Montpellier. — Gilly, à la tête des rebelles, occupe Saint-Esprit, et coupe la retraite à l'armée royale. — Convention militaire de la Palud. — Captivité du duc d'Angoulême. — Héroïsme de la duchesse d'Angoulême à Bordeaux. — Entrée du général Clausel dans cette ville. — Soumission de Toulouse, de Montauban et de Carcassonne. — Embarquement du duc d'Angoulême à Cette. — Défection du maréchal Masséna. — Soumission de Marseille. — Persécution et massacre des volontaires royaux.

LES Bordelais avoient exprimé hautement, aux approches du 12 mars, le vœu de célébrer avec pompe ce jour anniversaire où Mgr le duc d'Angoulême, une année auparavant, avoit fait son entrée dans la première ville en France qui eût reconnu l'autorité du roi; leur vœu alloit être comblé : l'illustre fils de France et son auguste épouse venoient d'entrer dans Bordeaux. A la vue du couple royal, la population entière avoit fait éclater des accens d'amour et d'enthousiasme. Ces sentimens, les militaires de la garnison étoient loin de les partager. Mais le contraste fut d'abord peu sensible. Le premier cri d'alarme étant venu se faire entendre au milieu de la joie publique, la gaité disparut, et fit place à la discorde.

Appelé à la défense du Midi, Mgr le duc d'Angoulême laissa MADAME à Bordeaux, avec l'autorité nécessaire pour disposer de la garde nationale et même des troupes de ligne dans l'intérêt de la couronne.

Ainsi les deux époux se partagèrent les deux extrémités de la France méridionale, où de l'une à l'autre mer brilloient un royalisme ardent et une loyauté pure. Energie, courage, héroïsme, telles étoient les vertus qu'alloit déployer Marie-Thérèse de France. Déjà l'histoire se plaît à rassembler tous les traits de son noble caractère. Née dans la pompe et les grandeurs, élevée dans le palais de nos rois, la digne héritière d'Henri IV et de Marie-Thérèse tomba du trône dans une prison. Nourrie de tribulations et de larmes, vouée à la mort au sortir de l'enfance, elle vit traîner au supplice les augustes auteurs de ses jours. A peine est-elle hors des cachots qu'on l'exile; mais son âme forte et pieuse dédaigne les vanités dont elle a connu le néant, se montre au-dessus de l'orgueil, qui n'est à ses yeux qu'une foiblesse, et brave l'injustice des hommes. Eprouvée par les persécutions et par les dangers, que peut-elle craindre? C'est pour ainsi dire du sein de la mort qu'elle a reçu toutes les émotions. Le ciel, il est vrai, lui réservoit un prince digne d'elle. Le plus beau nœud la consola et lui rendit l'espérance. Mais sa renommée alloit s'accroître dans une sphère toute nouvelle, remplie d'écueils. Une circonstance imposante se présente, et l'auguste orpheline de France, simple dans ses goûts, soumise à tous ses devoirs, confiante dans la franchise, défiante devant l'astuce, timide dans ses habitudes, va se montrer une véritable héroïne qui étonnera le monde. Telle parut la fille de Louis XVI au milieu des Bordelais, dont elle excita l'amour et les transports.

Electrisés par sa présence et bravant l'usurpateur, tous ou presque tous jurent de s'enrôler pour la défense de la patrie et des Bourbons. Chacun offre sa fortune, son sang et sa vie. C'est entre les mains de Marie-Thérèse que les autorités civiles et militaires accourent renouveler le serment de mourir pour le roi. La troupe de ligne même semble vaincue par ce sentiment unanime. Des soupçons s'élevèrent toutefois contre les intentions secrètes du gouverneur de Bordeaux (1); mais l'âme pure de MADAME ne put admettre la déloyauté ni la trahison. Cet officier-général prodiguoit d'ailleurs les protestations de dévouement. Interpellé dans le conseil de défense en présence de MADAME, il se rendit garant, ainsi que le général Harispe, des dispositions de la garnison, et même de celle de Blaye, forteresse essentielle pour la sûreté de Bordeaux.

Cependant Marie-Thérèse pressoit l'armement des volontaires. On ouvroit partout des souscriptions pour l'équipement de ces défenseurs du trône : elles s'élevoient le premier jour à 700,000 fr. Les Bordelais se présentoient en foule, et réclamoient des armes. Le gouverneur les renvoyoit au général Harispe, et le général Harispe au commandant de la garde nationale (2) : les armes et les muni-

---

(1) Le lieutenant-général Decaen, gouverneur de la 11e division militaire.

(2) Le comte Maxime de Puységur.

tions manquoient comme partout ailleurs. Les nouvelles devenoient inquiétantes, et la sollicitude de MADAME redoubloit. Recevoir et dépêcher des courriers, passer en revue les troupes, tenir conseil avec les généraux, tel étoit l'emploi de son temps; mais les généraux se perdoient en délibérations, en travaux préparatoires, en vaines protestations de dévouement; les jours s'écouloient, et rien n'avançoit.

Les progrès de l'usurpateur, la défection successive de l'armée, décourageoient les fonctionnaires, sans refroidir les citoyens. Bordeaux vouloit résister au torrent. Mais déjà dans les conseils de Napoléon tout étoit préparé pour arracher cette grande cité à l'autorité légitime, pour y comprimer l'esprit de fidélité de ses habitans, pour forcer la fille de nos rois à chercher un asile hors du royaume de ses pères. Il falloit un soldat éprouvé, un adhérent sûr pour cette mission importante, et Clausel fut choisi. Militaire intrépide, ardent révolutionnaire, initié dans les secrets de la conspiration, il fut investi par l'usurpateur, dès le 22 mars, du gouvenement de Bordeaux (1). Clausel

---

(1) Ce fait, que le général Clausel a nié dans son Mémoire justificatif, a été constaté dans les archives du bureau de la guerre.

se met aussitôt en marche, et prend toutes les précautions qu'inspire la prudence à un général qui se hasarde dans un pays ennemi. Il s'arrête à Angoulême; il y attend l'issue des intelligences que les conjurés s'étoient ménagées à Bordeaux. Tandis que l'héroïne royale se dispose à défendre elle-même cette ville fidèle contre les prochaines attaques de la perfidie et de la violence, Mgr le duc d'Angoulême, que la fortune avoit éloigné jusqu'alors du champ de bataille, se précipitoit sur la gloire, et la ressaisissoit comme une partie du patrimoine de ses aïeux; il se jetoit à travers tous les périls, dans l'espoir de préserver les plus belles contrées du royaume.

Parti de Bordeaux dans la nuit du 9 au 10 mars, pour aller rassembler une armée royale à Nismes, S. A. R. passe d'abord à Toulouse, et concerte avec le général Delaborde (1) toutes les mesures commandées par la gravité des circonstances. En route, le prince apprend la défection de Grenoble, et à Nismes l'entrée de l'usurpateur à Lyon. Rien ne le décourage; rien ne peut le détourner de son noble dessein. Les

---

(1) Ce général publia d'abord des ordres du jour et des proclamations qui respiroient la fidélité.

nouvelles alarmantes se succèdent et ne servent qu'à faire éclater davantage son dévouement et l'ardeur des habitans du Midi pour la cause sacrée du roi. Une armée de soixante mille hommes pouvoit être réunie en quinze jours, sous les ordres d'un chef si digne de sauver la France : tant la haine de l'anarchie et du despotisme étoit dans tous les cœurs ! Mais le crime veilloit ; il prenoit tous les masques et toutes les formes. Le cri unanime de *vive le roi !* ne permettant pas de distinguer l'ami d'avec l'ennemi, le sujet fidèle d'avec le conspirateur, partout l'élan fut comprimé, le mouvement devint partiel, et le succès incertain. Comment triompher de tant d'obstacles et d'embûches !

Nismes avoit reçu avec enthousiasme le duc d'Angoulême ; mais depuis l'origine de nos troubles, Nismes étoit divisée en deux partis : l'un s'étoit montré constamment fidèle au roi, l'autre avoit embrassé les principes destructeurs de la monarchie. Là se rangeoient les catholiques ; ici les protestans, sans toutefois qu'on pût attribuer à la différence des dogmes une opposition qui ne prenoit sa source que dans la diversité des intérêts politiques.

La restauration avoit paru importune à des

hommes qui n'y voyoient que le déclin de leur autorité; car depuis vingt-cinq ans les révolutionnaires avoient envahi dans le Gard toutes les places administratives. On ne les avoit pas vus se rallier franchement sous la bannière des lis. Après s'être renfermés dans une apparente inaction, ils avoient préludé au 20 mars. A peine l'usurpateur a-t-il répondu à leurs vœux, qu'ils prennent la résolution d'arborer son étendard. L'arrivée inattendue de Mgr le duc d'Angoulême déconcerte leurs projets. Les royalistes au contraire donnent l'essor à leur dévouement. Plus de huit mille demandent à se ranger sous les drapeaux du fils de France. Tout est mis alors en œuvre pour arrêter leur élan. Les ennemis des Bourbons opposent aux mesures qu'ordonne le prince pour la défense du trône, une résistance perfide. Les obstacles sont tels que seulement deux mille volontaires réussissent à se faire enrôler. Des traits dignes d'éloge signalent l'ardeur d'une foule d'aspirans. Des vieillards veulent marcher; des pères, des mères et des épouses se désolent de ce qu'on rejette leurs époux et leurs enfans. Dans le département de l'Hérault le même enthousiasme est suivi des mêmes résultats. Les royalistes s'empressent de répondre à l'appel du duc d'Angoulême; ils se présentent en foule pour combattre l'usurpateur. Mais livrés à leur propre zèle, ils ne reçoivent ni encouragement ni direction de la part des autorités, qui leur opposent toujours de nouveaux obstacles. Cédant à l'impulsion de son enthousiasme, le département de l'Hérault eût pu fournir à l'armée royale au moins six mille hommes, dont la moitié n'eût plus quitté les drapeaux du roi. Par l'effet de manœuvres perfides, il ne partit réellement que huit compagnies mal armées et mal équipées. Le reste, à peine à moitié formé, fut dispersé quand les traîtres levèrent le masque. Telles étoient dans plusieurs départemens du Midi les dispositions des autorités. Les troupes de ligne tendoient ouvertement à la défection.

Cependant Mgr le duc d'Angoulême venoit de recevoir à Nismes les pouvoirs du roi qui lui conféroient le gouvernement général des cinq divisions militaires du Midi (1). S. A. R. se hâte de prendre des mesures pour organiser son armée. Le 13 mars elle mande les généraux et tient un conseil de guerre, auquel assistent

---

(1) Les 7e, 8e, 9e, 10e et 11e.

les lieutenans-généraux Ambert, Merle, Briche, le comte de Damas-Crux, le vicomte de Bruges, et le baron de Damas. Le prince fait d'abord un exposé net et concis de la crise politique où se trouve la France, et dit ensuite aux généraux qu'il les a rassemblés pour avoir leur avis dans ces circonstances graves.

Deux opinions partagèrent le conseil. Selon le lieutenant-général Ambert, commandant la 9ᵉ division à Montpellier, il falloit sans délai occuper de nouveau les départemens que l'ennemi venoit de traverser, et opérer sur ses derrières, par un élan rapide d'insurrection, une diversion puissante avec un noyau de gardes nationales, commandé par Monseigneur en personne, tandis que la Provence et la Guienne opéreroient un mouvement semblable. L'autre plan consistoit à régulariser l'insurrection avec plus d'ensemble, par le mélange des troupes de ligne et des gardes nationales divisées en trois corps manœuvrant de concert depuis les Alpes jusqu'aux montagnes de l'Auvergne en remontant vers Lyon. Ce plan plus vaste, plus solide, sembloit ne rien donner au hasard. Il prévalut. Les officiers-généraux présens, que la défection alloit entraîner ou trouver dociles, n'avouèrent pas que le meilleur plan de campagne devoit échouer, si on ne désarmoit à l'instant même les régimens disposés à la révolte, et si les chefs dont les sentimens étoient suspects n'étoient pas écartés du commandement. Mais les mesures fortes étoient incompatibles avec l'esprit d'un gouvernement qui vouloit rester modéré au milieu même des trahisons. Comment d'ailleurs un prince plein de candeur se seroit-il défié des généraux qu'il appeloit à son conseil, et auxquels il donnoit sa confiance ? Il étoit plus en garde contre l'esprit des troupes de ligne, n'ignorant pas que plusieurs régimens chanceloient, et que d'autres épioient une occasion pour éclater : il s'attendoit même que peu de corps resteroient fidèles. Mais en désorganisant les uns et en dispersant les autres, le prince se flattoit de les contenir, surtout en ne les mettant en ligne qu'avec les volontaires royaux, qui de toutes parts accouroient sous ses bannières. Les volontaires si fidèles du Languedoc et des provinces voisines, tout inexpérimentés qu'ils étoient, n'hésitoient pas de venir se mesurer avec des soldats aguerris par tant de combats et de victoires.

A peine formés, les bataillons étoient dirigés successivement sur le Pont-Saint-Esprit, lieu de leur destination. La cavalerie manquoit. Le prince envoya le duc de la Force demander dans chaque ville de son gouvernement vingt-cinq hommes de garde nationale à cheval. Toulouse, dans cette circonstance, se permit de désobéir : ce nombre y fut presque doublé. Le détachement toulousain partit armé et équipé le 18 mars, sous les ordres du chevalier de Fumel, vingt-quatre heures après l'appel de M. le duc de la Force. Ces braves furent salués et suivis par les acclamations de leurs compatriotes : leurs femmes même étoient les premières à les engager à se signaler pour la cause des Bourbons ; l'une d'elles, mariée depuis deux mois (la baronne d'Arbou), alla faire viser la feuille de route de son mari, et ne versa de larmes qu'après son départ. Montauban et Agen suivirent l'exemple de Toulouse. Mais au lieu de diriger cette cavalerie vers le Pont-Saint-Esprit, où elle étoit impatiemment attendue, on l'envoya à Mende, sous prétexte d'y éteindre des semences d'insurrection. Que pouvoit faire de la cavalerie dans les Cévennes ? Les détachemens d'Agen et de Montauban furent égarés dans des vues également perfides. Non-seulement on privoit le duc d'Angoulême de l'arme qui lui manquoit, mais on accréditoit en quelque sorte les bruits répandus à dessein par les révolutionnaires, que le roi envoyoit des royalistes dans les Cévennes pour massacrer les protestans.

Cependant, malgré tant de perfidies et d'entraves, le mouvement royaliste s'étoit propagé dans le Midi, et la campagne alloit s'ouvrir. Mgr le duc d'Angoulême se rendit, le 17 mars, au Pont-Saint-Esprit, et sur la nouvelle que le département de la Drôme avoit reconnu l'usurpateur, S. A. R. y laissa le colonel vicomte d'Escars, l'un de ses aides-de-camp, qu'il chargea d'observer les rebelles, et d'interrompre toute communication avec le pays qu'ils occupoient.

C'étoit dans Marseille, surnommée par le roi *l'excellente*, que Monseigneur alla chercher le noyau de l'armée active qu'il lui falloit créer pour accomplir ses desseins. Son passage étoit attendu avec impatience à Avignon, et néanmoins le prince trouva la ville déserte en y entrant par la porte Saint-Lazare, la garnison, la garde nationale et la population entière s'étant dirigées vers la porte de l'Oule, à l'autre extrémité des remparts. Le peuple, indigné, crut voir dans ce contre-temps une combinaison perfide de la part des autorités locales, qui rebroussèrent chemin aussitôt pour aller au devant du prince, accueilli déjà par les acclamations unanimes des Avignonais. Il passa en revue la garnison et la garde nationale, fut témoin de l'empressement des volontaires vauclusins à s'organiser militairement, et continuant sa route sur Marseille, vit partout le même élan, le même amour pour les Bourbons, mais aussi la même exaspération contre les fourbes qui accumuloient parjures sur parjures.

L'histoire fera ressortir la conduite énergique de cette Provence où débarqua Buonaparte, et que la seule présence de cet homme souleva tout entière d'horreur; l'histoire mentionnera surtout Marseille dont les habitans seuls eussent arrêté la marche de l'usurpateur, si on les eût laissés libres de l'atteindre. L'enthousiasme provençal se montra dans toute son énergie à la vue du fils de France. La population entière de Marseille fit éclater les plus brûlans transports, et jura de mourir pour son Dieu, son prince et sa patrie. Un orateur chrétien (1), associé avec courage à la restauration des Bourbons, fortifioit cet enthousiasme par le patriotisme religieux que respiroient tous ses discours.

Douze à quinze cents volontaires furent armés

---

(1) M. l'abbé de Bonnevie.

en un instant pour cette croisade nouvelle. Si l'esprit public de Marseille satisfit S. A. R., il n'en fut pas de même de la disposition des troupes de ligne. On pouvoit déjà s'apercevoir qu'elles étoient sous l'influence d'une vaste trahison.

Deux officiers piémontais envoyés pour offrir au duc d'Angoulême l'assistance des troupes du roi de Sardaigne, venoient d'arriver à Marseille; leur offre ne fut point agréée. Monseigneur écrivit à S. M. Sarde, la remercia, au nom du roi, et motiva son refus sur le dévouement et la fidélité des peuples du Midi. En effet tout donnoit alors l'espérance qu'on pourroit effectuer cette glorieuse entreprise sans aucun secours étranger. S. A. R. se rendit le même jour à Toulon, visita les arsenaux qui étoient mal pourvus, et dirigea sur Nismes des armes, des munitions de guerre et de l'artillerie. Elle conféra au marquis de Rivière, ambassadeur du roi à la Porte ottomane, et alors à Toulon, des pouvoirs étendus pour agir dans les intérêts du roi, plaçant ainsi ses espérances dans l'activité et le zèle de ce royaliste distingué.

Le prince revint ensuite à Marseille. Ce fut dans cette ville que le lieutenant-général Ernouf lui offrit son bras et son épée. Aucun officier-général ne s'étoit prononcé avec plus d'énergie contre l'usurpateur, aucun aussi n'avoit eu plus à s'en plaindre. De retour de la Guadeloupe, où il avoit exercé la place suprême de capitaine-général, il avoit gémi pendant treize mois dans une prison infecte, par ordre de Napoléon, qui ne trouvant contre lui aucune charge suffisante malgré la servile obéissance d'un conseil d'enquête, le laissa dans le vague du déshonneur plutôt que de reconnoître son innocence. Mais le roi avoit tout réparé; il avoit apprécié ses talens, honoré ses malheurs, et il étoit investi des fonctions d'inspecteur-général de l'infanterie, quand le duc d'Angoulême lui conféra le commandement de de son aile droite. Ce choix, fait avec sagacité, fut justifié par l'événement.

Plein de zèle et de fermeté, le lieutenant-général Ernouf fit un appel aux habitans des Bouches-du-Rhône et du Var, particulièrement aux Marseillais, et, secondé par le marquis de Rivière, peu de jours lui suffirent pour organiser quinze compagnies franches, de cent hommes chacune. Il s'en formoit successivement à Aix, à Salon, à Lambesc, à Martigues; mais les armes manquoient ou étoient en mauvais état. Cédant à une impulsion perfide, quelques officiers subalternes détournèrent et retardèrent l'envoi de l'artillerie ; le dévouement du général triompha de ces premiers obstacles. Son corps, le premier de l'armée royale, se réunit à Sisteron. Le général Ernouf en forma trois colonnes dont il donna le commandement aux maréchaux-de-camp Peyremond, Loverdo et Gardanne.

Mgr le duc d'Angoulême, avoit joint son quartier-général à Nismes. Il y fut informé que M. le baron de Vitrolles, secrétaire des conseils, après avoir quitté Paris, peu d'heures après le roi, lui apportoit l'ordre verbal de S. M. de prendre le titre de son lieutenant-général dans le Midi, et d'établir un gouvernement central à Toulouse. Ne pouvant abandonner les troupes que son absence auroit découragées, S. A. R. envoya dans cette ville le lieutenant-général comte de Damas-Crux avec des pouvoirs pour y établir conjointement avec M. de Vitrolles le gouvernement provisoire.

Quel noble et consolant spectacle offroit le Midi vers la fin de ce fatal mois de mars ! Paris étoit subjugué ; l'autorité de l'usurpateur s'étendoit sur les deux tiers de la France ; la ligne seule de Marseille à Bordeaux étoit encore intacte.

Ces belles contrées du Midi qui embrassent un grand nombre de départemens et cinq divisions militaires, sembloient séparées de toute contagion, et formoient un gouvernement à part dont le centre alloit être à Toulouse. Après avoir passé à Bordeaux, où il avoit investi le lieutenant-général Decaen de pouvoirs extraordinaires, le baron de Vitrolles étoit arrivé à Toulouse le 26 mars. Il y convoque aussitôt les autorités civiles et militaires, leur parle des événemens de Paris qu'elles ignoroient encore, et leur rend compte des motifs qui ont déterminé le roi à quitter sa capitale. Le commissaire royal fait ensuite un appel aux généraux et à tous les fonctionnaires pour les engager à concourir à la défense de cette partie du territoire. M. le comte de Damas-Crux ayant joint M. de Vitrolles, prit ainsi que lui le titre de commissaire du roi. L'un déployoit ses pouvoirs civils et organisoit précipitamment l'autorité administrative; l'autre dirigeoit la partie militaire. Tous deux jugèrent bientôt convenable de remettre en une seule main, pour plus d'unité, tout le gouvernement de la 10ᵉ division; ils le déférèrent à M. le maréchal Pérignon (1), qui exprima son dé-

---

(1) M. le maréchal se trouvoit alors dans sa terre de Montech, à dix lieues de Toulouse.

vouement et sa fidélité pour l'auguste personne du Roi. Toulouse alloit aussi recevoir dans son sein les délégués des conseils-généraux du Midi, qui devoient y former une sorte de conseil d'Etat, à l'instar de celui de Paris. Une correspondance active étoit déjà établie entre les conseils-généraux rendus permanens, et qu'on avoit investis d'attributions extraordinaires. La plupart s'élevoient à la hauteur de leurs nouvelles fonctions; celui de Tarn et Garonne (1) se distinguoit par son dévouement à la cause royale. Tout sembloit se disposer pour une défense opiniâtre, et même pour l'offensive, car les plus nobles sentimens électrisoient les volontaires royaux. Ils espéroient porter leurs armes jusque sur la Loire pour y arrêter les progrès et la puissance de l'usurpateur, illusion qui devoit trop tôt s'évanouir. La trahison militaire marchoit plus vite que l'organisation d'un gouvernement qu'il falloit créer en entier.

Cependant M. le comte d'Osmond (2), parti en courrier de Turin, venoit d'apporter à Mgr le duc d'Angoulême la déclaration des alliés, du 13 mars. Ce manifeste contre Buonaparte,

---

(1) Présidé par M. d'Elbreil d'Escorbiac.
(2) Fils de M. le comte d'Osmond, alors ambassadeur du roi à Turin, et actuellement ambassadeur à Londres.

accrut ou releva le courage des royalistes du Midi. L'armée, d'ailleurs, s'organisoit. L'artillerie étoit sous les ordres du général Berge, et l'Etat-major avoit pour chef le lieutenant-général d'Aultanne, à qui S. A. R. adjoignit le maréchal-de-camp baron de Damas. Ces trois officiers-généraux ne pouvoient que justifier la confiance du prince. Le comte Louis de Saint-Priest, l'un de ses aides-de-camp, officier d'une valeur éprouvée, fut envoyé auprès du lieutenant-général Ernouf en qualité de volontaire. Sa présence étoit comme un gage de la bienveillante sollicitude de S. A. R. pour son corps de droite.

Déjà deux mille gardes nationaux étoient réunis au Pont-Saint-Esprit, et S. A. R. s'occupoit à faire un choix parmi les régimens de ligne. Son plan consistoit à se porter rapidement sur Lyon avec trois corps d'armée. L'occupation de cette ville assuroit au roi tout le Midi, si, comme le supposoit S. A. R., les troupes étrangères, conformément à la déclaration du 13 mars, pénétroient dans le royaume pour agir contre l'usurpateur. Le mouvement des royalistes offroit aux alliés une diversion puissante. Le bruit couroit déjà que les Piémontais venoient d'entrer à Chambéry :

c'étoit un motif de plus de marcher promptement sur Lyon ; l'inaction d'ailleurs eût laissé refroidir l'enthousiasme des habitans du Midi. Les dispositions du prince furent combinées avec sagesse.

Le premier corps, sous les ordres du lieutenant-général Ernouf, formant deux mille hommes de troupes de ligne (1) et deux mille cinq cents gardes nationaux (2), avec quatre pièces de canon, devoit se porter rapidement, par Sisteron et Gap, sur Grenoble, que le général Chabert couvroit avec trois cents soldats buonapartistes et un rassemblement de gardes nationales du Dauphiné. Le lieutenant-général Ernouf devoit descendre ensuite l'Isère, et joindre le duc d'Angoulême pour marcher sur Lyon.

Le deuxième corps, dirigé par S. A. R. en personne, étoit composé du 10ᵉ régiment de ligne, d'une partie du 14ᵉ de chasseurs et de huit foibles bataillons de gardes nationaux de Vaucluse, de l'Hérault et du Gard ; le tout s'élevant à peine à quatre mille hommes. L'artillerie consistoit en dix pièces de quatre, dont

---

(1) Les 58ᵉ et 83ᵉ régimens, un bataillon du 9ᵉ, et un détachement du 87ᵉ.

(2) Des Bouches-du-Rhône, du Var et de Vaucluse.

quatre attelées, et en deux obusiers aussi attelés. Ce corps d'armée devoit marcher sur Lyon par la grande route de Montélimart et de Valence.

Les gardes nationales renfermées dans les 9e et 10e divisions militaires avoient ordre de se porter sur Clermont, et d'y former le troisième corps, dont le général Compans reçut le commandement. Il ne devoit agir que lorsqu'on seroit maître de Lyon, et de concert avec S. A. R. En maintenant d'abord l'Auvergne, le général Compans pouvoit faciliter le mouvement sur Lyon, et lier ses opérations avec les royalistes de l'Ouest et du Midi.

Le lieutenant-général Rey devoit marcher aussi sur Lyon, par Saint-Etienne, avec un corps intermédiaire, composé de gardes nationaux de l'Ardèche et de la Haute-Loire, rassemblés au Puy. Enfin, le lieutenant-général Gilly étoit appelé au commandement des troupes de seconde ligne, réunies à Nismes et aux environs.

L'exécution de ce plan, aussi vaste que sagement conçu, et le concours de toutes les volontés, eussent fait triompher dans le Midi la cause royale sans le secours de l'étranger, si là, comme ailleurs, à côté des moyens de salut, ne se fussent élevés des obstacles insurmontables; si là, comme dans le reste de la France, le roi n'eût été trahi par ses propres défenseurs.

On eût dit qu'à travers le concert de bénédictions qui s'étoit élevé de toutes parts pour la famille royale, les soldats avoient entendu cette voix funeste partie du golfe Juan, qui avoit évoqué toutes les passions, réveillé les désirs insensés et les desseins criminels. Le 13e régiment montra, au Pont-Saint-Esprit, des dispositions tellement séditieuses, que le prince se vit forcé de le renvoyer à Nismes. Le 63e, qui y tenoit garnison, n'étoit pas plus sûr. Tous les rapports sur les autres régimens en marche étoient également défavorables. Il fallut se résoudre à les laisser à Avignon, à Nismes et à Montpellier. Un seul régiment, le 10e de ligne, ou Colonel-Général, formé sous les auspices du prince de Condé, le Nestor de la loyauté et de la bravoure, se montra digne d'un tel nom et d'un tel prince. Fort de neuf cents baïonnettes, il se faisoit remarquer autant par sa discipline que par sa belle tenue. Il étoit en garnison à Perpignan, lorsque son colonel, le comte Louis d'Ambrugeac, répondit de sa fidélité au duc d'Angoulême. L'ordre qui y régnoit, et l'excellent esprit qui animoit le corps des officiers, en étoient un sûr garant. Sa marche fut un véritable triomphe. Partout, sur son passage, on l'environnoit de vœux et de bénédictions. Ravis de voir enfin des militaires partager leurs transports, les Languedociens faisoient retentir de concert le cri de *Vive le roi !* Un soldat du 10°, pressé à Béziers de répéter ce cri d'amour, répond à un groupe de royalistes : « C'est à vous de crier *vive le roi !* et c'est à nous de le défendre. »

A l'arrivée de ce régiment, le duc d'Angoulême lui fit l'honneur d'aller à sa rencontre, et de marcher à sa tête pour faire son entrée dans Nismes : l'enthousiasme y fut général. Monseigneur en partit le 29 mars, et entra le surlendemain au Pont-Saint-Esprit, où venoient d'arriver plusieurs compagnies franches, quelques bataillons de gardes nationaux de Vaucluse, de l'Hérault et du Gard, le 14° de chasseurs à cheval, et le 1ᵉʳ d'infanterie Etranger. Les corps suspects, renvoyés derrière la ligne d'opération, n'osoient éclater encore ; mais leur contenance morne les isoloit du reste de la population, dont l'ardeur n'étoit pas même refroidie par les nouvelles des progrès de l'usurpateur. Les officiers-généraux juroient tous de rester fidèles. Les lieutenans-généraux Ambert à Montpellier, Delaborde et Cassagne à Toulouse ; les maréchaux-de-camp Saint-Pol dans la Lozère, Gardanne dans le Var, Aymar dans l'Hérault, Lafitte dans l'Ardèche, protestoient par leur correspondance d'un dévouement inaltérable ; rien surtout n'égaloit l'apparente ferveur du maréchal Masséna pour la cause royale. Cependant Monseigneur crut devoir porter une attention particulière sur le département du Gard, dont les habitans étoient divisés. Les dispositions de la garnison de Nismes paroissoient suspectes : il falloit au moins des généraux d'une fidélité à toute épreuve pour la contenir dans le devoir. S. A. R. en déféra le commandement au lieutenant-général Briche et au maréchal-de-camp Pélissier ; l'un et l'autre se montrèrent dignes d'une si haute confiance. Après avoir pourvu ainsi à tout ce que sembloit exiger la prudence humaine, autant que le permettoit la précipitation des événemens, Mgr le duc d'Angoulême n'hésita plus à ouvrir la campagne. Dès le 26 mars, S. A. R. avoit détaché le colonel vicomte d'Escars, avec une quarantaine de volontaires à cheval, cinquante chasseurs montés, cent cinquante hommes du 1ᵉʳ régiment Etranger, et cent cinquante gardes nationaux.

Après avoir passé le Rhône au Pont-Saint-Esprit, cette avant-garde avoit marché le même jour sur Pierrelatte, et envoyé occuper Donzères. Un second mouvement l'avoit portée sur Montélimart, où elle avoit fait son entrée le 29 mars, sans éprouver de résistance. Cependant, les agens de Buonaparte semoient partout l'alarme, annonçant que l'armée royale ne venoit que pour piller et saccager. L'avant-garde, précédée par ces bruits perfides, fut reçue avec froideur, et ne triompha des préventions qu'à force de discipline. Tout le département de la Drôme étoit dans une extrême agitation. Le général Debelle venoit d'en envahir le commandement au nom de l'usurpateur. Cet officier-général, persécuté long-temps par lui, le haïssoit comme l'oppresseur de la France; mais dominé par des idées révolutionnaires, il avoit flotté, lors du débarquement fatal, dans une indécision déplorable, se déclarant tantôt pour le roi, tantôt pour Napoléon, et, à l'exemple de Ney, affectant des sentimens louables que sa conduite démentoit aussitôt. Il entroit dans le plan de l'usurpateur de se réconcilier avec les ennemis que lui avoit suscités la dureté de son gouvernement, et à son entrée à Grenoble; il avoit donné à Debelle le commandement de la Drôme. Ce général fut alors entraîné; il courut à Saint-Marcellin, rassembla le peuple, distribua lui-même les proclamations du golfe Juan, et provoqua les cris de *vive l'empereur!* A Valence, il trouve les autorités civiles peu disposées à le seconder; elles lui déclarent ne reconnoître d'autre autorité que celle du roi. Lui et son aide-de-camp sont même arrêtés, mais relâchés bientôt par l'effet de la crainte qu'inspire déjà Napoléon. Debelle court à son quartier-général prendre de nouveaux ordres, et revient à Valence se concerter avec le préfet (1) qui, après avoir protesté avec duplicité, dans sa correspondance, qu'il étoit dévoué au roi, venoit de se déclarer pour l'usurpateur. Debelle, ainsi secondé, ne respire plus que la guerre. Tel étoit l'adversaire qui entroit le premier dans cette lice sacrilége pour combattre le neveu de son roi. Déconcerté néanmoins par l'approche subite de l'armée royale, il mande au ministre de la guerre de Buonaparte (2) que

(1) M. le marquis Descorches de Sainte-Croix.
(2) Voyez sa dépêche du 26 mars au maréchal Davoust.

les insurgés royalistes forment des rassemblemens à Nismes, à Montpellier, à Avignon, et particulièrement dans le département de l'Ardèche ; qu'ils occupent le Pont-Saint-Esprit, la Pallud et Pierrelatte, sans qu'il y ait aucune force à leur opposer. « Les régimens de ligne,
» ajoutoit-il, sont tous dévoués à l'empereur ;
» mais ils se trouvent paralysés au milieu des
» royalistes, et ne peuvent agir. Le préfet me
» seconde. Quant aux autres autorités, je ferai
» connoître la conduite déloyale qu'elles ont
» tenue....... Les chefs de la garde nationale de
» Valence sont tous ennemis jurés de la chose
» publique et du gouvernement. Toute com-
» munication avec le Midi est déjà interceptée
» par les insurgés : estafettes, courriers, dili-
» gences, rien n'arrive plus jusqu'à nous. » Telle étoit en effet la situation du département de la Drôme.

Cependant Mgr le duc d'Angoulême faisoit son entrée à Montélimart, et partout on le recevoit avec acclamation. Le chef de bataillon d'Haupoult occupa Donzère par son ordre, avec un bataillon de gardes nationales et deux pièces de canon, marchant ainsi au soutien de l'avant-garde. Un bataillon de Vaucluse venoit d'entrer à la Palud. S. A. R., de retour dans la soirée au Pont-Saint-Esprit, où venoit d'arriver le quartier-général et le 10ᵉ régiment, fit vingt lieues à cheval, ce jour-là, pour tout voir par elle-même; elle fit mettre en état de défense ce poste essentiel pour s'assurer une retraite, si le sort des armes ne lui étoit pas favorable. Six pièces de quatre, non attelées, y furent mises en batterie. Le lieutenant-général Merle, chargé de réparer la citadelle, et d'en faire le point d'appui des opérations, devoit aussi organiser les gardes nationales destinées à se former en seconde ligne; il eut pour adjoint le général comte de Vogué.

Il ne restoit de troupes disponibles sous les ordres immédiats de S. A. R. que neuf cents hommes du 10ᵉ de ligne, cent cinquante du 1ᵉʳ Étranger, cent douaniers, deux mille gardes nationaux, soixante-dix volontaires à cheval, et vingt-cinq chasseurs montés. L'artillerie de campagne consistoit en deux obusiers et en quatre pièces de quatre. S. A. R., se réserva le poste qui présentoit le plus de fatigues et de périls, et vint se mettre à la tête de la colonne, qui formoit le centre de son armée. Tout prit alors une attitude hostile.

Ne perdant pas un moment, Debelle, décidé à combattre son prince, avoit fait un appel aux gardes nationaux de la Drôme et aux maires de toutes les communes, en leur prescrivant des mesures de défense. Il étoit excité par le général la Salcette (1), qui, plein d'animosité contre les princes légitimes, montroit pour Napoléon un zèle qui alloit jusqu'à la fureur (2). Ses ordres tendoient à s'assurer partout des royalistes par des mesures coërcitives.

Debelle toutefois se borne à faire des levées, à distribuer de sa main des armes aux habitans des campagnes, et même à des hommes sans aveu; il les provoque à marcher contre le duc d'Angoulême; et, à l'aide du nommé Kretly, garde-général à Montélimart, il organise ces rassemblemens d'hommes mal famés, qui jettent l'effroi parmi les autorités et les propriétaires. Tous les officiers à demi-solde sont mis en réquisition. Après avoir ainsi ramassé six à sept cents hommes et deux pièces de canon, Debelle se met en marche sur Montélimart, pour attaquer l'armée royale. Informé de ce mouvement, le colonel vicomte d'Escars rallie à son corps le détachement du chef de bataillon

---

(1) Commandant la 7e division militaire.
(2) Voyez les pièces du procès du général Debelle.

d'Haupoult, et prend position en avant de la ville. Bientôt ses coureurs lui annoncent l'approche de l'ennemi. Le 30 mars, à neuf heures du matin, les avant-postes aperçoivent l'avant-garde buonapartiste sur la grande route de Valence, à une demi-lieue de Montélimart. De part et d'autre, les tirailleurs préludant au combat par des coups de fusil et des cris de guerre, commençoient à s'engager, lorsqu'un officier parlementaire se présente au-devant de la ligne. Le vicomte d'Escars le fait recevoir avec les précautions d'usage. Il est amené en sa présence, et lui remet une lettre du général Debelle, qui lui donne connoissance des ordres et proclamations de Buonaparte, et le presse « de suivre, dit-il, le vœu de la » France, en reconnoissant l'autorité de l'em- » pereur. » Debelle lui signifioit en outre de lui remettre la ville de Montélimart ; et en cas de refus, il le rendoit responsable du sang qui seroit versé, menaçant de l'attaquer avec des forces supérieures. Le vicomte d'Escars et ses officiers ne répondent à cette insolente sommation que par le cri de *vive le roi !* L'avant-garde royaliste attaqua aussitôt les rebelles. La fusillade s'engagea sur toute la ligne, et se prolongea depuis neuf heures du matin jusqu'à trois heures après midi. Le vicomte d'Escars tint ferme, et resta maître du terrain, quoique sa troupe fût inférieure en nombre, et que, dès le commencement de l'action, cinquante chasseurs à cheval eussent passé sous les drapeaux de l'ennemi. Cette défection ne permit pas aux royalistes de poursuivre les fuyards. Ainsi repoussé, Debelle opéra sa retraite sans être inquiété. Le but que s'étoit proposé, par ce premier mouvement, M⁼ʳ le duc d'Angoulême, se trouvoit rempli; les premiers coups de fusil étoient tirés, et tout l'avantage venoit de rester du côté de l'armée royale. Un combat plus brillant et plus vif attendoit le prince à Loriol.

Mais déjà des mouvemens d'insurrection avoient éclaté dans la Lozère et dans l'Ardèche, où le général Lafitte, qui s'étoit déclaré pour l'usurpateur, pénétroit avec une centaine de gendarmes. Un détachement royaliste avoit été accablé par des paysans armés, après une vigoureuse résistance, où le chef d'escadron Castelbajac venoit d'être grièvement blessé en combattant en brave. Un autre détachement de l'armée royale, envoyé à Saint-Andéol peu de jours auparavant, n'avoit pu arriver à sa destination. Il étoit urgent de s'assurer de la rive droite du Rhône, à mesure qu'on avance roit par la rive gauche. Le colonel Magnier reçut ordre d'occuper Saint-Andéol avec sept cent gardes nationaux, et de marcher ensuite parallèlement avec l'armée royale, dont le quartier-général venoit d'être porté à Montélimart.

Le prince y passa en revue sa petite armée, forte seulement de cinq bataillons de gardes nationaux, d'un détachement du 1ᵉʳ Etranger et du 10ᵉ de ligne, qui, avec l'artillerie, formoit la réserve. Le tout s'élevoit à peine à deux mille quatre cents baïonnettes. La cavalerie ne consistoit qu'en soixante-dix volontaires à cheval, et en vingt-cinq chasseurs du 14ᵉ, formant la garde du prince. On avoit détaché un bataillon (1) pour dissiper un rassemblement de paysans armés du côté de Crest.

S. A. R., informée que le général Debelle avoit pris position de l'autre côté de la Drôme, et paroissoit décidé à disputer le passage pour couvrir et défendre Valence, résolut de marcher en personne pour le combattre ; sachant le 1ᵉʳ corps réuni depuis le 27 mars à Sistéron, elle envoya l'ordre au lieutenant-général Ernouf de se porter aussi en avant.

---

(1) Sous les ordres du chef de bataillon d'Haupoult.

La veille de l'attaque, on vit le prince parcourir de nuit tous les bivouacs, où sa présence excita l'enthousiasme des troupes. Des torches éclairoient tout le camp, et formoient une sorte d'illumination militaire; tous les cœurs étoient électrisés, et chaque soldat brûloit d'aller exposer sa vie pour une si belle cause.

Le 2 avril, à cinq heures du matin, l'armée royale se mit en marche sur plusieurs colonnes d'attaque. Parmi les éclaireurs, se faisoient remarquer la compagnie Vernety des chasseurs de Vaucluse (1); au centre, étoit le 10ᵉ de ligne, la cavalerie et l'artillerie ; à gauche, les Vauclusiens ; à droite, les royaux étrangers; les douaniers, la belle compagnie des étudians de Montpellier, les gardes nationaux de l'Hérault et du Gard. Toutes les troupes étoient en mouvement, lorsqu'on aperçut les avant-postes de l'ennemi à la hauteur de Mirmende, sur la route de Loriol. La compagnie Vernetty eut ordre de les repousser. A son approche, les ennemis se replient sur les hau-

---

(1) M. le marquis de Rochegude, aujourd'hui dans la garde royale, avoit aussi levé à ses frais deux compagnies franches dans le département de Vaucluse.

teurs de Loriol, et font mine de s'y défendre ; on détache aussitôt contre eux le chef de bataillon Bonhote du 1er Etranger, avec le détachement de son régiment et quatre compagnies de gardes nationales, soutenues par les voltigeurs du 10e. Le major Montferré côtoyoit le Rhône avec un bataillon, et le reste de l'armée s'avançoit en bon ordre par la grande route. Bientôt les éclaireurs, suivis de près par les têtes de colonnes, pénétrent dans Loriol, que les révoltés venoient d'évacuer. Le maire, décoré de l'écharpe blanche, vient offrir des rafraîchissemens aux royalistes. Des cuves pleines de vin étoient disposées dans les rues et sur la grande route. Le drapeau blanc flottoit à toutes les fenêtres, et les habitans de Loriol sembloient étonnés de la rapidité de la marche de l'armée royale.

Cependant à la sortie du village, les éclaireurs avoient essuyé un feu vif de mousqueterie, parti de l'avant-garde des rebelles, postée sur les collines qui dominent Loriol du côté de la Drôme. De là, ils faisoient aussi jouer deux pièces de canon masquées derrière un mur, et qui tiroient à demi portée. On fit avancer deux pièces de quatre, dont le feu fit taire bientôt celui de l'ennemi. En même temps; les gardes nationales du Gard et de l'Hérault se formoient dans la plaine qui descend vers le Rhône. L'ardeur des troupes étoit extrême; les cris répétés de *vive le Roi! vive le duc d'Angoulême!* se succédoient, et l'écho des montagnes les répétoit dans le lointain. Sept à huit mamelons furent enlevés de vive force. Enfin à midi l'avant-garde fut entièrement repoussée de l'autre côté de la Drôme. Là, le général Debelle occupoit les hauteurs de Livron, avec une forte colonne de paysans armés et de gardes nationales de la Drôme et de l'Isère. Un bataillon du 42e de ligne défendoit le pont avec deux pièces de huit.

Du passage de la Drôme sous le feu de l'ennemi sembloit dépendre le sort de l'expédition. Déjà les Vauclusiens parvenus sur le dernier mamelon qui domine la Drôme, et brûlans d'impatience, tournoient leurs regards vers le digne héritier d'Henri IV.

La fusillade des tirailleurs recommença, et le prince s'étant porté avec rapidité en avant pour reconnoître le pont, la plus vive ardeur se manifesta parmi les troupes. Les têtes de colonnes venoient de s'emparer d'une ferme et d'un moulin qui touchoit à la position de l'ennemi. S. A. R. fit avancer deux obusiers et deux pièces de quatre, ordonnant de battre le pont et de pointer sur les hauteurs voisines. Il s'agissoit d'intimider la rébellion par une action d'éclat, en menaçant de tourner les flancs de l'ennemi pour effectuer ensuite le passage de vive force. A peine les troupes qui avoient tourné le village furent-elles réunies, que le duc d'Angoulême détacha le bataillon du major Montferré, pour traverser la Drôme à gué, un quart de lieue au-dessus du pont. En même temps quatre compagnies de grenadiers du 10ᵉ recevoient l'ordre de se porter directement sur la tête du pont, et de l'enlever au pas de charge. Mais déjà vingt-cinq voltigeurs du même régiment, électrisés à la vue du prince, avoient franchi les premiers obstacles aux cris de *vive le Roi !* malgré le feu de l'artillerie et de la mousqueterie des rebelles. Accueillis par eux dans leurs rangs avec les mêmes cris, ils ne doutent plus que frappés de terreur, ou ramenés par le repentir, ils ne rentrent dans le devoir ; tous s'avancent les bras ouverts pour embrasser leurs frères d'armes égarés. A peine sont-ils au milieu d'eux, qu'à un signal donné on se jete sur les voltigeurs, et on les désarme. *Nous sommes trahis*, s'écrient-ils aussitôt, en se tournant vers les royalistes. A l'instant même le vicomte d'Escars, avec cette décision qui caractérise le vrai chevalier français, se précipite sur le pont à la tête des grenadiers ; il arrive à temps pour délivrer les voltigeurs, culbute partout l'ennemi, s'empare de ses canons, et fait un grand nombre de prisonniers, tandis que le duc d'Angoulême, donnant partout l'exemple de la plus brillante valeur, soutient lui-même les grenadiers avec le reste du 10e et cinquante chevaux. Les rebelles sont enfoncés, poursuivis sur toutes les directions. Une poignée de volontaires et de chasseurs à cheval, conduits par le vicomte d'Escars, le duc de Guiche, et par des officiers de l'état-major, chargent les fuyards, et les mettent dans une déroute complète. En vain le général Debelle s'efforce de les rallier ; les paysans de la Drôme jettent leurs armes et ne veulent plus combattre. Debelle, blessé dans l'action et entraîné dans la fuite de ses troupes, prend la route de Valence en toute hâte avec son lieutenant Kretly, et laisse le commandement au colonel d'artillerie Noël. Cet officier, un autre colonel et un chef de bataillon tombent bientôt au pouvoir des vainqueurs qui enveloppent les dernières colonnes, et font trois cent cinquante prisonniers.

Un grand nombre de morts et de blessés couvroit le champ de bataille; toute l'armée ennemie étoit à peu près détruite, et ce qui avoit pu échapper fuyoit en désordre sur Valence, ou se dispersoit dans les montagnes. Deux pièces de huit et deux drapeaux complétèrent les trophées de la victoire, et les cris de *vive le Roi ! vive la France !* les acclamations de *vive le duc d'Angoulême !* partis de toute la ligne, vinrent saluer le prince qui, au milieu des champs de triomphe, ne songeoit qu'à arrêter l'effusion du sang. Sa vive sollicitude le porte à ordonner qu'on prodigue des soins aux blessés et aux prisonniers, sans distinction d'amis ou d'ennemis : « Ce sont vos frères, di- » soit-il à ses soldats, ce sont des Français, » des Français égarés ; ils reconnoîtront un » jour leur erreur ! » A l'instant même on leur distribua de l'argent et des secours.

Ce combat avoit été vif, car des deux côtés c'étoient des Français, et un rejeton de Henri IV s'étoit jeté dans la mêlée. Le 10ᵉ régiment s'étoit couvert de gloire, et le prince avoit fait l'admiration de ses ennemis : « Un moment de plus, dit un soldat

» rebelle, et nous criions tous *vive le Roi!* »

La perte des troupes royales fut légère à cause de l'impétuosité de la principale attaque. L'ennemi en pleine déroute sur Valence ne se rallioit nulle part; mais l'armée en étoit encore à trois lieues, et elle en avoit fait dix. Accablée de fatigue, elle ne put bivouaquer qu'au village de la Paillasse; le prince d'ailleurs ne vouloit pas arriver de nuit, à la tête d'une armée irritée, dans une ville qui avoit arboré l'étendard de la rébellion.

Les transports et l'ivresse de ses soldats furent au comble quand il visita leurs bivouacs; la gaieté languedocienne et la franchise provençale lui témoignèrent en expressions joyeuses et touchantes combien il étoit révéré. Le 10e régiment l'accueillit aux cris de *vive le Roi!* et une illumination militaire, semblable à celle de Montélimart, termina cette glorieuse journée. S. A. R. assigna la récompense des braves à ceux qui s'étoient particulièrement distingués, et conféra au vicomte d'Escars le grade de maréchal-de-camp que lui avoient mérité son dévouement et sa valeur.

Cependant les fuyards rentrés à Valence essayoient de pallier leur défaite, et cherchoient à exciter la rage du peuple, en semant le bruit que les royalistes massacroient indistinctement tous ceux qui avoient servi Napoléon. Mais aucun effort, aucune imposture, ne parvinrent à obtenir une résistance inutile.

Le lendemain, à la pointe du jour, l'armée royale se mit en marche sur Valence; le duc d'Angoulême apprit en route que les autorités viendroient à sa rencontre. En effet, le 3 avril à neuf heures du matin, Valence ouvrit ses portes. Le maire et le corps municipal, entourés d'un grand nombre de citoyens, reçurent le prince hors du faubourg Saulnier. Après avoir défilé devant S. A. R., l'armée traversa la ville, et alla bivouaquer hors des murs. Le prince n'y laissa qu'un bataillon du 10e avec les deux pièces de canon prises à Loriol. Une compagnie des grenadiers occupa les différens postes. Le maréchal-de-camp baron de Damas fut nommé commandant de la ville et du département de la Drôme, et le sous-préfet de Montélimart (M. de la Boissière) remplaça dans les fonctions de préfet le marquis Descorches qui avoit suivi les rebelles dans leur retraite.

Après avoir pris possession de la ville, le prince remonta à cheval, et se porta avec le reste de ses troupes au pont de Romans, qu'on occupa sans résistance le même jour. L'armée poussoit de là des reconnoissances sur les deux routes de Lyon et de Grenoble. Le marquis de Montcalm, avec une poignée de volontaires à cheval, parvint jusqu'au village de Souris, extrême frontière de la Drôme. Là il eut connoissance que Debelle avoit ordonné à quelques rassemblemens de se dissiper. Mgr le duc d'Angoulême étoit dans l'intention de passer l'Isère le lendemain ; mais on lui représenta que ses troupes harassées de fatigue avoient besoin d'un jour de repos ; il laissa à Romans le lieutenant-général Monnier, dévoué à la cause royale, et qui dès le 30 mars avoit pris le commandement de l'avant-garde. Le soir même S. A. R. rentra à Valence pour y rassembler les troupes qu'on attendoit de divers points.

Il falloit aussi s'efforcer de ramener les esprits qu'avoit égarés l'influence perfide des agens de l'usurpateur. Tout avoit été mis en œuvre pour exaspérer le peuple du département de la Drôme contre l'armée royale : on la lui avoit représentée sous les couleurs les plus noires, et comme traînant à sa suite le meurtre et le brigandage.

La magnanimité, la bonté du prince, avoient

même été calomniées avec audace. Il arrivoit, disoit-on, altéré de vengeance. Qu'opposa le petit-fils d'Henri IV à la perfidie et à de l'imposture ? ses bienfaits et le langage de la vérité. « Habitans de la Drôme, dit-il dans
» sa proclamation, l'ennemi de la France a
» passé près de vous; vous l'avez souffert;
» la guerre civile, une invasion étrangère,
» tels sont les tristes résultats de la trahison
» des uns, de la crédulité ou de l'infidélité
» des autres. Des hommes étrangers au nom
» français, ou intéressés au désordre, se sont
» armés pour une cause qui se fonde sur la
» violence et sur la trahison; mais ils sont en
» petit nombre. Ceux qui ont voulu s'opposer
» à mon passage ont été dispersés. Je suis venu
» ici, non pour vous punir, vous l'êtes assez
» par les maux, suite nécessaire d'une guerre
» intestine; je viens vous sauver de l'oppression
» et vous rappeler à vos sermens. »

Cette proclamation généreuse ne produisit que peu d'effet, tant la multitude étoit en proie à l'esprit de vertige. Les émissaires de la rébellion colportoient dans la ville et dans les campagnes les journaux de Paris qui promettoient la continuation de la paix au dehors, et présentoient l'Europe comme complice de l'usurpateur, tandis qu'elle le mettoit hors de la loi commune des nations. En vain S. A. R. fit répandre et publier la déclaration du congrès de Vienne. Le peuple séduit ne croyoit plus qu'aux promesses fallacieuses du despote qui sembloit s'être arrogé le droit de le tromper et de l'opprimer.

Le duc d'Angoulême avoit donc moins à espérer de la persuasion que de la force des armes. Sous ce dernier point de vue, le combat de Loriol et l'occupation de Valence étoient comme les préludes d'événemens plus décisifs. S. A. R. pouvoit effectuer le passage de l'Isère; son aile gauche, qui s'avançoit jusqu'à Tournon, avoit poussé devant elle tout ce qui avoit voulu s'opposer à sa marche. Descendus de l'Ardèche, une troupe de montagnards royalistes avoient occupé Privas après en avoir chassé le général Lafitte. D'autres royalistes sortis de la Haute-Loire et du Forez accouroient au quartier-général joindre le neveu de leur roi, qui, arborant le drapeau des lis, signaloit sa valeur héréditaire. Des députations secrètes venoient annoncer que tout étoit disposé à Lyon pour y recevoir l'armée royale.

La seconde ville du royaume étoit défendue seulement par quelques dépôts, par des canons sans canonniers et sans trains. Huit cents hommes d'infanterie, placés à Saint-Rambert, pouvoient seuls disputer l'entrée de Lyon au duc d'Angoulême, qui n'attendoit plus, pour y déboucher, que le résultat des opérations de son premier corps d'armée. Le vœu de l'immense majorité des citoyens l'appeloit à Lyon, et là seulement pouvoit s'affermir par un succès imposant la fidélité de toutes les troupes du Midi. Les progrès du premier corps alloient tout décider ; mais bientôt les nouvelles qu'on en reçut firent évanouir toute espérance.

Sur cette ligne d'opération en avant de Grenoble, le lieutenant-général Ernouf avoit divisé son corps d'armée en deux colonnes d'attaque : l'une, sous le général Gardanne, devoit se porter par un circuit sur Saint-Bonnet et le village de Corps ; l'autre, sous les ordres du général Loverdo, devoit marcher par Serres et Apremont, pour déboucher à la Mure sur le chemin de Grenoble. Par cette marche combinée, les deux colonnes auroient tourné le général Chabert, qui, sorti de Grenoble avec une partie de la garnison, eût été forcé alors de mettre bas les armes, ou de combattre avec désavantage. Aucune précaution n'avoit été omise par le lieutenant-général Ernouf. Instruit que Chabert répandoit avec profusion, partout où devoient passer les troupes royales, les proclamations et les bulletins de l'usurpateur, et qu'il fondoit ses espérances encore plus sur les défections que sur le sort des combats, il avoit prescrit au général Gardanne d'éviter dans sa marche la ville de Gap, et de ne point communiquer avec les habitans. Le sous-chef d'état-major, baron de Jessé (1), fut chargé de s'y porter avec quelques officiers et toute la gendarmerie disponible, afin d'éclairer la marche des colonnes, et de sonder les dispositions des habitans. Cet officier fait fouiller et éclairer la route; il aperçoit des paysans armés dans le lointain et sur la cime des pitons. Lui et son escorte sont accueillis à leur entrée dans Gap par les cris de *vive l'empereur!* qui partent d'un rassemblement formé par la populace, et qu'on est forcé de dissiper à coups de sabre. Le baron de Jessé apprend bientôt que le général Gardanne, au mépris de ses instructions, a déjà fait entrer ses troupes dans la ville, que le maire s'est joint à lui, l'a accompagné dans sa marche, et que Gardanne ayant parlementé avec le général Chabert, au lieu de le

---

(1) Membre de la chambre des députés des Sessions de 1815 et de 1816.

combattre, vient de passer à l'ennemi avec le 58ᵉ de ligne, exemple qui a entraîné une partie du bataillon du 9ᵉ et un détachement du 87ᵉ. Cette défection renversoit tout le plan du lieutenant-général Ernouf. Indigné de tant de perfidie, ce général porte à l'instant même son quartier général à Gap, fait rétrograder le reste des troupes de ligne pour les arracher à la contagion, et donne avec promptitude au général Loverdo l'ordre de se replier sur Montélimart pour y opérer sa jonction avec le second corps, sous les ordres de S. A. R. Il vouloit appuyer ainsi sa droite à Sisteron, tandis que sa gauche auroit suivi les mouvemens du prince. Mais n'ayant avec lui que deux mille hommes des bataillons francs de Marseille, le lieutenant général Ernouf vit que sa position devenoit de plus en plus critique. L'opinion se manifestoit ouvertement à Gap pour la cause de l'usurpateur. Un maire coupable y fomentoit la résistance, y provoquoit l'insurrection, refusant même de fournir des vivres et des voitures au service de l'armée. Le général avoit à craindre d'être coupé sur la route de Gap à Sisteron par les troupes en révolte; il rétrograda sur cette dernière ville, où il porta son quartier-général. Dans l'intervalle le général

Gardanne, devançant les instructions adressées au général comte Loverdo, s'étoit porté au quartier-général de son collègue pour conférer avec lui, ou plutôt pour l'entraîner dans sa désertion. Bientôt même les soldats du 83e régiment, instruits par les émissaires de Chabert de la défection du 58e, abandonnèrent le général Loverdo, qui tint ferme, repoussant avec dédain les offres des généraux rebelles, et ramenant sur Sisteron les bataillons nationaux indignés et découragés.

Ainsi s'évanouirent les espérances qu'avoient fait naître les opérations du premier corps d'armée. Resserré dans un pays âpre et difficile, le lieutenant-général Ernouf ne communiquoit déjà plus que difficilement avec le deuxième corps. S. A. R., en apprenant ce nouveau succès de la perfidie, sentit avec amertume qu'il falloit renoncer à la conquête de Lyon. En effet, tout progrès ultérieur devenoit impossible, le deuxième corps ne pouvant plus être appuyé par le corps de droite. Le cours du Rhône alloit donner à l'ennemi la facilité de porter rapidement des forces sur les points menacés, et même sur les derrières de l'armée royale. Lyon d'ailleurs changeoit rapidement de face.

LIVRE XXVII.

L'occupation de Valence (la nouvelle s'en étoit promptement répandue) avoit jeté l'épouvante dans l'âme des adhérens de Buonaparte. Le général Dessaix (1) se hâte de relever leur courage abattu, en exagérant l'importance de l'avantage que venoit de remporter le général Chabert, en ébranlant, du côté de Grenoble, la fidélité de quelques régimens de ligne. Il n'étoit plus possible toutefois de cacher la marche du deuxième corps de l'armée royale, sous les ordres immédiats de Mgr le duc d'Angoulême. On apprenoit à Paris et à Lyon que les royalistes du Midi marchoient en avant sous les ordres du prince, au moment même où le journal officiel de Napoléon (2) publioit que la révolution du 20 mars venoit d'être partout accomplie, sans qu'une goutte de sang eût été répandue. A Lyon surtout, les rebelles furent un moment frappés de terreur. Mais les royalistes « étoient des » hordes égarées, selon le général Dessaix (3), » des satellites soldés par la tyrannie, et laissant » tomber leurs poignards de leurs tremblantes » mains. » En même temps de prétendus voya-

---

(1) Commandant la 19e division militaire.
(2) Le *Moniteur*.
(3) Voyez la proclamation de ce général du 1er avril 1815.

geurs *assuroient* que Valence étoit en feu ; que les *brigands royaux* avoient juré d'incendier et de raser Lyon ; car on vouloit, par ces atroces calomnies, soulever et armer la populace. Quoique Lyon fût au pouvoir des rebelles, et séparé de Valence par le corps d'armée qu'ils opposoient au duc d'Angoulême, plusieurs de ses habitans se dirigeoient, par des chemins détournés, vers l'armée royale, et un grand nombre d'autres l'appeloient de tout leur vœu. Mais Lyon, objet principal de l'attaque, vit bientôt les buonapartistes se faire de ses murs un boulevard et le point d'appui de leur défense, tout en protestant que l'armée royale n'offroit qu'un misérable rassemblement d'hommes égarés. Le gouvernement de l'usurpateur et les hommes du 20 mars étoient loin d'avoir conçu un tel mépris pour leurs adversaires ; rien ne prouve mieux qu'ils les redoutoient que leurs immenses apprêts pour la défense de Lyon. Buonoparte ne put se dissimuler l'influence que pourroit avoir sur le reste du royaume l'occupation par le duc d'Angoulême d'une ville si importante : il y fit d'abord marcher en toute hâte le 49ᵉ régiment. Lyon fut mis en état de siége, et Mouton-Duvernet en fut nommé gouverneur. La haine de cet officier-général contre la famille royale alloit jusqu'à la rage, et nul ne poussoit plus loin l'idolâtrie pour Napoléon. Il fit d'abord un appel à la garde nationale, prescrivit la formation de bataillons de grenadiers, de voltigeurs, de partisans, parcourut ensuite les ues pour exhorter lui-même les Lyonnais à défendre la ville jusqu'à la dernière goutte de leur sang contre des hommes qui, disoit-il, avoient juré *la mort de la liberté*. Adressant une proclamation aux habitans du faubourg de la Guillotière, pour les exciter à prendre les armes : « C'est à la Guillotière, disoit-il, que » les ennemis de l'empereur doivent échouer; » c'est aux habitans de ce faubourg qu'est ré- » servé l'honneur de les repousser. L'empe- » reur, satisfait, déclarera qu'ils ont bien » mérité de la patrie, et nos ennemis seront » chassés et humiliés. »

Napoléon ne se borna point à mettre Lyon en état de défense; il y improvisa en quelque sorte une armée destinée à prendre l'offensive contre le duc d'Angoulême, et il en donna le commandement aux officiers-généraux les plus acharnés contre les Bourbons, tels que Grouchy et Piré. Chargé de la commander en chef, Grouchy, vieux militaire, habile général de second ordre, actif et entreprenant, dévoré d'ambition, unissoit le génie révolutionnaire à la souplesse du courtisan, et sembloit offrir ainsi à l'usurpateur toutes les sûretés que sembloit exiger la mission déloyale d'aller combattre par la fraude le prince le plus loyal et le plus généreux.

La précaution de mettre Lyon en état de siége; l'arrivée du régiment des flanqueurs de de la garde, d'un bataillon du 5e de ligne, du 6e et du 49e régiment; la marche des troupes en garnison à Lons-le-Saulnier, et de celles qu'amenoit le général Grouchy; enfin, la présence de cet officier-général si dévoué à la cause de Napoléon, rien ne sembloit pouvoir rassurer les rebelles. Ils évoquent le génie des révolutions, et font des levées extraordinaires par tous les moyens que la terreur peut inventer; ils ordonnent le doublement de la garde nationale, sans distinction d'âge; ils promettent des récompenses aux gardes nationaux qui voudront s'enrôler contre *les hordes du Midi*; ils mettent en réquisition dans les campagnes tout ce qui est en état de porter les armes, tout ce qu'anime l'espoir du pillage. On vit, dans ces rassemblemens tumultueux, des femmes, ou plutôt des bacchantes, parcourir les cabarets, le sabre à la main au lieu de thyrse, chantant la *Marseillaise* et *Ça ira*, dansant dans les églises, et partout offensant la pudeur par les propos les plus licencieux et les plus effrénés ; on vit les principaux révolutionnaires faire un appel à tout ce que la populace a de plus corrompu et de plus vil pour s'organiser en corps libres. Bientôt ces forcenés se répandent dans le Dauphiné, y prêchent le pillage, et en donnent l'exemple, soulèvent au son du tocsin la population épouvantée, entraînent les hommes les plus timides à commettre d'horribles excès, menaçant les châteaux, déclamant contre les nobles, outrageant les ministres du culte, brisant les portes des églises, et violant les sanctuaires. A Saint-Marcellin, ils assassinent un jeune maire pour avoir refusé de se joindre à leurs bandes dévastatrices.

Ce mouvement désorganisateur venoit d'être imprimé aussi à une province moins éloignée de la capitale, à la Bourgogne, d'abord par le préfet de Dijon, Maurice Duval, puis par le régicide Thibaudeau, conseiller d'Etat de l'usurpateur, envoyé à Dijon avec le titre de commissaire extraordinaire. Il s'efforce, dans une proclamation emphatique, de soulever la population bourguignone, en lui faisant un appel au nom de Buonaparte, dont il étoit le plus ardent complice.

« L'empereur, dit-il aux habitans de la
» Côte-d'Or, et vos intérêts les plus chers vous
» appellent au secours de la ville de Lyon,
» de cette cité généreuse qui a eu le bonheur
» de recevoir une des premières le chef au-
» guste de la nation. Marchez, cultivateurs
» qu'on veut attacher à la glèbe; acquéreurs
» de biens nationaux qu'on veut déposséder,
» et vous fonctionnaires publics que l'empe-
» reur a honorés de sa confiance ; soulevez
» toutes les passions qu'enfante l'amour de la
» patrie. Encore quelques jours, et les rebelles
» seront soumis et punis. »

Sa proclamation étoit suivie d'un arrêté qui appeloit aux armes tous les citoyens valides et non mariés, arrêté digne des proconsuls de 1793, qui, au nom de la liberté, ordonnoient des levées en masse et des massacres. C'étoit avec de semblables moyens que les hommes du 20 mars prétendoient nous rendre à l'indépendance, au bonheur et à la gloire.

En admettant que l'armée royale eût pu s'emparer de Lyon avant l'arrivée des troupes que l'usurpateur y envoyoit en poste, eût-elle pu s'y maintenir, la ville étant partagée d'opinion, et confinant à des provinces où le vertige révolutionnaire faisoit tant de ravage? Renonçant à la conquête de Lyon par suite du mouvement rétrograde de son aile droite, Mgr le duc d'Angoulême étoit encore loin de soupçonner que tout fut désespéré pour la cause royale. Son armée se montroit pleine d'ardeur; les fidèles Provençaux et *l'excellente* Marseille manifestoient un zèle et un dévouement sans bornes; le maréchal Massena ne changeoit point encore de langage et renouveloit sans cesse ses assurances de fidélité. Les commissaires du roi à Toulouse s'efforçoient d'étendre l'autorité royale dans les départemens limitrophes. Partout l'ardeur des royalistes du Midi se soutenoit, et les traîtres n'osoient éclater encore. Ainsi, le prince nourrissoit au moins l'espoir de se maintenir sur l'Isère, en attendant que les hostilités au dehors annoncées comme prochaines, lui permissent de reprendre l'offensive. Les nouvelles de l'Ardèche étoient d'ailleurs satisfaisantes. Le colonel Magnier avoit continué sa marche le long de la rive droite du Rhône, et occupé Viviers sans éprouver de résistance : de-là il s'étoit emparé de Saint-Perey et de Privas, conformément aux instructions du prince, dont les détachemens occupoient aussi Tournon pour inquiéter les flancs de l'ennemi. Mais un nouvel orage se formoit derrière l'armée royale.

Quand Napoléon se fraya, avec ses complices, une nouvelle route pour ressaisir le pouvoir, il négligea les provinces méridionales, persuadé que la capitale envahie, tout le Midi reconnoîtroit bientôt ses lois. Il savoit, d'ailleurs, que les révolutionnaires, ennemis naturels des Bourbons, y seroient d'autant plus actifs, qu'ils y étoient plus comprimés; que la Drôme et l'Isère pouvoient tenir la Provence en échec; que Toulon, Avignon, Nismes et Montpellier renfermoient assez de factieux et de militaires perfides pour lui assurer la ligne du Rhône à la Dordogne.

Toutefois le Midi, à la voix du prince, s'étoit soulevé presque tout entier, et les progrès de l'usurpation sembloient n'avoir rien changé à la disposition des peuples. Napoléon, ses ministres, et ses conseillers, avoient frémi d'une résistance qui rendoit leur succès incertain. Au moment où quarante mille soldats, ivres de révolutions et altérés de vengeances, se précipitoient déjà sur les frontières belgiques, traînant avec eux les brandons de l'incendie qui embrasoit le royaume, il leur falloit tourner contre l'intérieur des forces toutes prêtes à s'élancer contre l'Europe.

Les autres troupes qui marchoient sur Lyon dans des disposition semblables, devoient former l'armée d'expédition que l'usurpateur avoit promise à Murat. Débouchant en Piémont, elle auroit joint rapidement l'armée de ce roi aventurier, chargé de soulever l'Italie, qui en un clin-d'œil eût été en feu. Cette double invasion de Bruxelles et de Milan eût couronné le 20 mars. Tout la commandoit dans l'intérêt de Napoléon et de ses complices ; son génie agresseur la lui avoit suggérée. Mais déconcerté par les manifestes des rois et par l'attaque imprévue de Mgr le duc d'Angoulême, le perturbateur du Monde n'écouta plus que des conseils timides. Tremblans pour leurs richesses, alarmés pour leurs pouvoirs, les révolutionnaires qui l'environnoient manquèrent de résolution et d'audace. Quelques-uns craignirent que, redevenu puissant par la guerre, il n'échappât à leur tutelle. Dans un premier conseil privé, tous allèguent la nécessité pressante de soumettre d'abord le Midi, puis de rassurer l'Europe par le simulacre d'un système pacifique au dehors. Plusieurs chefs de l'armée, partagent cet avis, et détournent Napoléon d'ouvrir le temple de Janus. Enchaîné ainsi par les siens, il se décide à rester sur la défensive à l'égard des rois conjurés contre sa puissance : dès lors sa perte est inévitable, car ne point agir en révolution, c'est préparer le triomphe de ses ennemis.

Ainsi, la diversion courageuse de Mgr le duc d'Angoulême préserva peut-être l'Europe d'un embrasement général. Effrayé de voir un Bourbon sous les armes, Napoléon détacha contre le prince une partie des troupes destinées aux invasions révolutionnaires. Il ne s'agissoit d'abord que de préserver Lyon, où l'alarme régnoit parmi les hommes du 20 mars. Toutefois l'usurpateur sentit que les baïonnettes seules seroient impuissantes pour triompher d'un adversaire dont la valeur et l'activité n'avoient à craindre que la perfidie et les embûches. Il appella partout à son aide des instrumens propres à servir ses sinistres desseins : Chartrand, Gilly et Teste se présentèrent, et pour prix de ses faveurs ils prirent l'engagement de lui soumettre tout le Midi, et de lui livrer son auguste défenseur.

Le général Chartrand, en non activité à Carcassonne, sa ville natale, étoit prisonnier en Autriche au moment de la restauration. Décoré de la croix de Saint-Louis par Louis XVIII, il avoit offert à la fois ses services au duc d'Angoulême et à Buonaparte. Se dévoilant aux approches du 20 mars, il avoit dit au préfet de l'Aude (1), magistrat fidèle et plein d'honneur, qu'il iroit au besoin jusqu'au roi demander de l'activité, ajoutant avec mystère « Je trouverai peut-être à Paris » l'empereur; il me donnera de l'emploi, peut- » être même la mission du Midi; et je revien- » drai à Carcassonne. — Et si vous y venez » pour cet objet, avoit repris vivement le préfet » de l'Aude, je vous ferai arrêter sur-le- » champ. »

Ce magistrat ne dissimule point (2) qu'il n'auroit pas dû se borner à une simple menace; mais il ne crut pas indispensable de s'assurer d'un militaire qui montroit tant d'inconséquence dans ses propos. D'ailleurs, un autre missionnaire eût bientôt bouleversé le Midi. Quoi qu'il en soit, Chartrand prend la poste, arrive aux Tuileries, voit Napoléon, et se charge de la mission secrète de rallier à son parti dans les provinces méridionales les officiers-généraux et

(1) M. le baron Trouvé.
(2) Voyez le récit des événemens qui se sont passés à Carcassonne au commencement du mois d'avril 1815.

les troupes de ligne. En vertu de ses instructions, il se dirige d'abord sur Toulouse.

La mission de Gilly étoit plus décisive. Capable de justifier sa malheureuse célébrité par quelques talens, le lieutenant-général Gilly sait allier la circonspection à l'audace et la duplicité à la valeur. Dévoué à Napoléon, acharné contre nos princes légitimes, déguisant mal son ambition, il avoit d'abord représenté que le commandement d'un simple département (1) convenoit peu à son grade; puis il avoit lui-même sollicité d'être employé activement dans les troupes royales. Tout lui avoit été accordé par le duc d'Angoulême, et il étoit désigné pour commander la seconde ligne de son armée. Gilly s'étoit attaché à pénétrer les plans du prince, et quand on s'étoit mis en marche il s'étoit retiré dans sa terre de Remoulins, près de Nismes, assurant qu'une fois les troupes rassemblées il se mettroit en campagne. Sa retraite servoit à mieux cacher ses desseins. Selon les uns, il se rendit furtivement à Paris pour concerter avec l'usurpateur la trahison qu'il méditoit; selon d'autres, il reçut à Remoulins même la mission de lever l'étendard contre le duc d'An-

---

(1) Du Gard.

goulême. Il s'étoit rendu garant des dispositions favorables d'une partie de la garde nationale du Gard, dans les rangs de laquelle s'étendoient ses intelligences. Quant aux troupes de ligne, il étoit sûr de leurs dispositions. Ainsi tout se trouvoit combiné, vers la fin de mars, pour le soulèvement des troupes depuis Toulouse jusqu'à Nismes. Mais ces trames n'étoient que militaires ; il falloit rattacher franchement les révolutionnaires du Midi aux intérêts de Napoléon, pour les déchaîner ensuite avec plus de violence contre les royalistes. Un agent de l'ordre civil devenoit indispensable : l'avocat Teste fut choisi. Nismes est sa ville natale. Révolutionnaire fougueux, montrant au barreau moins d'éloquence que de faconde, livré aux passions, plus âpre aux richesses qu'au pouvoir, Teste avoit abhorré Buonaparte ; mais ne voyant plus en lui que le persécuteur des Bourbons et le chef armé des révolutionnaires, il vint lui offrir ses services sous la protection du ministre Fouché, dont il étoit l'homme de confiance. Il promet emphatiquement à l'usurpateur de lui livrer le duc d'Angoulême, et de ranger tout le Midi sous ses lois : « Vous êtes le frère du général » Teste ? lui dit Napoléon. — Oui, Sire. —

« Vous êtes avocat?—Oui, Sire.— Hé bien,
» si vous gagnez cette cause, je vous promets
» que vous n'aurez plus besoin d'en gagner
» aucune autre (1) »; et il lui défère aussitôt le
commissariat du Midi, afin d'y seconder les
opérations de ses lieutenans. Muni d'amples
instructions, Teste se met en route.

Déjà Chartrand se dirigeoit en hâte sur Toulouse, donnant sur son passage l'impulsion de la révolte à toutes les villes encore fidèles. Dès le 26 mars Napoléon avoit expédié au général Delaborde la commission de faire reconnoître son autorité à Toulouse. Mais ses dépêches avoient été interceptées et supprimées par le baron de Vitrolles, qui délibéra aussitôt avec M. de Damas-Crux, s'il feroit arrêter Delaborde. Les commissaires du roi ne furent retenus que par la crainte d'établir une lutte trop inégale entre les troupes de ligne et les citoyens. Telle étoit la situation de Toulouse à l'arrivée de Chartrand, qui, plein d'impatience de remplir l'objet de sa mission, pressé d'en conférer avec Delaborde, instruit que ce général se trouvoit chez le baron de Vitrolles, s'y intro-

---

(1) Tableau historique des événemens qui se sont passés à Lyon.

duisit à la faveur d'un déguisement, et saisit l'instant où le commissaire du roi expédioit une dépêche pour tirer à part le général, et lui remettre les instructions de l'usurpateur. Il lui abandonne ensuite l'exécution du mouvement à Toulouse, et continue sa route pour Nismes et Montpellier, où il va presser l'insurrection.

La défection dans le Midi étoit partie de Mende où commandoit le général Saint-Pol. Mgr le duc d'Angoulême ayant chargé les généraux Compans et Solignac de s'établir à Clermont, et d'occuper militairement cette ville, dont la possession importoit au succès des opérations de l'armée royale, les deux généraux s'y étoient dirigés. Arrivés à Mende, le général Saint-Pol leur annonce qu'il a proclamé Buonaparte ; ils perdent alors de vue l'objet de leur mission, abandonnent la cause du roi, et Clermont suit l'exemple de Mende. Le Puy, Rhodez, Tulle et Cahors sont bientôt entraînés, soit par les chefs militaires, soit par les préfets. A Cahors, où le duc de la Force, commissaire royal, venoit d'être arrêté, les autorités s'étoient déclarées ouvertement. L'incendie avançoit sur Toulouse, où le baron de Vitrolles préparoit une expédition pour rétablir l'autorité royale à Rhodez et à Tulle, sans songer que Toulouse étoit à la veille de lui échapper.

Une révolte plus grave éclatoit dans le Bas-Languedoc. La nouvelle de l'entrée de l'usurpateur dans la capitale y devint le signal de la rébellion, et la dissimulation y fit place à la trahison ouverte. Le 2 avril Chartrand passe à Montpellier et à Nismes, s'abouche avec les conjurés, leur donne le mot d'ordre, et court ensuite remplir ailleurs sa mission criminelle. Gilly avoit déjà préparé à Nismes tous les élémens de l'insurrection militaire. A huit heures du matin, le 3 avril, les officiers à demi-solde s'assemblent au poste de la Fontaine. Là le chef de bataillon Lafond, prenant la parole, leur communique les proclamations de Buonaparte; tous font éclater aussitôt les accens de la joie et du délire. Ils prennent le nom de *bataillon sacré*, se répandent dans la ville, arborent les trois couleurs, et proclament Napoléon. Le mouvement se communique et se manifeste à la caserne du 63ᵉ régiment, commandé par le colonel Thulet. Au premier cri de révolte, le maréchal-de-camp Pelissier se porte à la caserne, et retient les soldats dans le devoir. Mais les officiers à demi-solde surviennent, poussent des cris de rage, se jettent sur le général et sur son aide-de-camp : tous deux sont arrêtés et désarmés. Tandis que la sédition gagne le 63ᵉ, un autre groupe d'officiers se porte chez le lieutenant-général Briche, et ajoutant l'outrage à la rébellion, se jettent sur sa personne, et lui arrachent son épée. Ouvrant alors son habit, le général leur présente sa poitrine, et leur dit avec fermeté : « Tuez-» moi, car jamais vous ne reussirez à me faire » crier *vive l'empereur !* » Les plus furieux l'entraînent et le confinent dans un même corps-de-garde avec le maréchal-de-camp Pelissier. Victimes de leur fidélité, ces deux officiers-généraux demandent en vertu de quel ordre on les a ainsi arrêtés, outragés, et qui commande à Nismes ? Le colonel du 62ᵉ, celui de la gendarmerie et le chef d'état-major Lefevre se renvoient le commandement, éludant ainsi la responsabilité de la révolte. Les soldats tiroient de leur sac la cocarde tricolore qu'on leur avoit distribuée, recevoient du vin et des cartouches, et la sédition n'en devenoit que plus violente. Un détachement du 67ᵉ se mit en route, formant avec le 10ᵉ de chasseurs à cheval l'avant-garde des rebelles. Une partie de la garde urbaine penchoit déjà ouvertement pour la cause de Napoléon. Mais la grande majorité des habitans frémissoit d'horreur à la vue de tant de perfidie et d'excès.

La consternation régnoit dans les familles ; sur presque tous les visages ruisseloient des larmes amères. Ecoutons les Nismois : « Nous » vîmes tout-à-coup, disent-ils, notre prince » chéri, trahi par des parjures, coupé dans sa » retraite, et livré aux plus grands dangers ; » nous vîmes la terreur promener de nouveau » sa faux sanglante sur toute la surface du » royaume ; nous vîmes l'audace et le crime » triomphans, la vertu proscrite, et le fléau » de la guerre reporter de toute part le ravage » et la mort. »

Les insurgés avoient rougi de l'honorable résistance qu'avoient opposée les généraux Pelissier et Briche ; ils les firent sortir le soir de la ville, au milieu des cris d'une populace ameutée et frénétique. Un détachement de gendarmerie les transféra à Montpellier, qui le même jour s'étoit déclaré pour Napoléon. Cédant aux instigations de ses commissaires, à l'effervescence des troupes et au torrent de la révolte, le lieutenant-général Ambert s'étoit présenté à la préfecture, et avoit invité le préfet Aubernon à convoquer le conseil général. Par une délibération régulière, ce conseil avoit décidé que pour éviter de graves malheurs, il falloit reconnoître la légalité des actes du gouvernement impérial ; puis il s'étoit déclaré dissous, et avoit recommandé au préfet et au général toutes les mesures de salut public. Ainsi une autorité mise en permanence par le roi pour contenir les rebelles, au lieu de garder un noble silence, au lieu de ne céder qu'à la force, avoit eu la foiblesse de se dissoudre elle-même, vu les décrets de Napoléon, empereur des Français, et les ordres du jour rendus en son nom par le général Ambert : c'étoit reconnoître implicitement le pouvoir de l'usurpateur. Cet acte d'un funeste exemple attéra le peuple, et égara une foule d'hommes simples qui ne jugent les événemens publics que par la conduite de leurs magistrats. Ainsi le conseil général de l'Hérault, dernier asile de la confiance royale dans ce département, venoit de faire le premier un acte de lâcheté et d'abandon. Le général Ambert s'en prévalut en faisant afficher à côté de son arrêté la proclamation par laquelle il invoquoit son accord avec le conseil général du département pour le rétablissement du gouvernement impérial.

Dès que la défection, partie de Mende et de Rhodez, se fut propagée à Montpellier et à Nismes, le foyer de la révolte se trouva établi derrière l'armée royale : c'étoit le but des conspirateurs. Nismes surtout étoit pour eux une sorte de place d'armes ; c'étoit par la route de Nismes qu'ils projetoient de couper la retraite au duc d'Angoulême. Des détachemens d'insurgés marchoient déjà sur le Pont-Saint-Esprit. Les chefs de corps avoient envoyé le jour même des courriers à Gilly pour le presser de venir prendre le commandement en chef. Gilly affecta d'abord une sorte de répugnance ; et après s'être fait provoquer par les officiers à demi-solde, il finit par se mettre à la tête de la sédition qu'il avoit lui-même fomentée.

Levant ainsi le masque, il prodigue les proclamations, les ordres du jour menaçans, effraie les bons citoyens, fait abattre partout le drapeau blanc, et, s'emparant des caisses publiques, rallie les bandes indisciplinées qui venoient d'arrêter leurs généraux, se met à leur tête pour aller combattre le duc d'Angoulême, et consomme sa révolte en excitant l'effervescence des rebelles : « Habitans du Gard, » leur dit-il, les avis que je reçois me con- » firment l'intéressante nouvelle que le duc

» d'Angoulême a été battu par l'armée im-
» périale........ C'est dans votre sein que ses
» perfides et lâches conseillers ont médité
» l'affreux projet de livrer le département
» du Gard à toutes les horreurs d'une guerre
» civile. Les insensés ! ils ignorent sans doute
» que ces braves que je commande marchent
» à leur rencontre, et que bientôt ils auront
» puni leur téméraire et coupable entreprise.
» Un seul prince de la maison de Bourbon
» lutte vainement encore contre l'arrêt du
» destin; ses efforts seront impuissans, et
» bientôt il s'éloignera de ces contrées; vous
» jouirez alors des douceurs de la paix publique,
» et vous reporterez vos affections et vos hom-
» mages à ce grand homme que la Providence
» nous a rendu. *Vive l'empereur !* »

Pour mieux enflammer ses satellites, Gilly outrage les volontaires royaux qu'il appelle des brigands ; il ne respecte ni la personne sacrée du roi, ni son auguste famille ; et les injures qu'il prodigue aux défenseurs du trône, il ose les proférer contre le prince qui les commande. « Ce prince, dit-il, n'est propre
» qu'à prier Dieu et non à conduire une armée. »
A ce blasphème d'un chef de révolte, opposons l'exclamation naïve d'un grenadier du dixième

régiment. Il sortoit de voir le duc d'Angoulême prosterné devant le Dieu des armées, et s'étoit écrié une heure après à travers une grêle de balles : « Morbleu! vive notre prince! il va au » feu comme à la messe! »

Le 4 avril, le vicomte de Bruges, arrivant au quartier-général informa, le duc d'Angoulême que les villes de Nismes et de Montpellier, subjuguées par leurs garnisons, venoient de reconnoître l'usurpateur; que les 13e et 63e de ligne, le 3e d'artillerie et le 10e de chasseurs à cheval étoient en révolte ouverte, et que deux généraux fidèles avoient été arrêtés par leurs propres soldats. Les nouvelles alarmantes se succèdent. Du côté de Lyon, tout est en armes ; une force imposante en troupe de ligne comprime les royalistes. Le général Piré s'embarquoit sur le Rhône avec le 6e léger, et le général Grouchy se disposoit à le suivre avec de plus grandes forces. Ce général ne négligeoit aucuns moyens pour égarer les Lyonnais. Se mêlant parmi la foule sous des habits de paysans, il insultoit aux Bourbons (1), excitoit

---

(1) Voyez le tableau historique des événemens qui se sont passés à Lyon depuis le retour de Buonaparte; etc...

le peuple à la vengeance, maîtrisoit l'opinion publique, et se créoit une armée. La ville d'Avignon dominée aussi par les militaires, chanceloit dans sa fidélité; le général Leclerc y retenoit, sous de vains prétextes, le régiment de Berri qu'on attendoit au quartier-général du duc d'Angoulême. D'autres dangers environnoient le prince.

Le chef de bataillon d'Haupoul en rentrant dans Valence, après avoir repoussé les insurgés de Crest, et leur avoir pris un canon, annonça que tout le pays étoit en armes, et refusoit de reconnoître l'autorité royale. Les habitans de Romans et de Valence n'étoient pas mieux disposés. Tout ce qui restoit fidèle paroissoit triste et abattu; la joie brilloit sur le front des ennemis de l'ordre. Telle étoit leur audace qu'ils n'épargnoient rien pour ébranler soit le courage, soit la fidélité des troupes royales, employant avec un art perfide le langage d'une fausse pitié; cherchant surtout à frapper de terreur les gardes nationaux et les volontaires. « Ne
» feriez-vous pas mieux, leur disoient-ils, de
» rentrer dans vos foyers pour veiller à la
» conservation de vos femmes et de vos enfans?
» Songez qu'ils sont à la merci des troupes
» insurgées sur tous les points du Midi,

« depuis Grenoble jusqu'à Toulouse. Qu'es-
» pérez-vous maintenant? Le roi n'a-t-il pas
» quitté la France? Pourquoi vous obstiner à
» combattre pour une cause dont lui-même a
» désespéré? Toute résistance est désormais
» inutile; les troupes de Napoléon s'avancent
» et vont vous envelopper. » En effet, le
général Piré arrivé par le Rhône, avec le 6ᵉ
léger, venoit de débarquer à Tain.

Trahi et pressé de toutes parts, le duc d'Angoulême prit le parti de rétrograder et de prendre des positions plus sûres.

Le 5 avril, S. A. R., après avoir fait une reconnoissance le long du Rhône et de l'Isère, donna des ordres pour l'évacuation de Romans. Le vicomte d'Escars y étoit resté avec quinze cents gardes nationaux, un bataillon du 10ᵉ, et six pièces de canon. Il se mit aussitôt en marche pour se replier, et annonça qu'on avoit cherché à débaucher ses troupes; que des gardes nationaux de l'Hérault et du Gard avoient déserté, et que l'ennemi s'étant montré en force du côté de l'Isère, il avoit fait évacuer Romans, et brûler le pont. Le colonel Montferré y étoit resté avec un bataillon d'arrière-garde pour occuper la partie de la ville qui est sur la rive gauche.

Le lendemain, l'ennemi fit des dispositions pour passer l'Isère. Un bataillon de Vaucluse tenoit la rive opposée; il se mit en tirailleur. Une vive fusillade s'engagea d'une rive à l'autre, et il y eut quelques braves mis hors de combat. Les royalistes eurent à regretter le vicomte Amable d'Aymes de Noyan, atteint d'un coup de feu mortel au commencement de l'action. Il succomba après plusieurs jours de souffrances, victime de l'honneur et de la fidélité, laissant le souvenir d'un dévouement d'autant plus digne d'éloge que, fonctionnaire public et malade, il eût pu à ce double titre se dispenser de prendre les armes (1).

On ne recevoit déjà plus au quartier-général que des nouvelles sinistres. Rentré à Valence, après avoir reconnu les manœuvres et les forces de l'ennemi, Mgr le duc d'Angoulême fut informé que Toulouse, Carcassonne et Perpignan étoient subjugués ou à la veille de l'être, et que les troupes rebelles marchoient de Montpellier au Saint-Esprit. Le lieutenant-général Merle qui donnoit ce dernier avis ne répondoit plus de la défense de cette position importante, annonçant même qu'il se retiroit à Avignon,

---

(1) Il laissa une veuve et un fils de dix ans, qui reçurent ses derniers soupirs.

et laissoit le commandement au comte de Vogué. Il n'y avoit plus à balancer. La prudence conseilloit de battre en retraite ; mais ce parti qui ne laissant plus rien au courage, faisoit évanouir toute espérance et répugnoit à S. A. R. On mit en délibération s'il ne conviendroit pas de se replier rapidement derrière la Durance, et de porter ainsi l'armée chez les fidèles Provençaux, qui offroient encore des ressources à la cause royale. Cet avis l'emporta : le duc d'Angoulême reconnut qu'il lutteroit en vain contre la nécessité, et ordonna la retraite pour le lendemain.

Le 14e de chasseurs à cheval, fort de deux cents hommes, qui la veille avoit rejoint l'armée, fut destiné à former l'avant-garde et l'arrière-garde. Le centre, où devoit se placer S. A. R. avec l'artillerie et les bagages, alloit se composer du 10e régiment et des bataillons de gardes nationaux que la désertion avoit réduits à douze cents hommes. Le colonel Montferré et le colonel Magnier reçurent de nouvelles instructions, l'un pour se replier par Crest sur Montélimart, l'autre pour évacuer l'Ardèche, et suivre jusqu'au Saint-Esprit le mouvement de l'armée, en côtoyant la rive droite du Rhône.

En donnant avis de sa retraite au lieutenant-général Ernouf, Monseigneur lui prescrivit de se replier également derrière la Durance, après avoir laissé dans les montagnes des détachemens pour garder les défilés. Ce général occupoit, à la réception des ordres de Son Altesse Royale la position du Poet, et gardoit la vallée d'Aspres. Sisteron, point de retraite de son corps d'armée, venoit d'être réparé. Il se hâta de faire ses dispositions, dans l'espoir que le prince appuyant sur sa gauche, l'armée royale pourroit peut-être se maintenir dans les départemens des Basses-Alpes, des Bouches-du-Rhône et du Var. Un officier d'état-major fut dépêché auprès du général Leclerc à Avignon, pour lui ordonner de garder le pont de la Durance à Bompar, et de s'assurer des passages de Mirabeau, Pertuis et Lescalle. Mais la garnison et les révolutionnaires d'Avignon étoient à la veille de se déclarer pour l'usurpateur. La colonne du général Loverdo qui avoit reçu l'ordre précédemment de se porter sur Gap, et dont l'avant-garde venoit d'éprouver un échec au défilé de la Saulce, fut laissée à Sisteron pour tenir fortement ce débouché. Ces dispositions prises, la retraite du premier corps étoit assurée; mais les dangers se multiplioient autour du second corps que S. A. R. conduisoit en personne. La situation du prince parut tellement critique à ses principaux officiers qu'ils le conjurèrent de partir en poste à l'insu de l'armée. Ce moyen de salut que Napoléon se ménageoit adroitement pour se soustraire aux désastres qu'il ne savoit ni prévoir ni éviter, ne pouvoit convenir à l'âme élevée d'un petit-fils d'Henri IV. Le duc d'Angoulême, opposant le plus noble refus à la proposition de mettre sa personne à l'abri du danger, déclara qu'il n'abandonneroit jamais ses compagnons d'armes. Un officier-général ouvrit l'avis d'embarquer le 10ᵉ régiment ou du moins un bataillon qui descendroit le Rhône, et se jetteroit ensuite au Pont-Saint-Esprit, afin d'y tenir ferme, en attendant que le prince eût passé avec le reste de ses troupes; mais S. A. R. n'y voulut point consentir, ce brave régiment étant le seul sur lequel on pût se reposer dans un engagement sérieux. Le prince comptoit d'ailleurs que le lieutenant-général Merle, ou M. de Vogüé, tiendroit au moins deux jours au Pont-Saint-Esprit.

Le soir même, S. A. R. sortit de Valence, et alla bivouaquer hors la ville au milieu du

10ᵉ régiment, qui l'accueillit avec des démonstrations d'amour et de fidélité. Au point du jour on se mit en marche, et bientôt on arriva au pont de la Drôme, que peu de jours auparavant l'armée, après une première victoire, avoit traversé pleine d'espérance et de force. Elle revit, non sans émotion, ce même pont qu'elle repassoit vaincue par la trahison et la perfidie, sans l'avoir été dans les combats. Cet aspect, ces souvenirs récens, la vue du prince généreux qui avoit confié sa destinée à une poignée de braves, l'idée de tous les périls qui sembloient fondre sur sa tête, jetoient l'armée dans l'abattement et la douleur. Tous les regards se portoient sur S. A. R., objet de tous les vœux et des plus vives sollicitudes. Eprouvé par l'infortune, ce prince montroit un front calme et serein, où se déployoit la force de son âme; il paroissoit plus touché du sort de ses compagnons d'armes que de ses propres malheurs. Il s'arrêtoit dans les rangs, parloit au plus simple soldat avec cette expression de bonté qui fait oublier les dangers et les fatigues.

L'armée fit halte à Loriol sans être inquiétée. L'avant-garde ennemie, composée de volontaires de la ville de Vienne, vint le même jour occuper Valence, annonçant qu'elle étoit suivie de près par les troupes du général Grouchy. Parti de Lyon le 8 avril, ce général alloit poursuivre en personne l'armée royale et le duc d'Angoulême. A Loriol, le prince trouva le colonel Montferré avec son bataillon qui, sur l'ordre qu'il en avoit reçu, venoit de quitter Romans et les bords de l'Isère. Il se porta rapidement au Pont-Saint-Esprit dont on savoit la garnison affoiblie par les désertions. Après une halte de deux heures, l'armée se mit en marche sur Montélimart. A peine étoit-on en mouvement, que le colonel Lemoine, du 14ᵉ de chasseurs, vint, le cœur navré, déclarer au prince que ses soldats, dont il n'étoit plus le maître, manifestoient hautement l'intention de passer à l'ennemi. Sur l'assurance qu'ils n'agiroient point contre les troupes royales, au moins pendant deux jours, le duc d'Angoulême leur donna l'autorisation de se séparer de l'armée.

Ainsi, d'un côté, l'esprit de défection se propageoit parmi les troupes de ligne, et de l'autre, l'impression du découragement se manifestoit de plus en plus parmi les gardes nationaux dont les bataillons diminuoient à vue d'œil. Les soldats de l'artillerie n'attendoient plus que l'occasion de se ranger du côté de l'usurpateur. Ces dispositions furent aggravées par une nouvelle accablante. Au moment où l'armée, fatiguée par une marche longue et pénible, s'arrêtoit à Montélimart, le prince reçut l'avis certain que les rebelles s'étoient emparés du Pont-Saint-Esprit. Resté seul pour le défendre avec cent cinquante gardes nationaux et deux pièces d'artillerie, M. de Vogué instruit de l'approche de l'ennemi, s'étoit porté à la garde du pont; mais abandonné bientôt par ses canonniers qui avoient refusé de faire feu, il s'étoit vu contraint de se replier avec les volontaires après une courte fusillade. Le 10ᵉ de chasseurs à cheval, profitant de la défection des canonniers, avoit chargé vivement, étoit entré dans la ville avec les fuyards, et traversant le pont, s'étoit emparé sans coup férir de la redoute qui en fermoit l'entrée sur la rive gauche du Rhône. Les rebelles, par ce mouvement, restoient maîtres de la navigation du fleuve, et le duc d'Angoulême alloit se trouver tourné et enfermé avec sa petite armée entre le Rhône et les montagnes, et entre la Drôme qu'il venoit de repasser et la Durance qu'il avoit devant lui. Les ennemis pouvoient se porter à la fois sur tous les points. Déjà l'avant-garde de Grouchy menaçoit de déboucher sur les derrières de l'armée royale, avant qu'elle pût gagner à temps Avignon et la Durance. L'insurrection d'ailleurs étoit combinée à Avignon avec la révolte du Languedoc. Depuis huit jours les révolutionnaires de cette ville brûloient de se soulever, et depuis huit jours trois cents royalistes armés déconcertoient leurs perfides complots. Mais à la nouvelle de l'évacuation du Pont-Saint-Esprit, les ennemis des Bourbons réunis aux officiers à demi-solde, et aux militaires de la succursale, profitent de l'absence d'une partie de la garde urbaine, et portent dans la caserne l'étendard aux trois couleurs; ils en sortent bientôt environnés d'une foule de soldats, et l'air retentit pour la première fois, depuis un an, du cri sinistre de *vive l'empereur!* Quelques soldats et le peuple étonné y répondent avec énergie par le cri de *vive le roi!* Mais les baïonnettes surviennent, et l'asservissement d'Avignon est consommé. On vit alors les hommes de 1793 planter sur la croix sainte qui surmonte le rocher de Don, l'étendard de l'impiété, et chanter de nouveau les hymnes de sang qu'ils avoient chantés jadis autour des échafauds. Les Avignonais, glacés d'effroi, se représentent les journées les plus sanglantes de la révolution, et le triomphe des démagogues leur inspire une juste terreur.

Une seule issue restoit au duc d'Angoulême, celle des Hautes-Alpes, où il eût trouvé le lieutenant-général Ernouf avec les Marseillais, et d'où il auroit pu gagner Marseille ou le Piémont. Mais abandonner des serviteurs fidèles, ou faire verser le sang des Français, en prolongeant une lutte que la trahison rendoit trop inégale, étoit loin de la pensée du prince. Chaque instant qui s'écouloit rendoit sa position plus alarmante. A onze heures du soir deux de ses officiers pénètrent dans son appartement, et après lui avoir retracé les dangers dont il est environné, ils le conjurent avec larmes de s'éloigner à l'instant même, et de se soustraire, à l'aide d'un travestissement, à l'acharnement cruel des ennemis de son auguste maison. Son Altesse Royale, émue, laisse échapper l'expression de l'étonnement et de la douleur; puis interrompant ses officiers, elle leur demande s'ils ont pu croire que jamais un prince, un chevalier français, au moment du péril, pût abandonner comme un lâche déserteur l'armée rassemblée à sa voix, et qui venoit de verser son sang pour sa cause ? En vain les deux officiers insistent et font envisager au prince l'affreux triomphe de l'usurpateur s'il parvenoit à s'emparer de sa personne; ils lui représentent qu'appelé au trône par les droits de sa naissance il ne peut disposer de sa vie, qu'il en doit compte au roi et à la France. Le duc reste inflexible ; il déclare de nouveau que jamais, quels que puissent être à son égard les desseins de la Providence, il ne se séparera des compagnons d'armes qui se sont sacrifiés pour lui. Ces paroles arrachent des larmes d'attendrissement et d'admiration à ceux qui étoient présens à cette scène de bonté et de grandeur d'âme.

Toutefois le prince ne se dissimuloit point qu'il étoit entre deux feux avec des troupes découragées et hors d'état de résister à une attaque sérieuse de la part d'un ennemi entreprenant et supérieur en nombre ; qu'il ne lui restoit même plus la ressource désespérée de s'ouvrir, l'épée à la main, un passage jusqu'à Marseille. Dans cette affreuse position, le dévouement le plus héroïque lui inspira de sauver les braves attachés à sa personne, en exposant sa tête aux mêmes coups qui avoient frappé l'infortuné duc d'Enghien. Décidé à entrer en négociation avec les rebelles, le prince autorisa le général d'Aultanne, son chef d'état-major, à conclure une convention qui assurât la retraite de l'armée royale. Ce général muni de pleins-pouvoirs se mit immédiatement en route pour le Pont-Saint-Esprit. Après avoir conféré avec le colonel Saint-Laurent il obtint des conditions telles que le passage de l'armée et du prince étoit garanti, mais non sans quelques restrictions. Le général d'Aultanne s'empressa de rendre compte au duc d'Angoulême, par la lettre suivante, du résultat de sa négociation.

« Monseigneur,

» Les troupes qui sont au Pont-Saint-Esprit
» n'inquiéteront point la marche de V. A. R.
» sur Marseille, non plus que celle des officiers
» de sa suite. La marche sera celle des journées
» d'étapes ordinaires. Le premier bataillon
» du 10e de ligne, et même tout le régiment,
» si V. A. R. le désire, lui servira d'escorte
» jusqu'à sa destination. Le général Berge
» avec tout le personnel et le matériel de l'ar-
» tillerie rentrera aujourd'hui ou demain au
» Pont-Saint-Esprit. Les gardes nationales du
» Gard, de l'Hérault et des autres dépar-
» temens situés sur la rive droite du Rhône
» seront envoyées au Pont-Saint-Esprit pour
» y recevoir des feuilles de route : celles de
» Vaucluse seront licenciées. Les adminis-
» trations de l'armée, ainsi que les officiers

» de l'état-major, seront envoyés au Pont-
» Saint-Esprit pour y recevoir des feuilles de
» route.

» Votre altesse royale une fois rendue à
» Marseille, le 10ᵉ régiment de ligne rétro-
» gradera sur Aix, où il tiendra garnison
» jusqu'à nouvel ordre.

» *P. S.* Un officier de l'état-major du gé-
» néral Gilly sera désigné pour accompagner
» V. A. R. à Marseille, et rendre compte de
» l'exécution des conventions ci-dessus, dont
» je demeure ici le garant. »

Le prince, par cette convention, se trouvoit dans la pénible nécessité d'abandonner la France, sans même pouvoir se réunir aux fidèles Marseillais; ce parti répugnoit à sa valeur, et trompoit toutes ses espérances. S. A. R. consulta ses généraux; ils furent tous d'avis de ratifier les conditions proposées, toutes fâcheuses qu'elles étoient; la position du prince et le découragement de ses troupes ne laissant plus aucune autre chance de salut. En conséquence S. A. R. écrivit la lettre suivante, dont le baron de Damas fut porteur :

« M. le lieutenant-général d'Aultanne, j'ac-
» cepté les propositions que vous avez arrêtées,
» avec les modifications suivantes :

» 1º. Aucun officier de l'état-major du gé-
» néral Gilly ne sera à mon quartier-général;
» ma parole doit suffire;

» 2º. Les troupes suivront les journées d'é-
» tapes et feront les séjours accoutumés;

» 3º. L'escorte du 14ᵉ de chasseurs qui m'a
» suivi jusqu'ici me suivra jusqu'à Marseille,
» ainsi que le 10ᵉ de ligne;

» 4º. Je ne serai suivi par aucune troupe,
» à moins de deux étapes de distance;

» 5º. Les officiers d'état-major qui voudront
» m'accompagner en auront la liberté;

» 6º. Le 10ᵉ de ligne ne quittera Marseille
» pour se rendre à Aix, qu'immédiatement
» après mon départ. »

Signé Louis-Antoine.

Pierrelatte, le 8 avril 1815.

Forcé de se retirer du Pont-Saint-Esprit à la Palud, le comte de Vogué avoit laissé libre à l'ennemi la route de Mont-Dragon; ainsi l'armée royale, déjà si affoiblie, pouvoit être surprise le soir même dans le village de Pierre-Latte. Le duc d'Angoulême la mit en mouvement, n'ayant presque plus d'espoir que dans le succès de la mission du baron de Damas.

Cependant Gilly avec ces mêmes troupes que S. A. R. avoit fait rassembler pour la défense du trône, occupoit la route d'Avignon, et tenoit déjà des ministres de l'usurpateur les pouvoirs les plus étendus, prenant le titre de *général en chef du premier corps de l'armée impériale du Midi.* Sa commission, datée du 30 mars, le nommoit commandant supérieur des 8e et 9e divisions militaires, et ses instructions portoient expressément de laisser une garnison au Pont-Saint-Esprit, de passer le Rhône, et de prendre une position qui rendît impossible la retraite de l'armée royale. A peine est-il arrivé au Pont-Saint-Esprit, qu'il foule aux pieds les droits de la guerre et les lois de l'honneur, rompt la convention conclue le même jour entre le général d'Aultanne et son colonel d'avant-garde, et retient prisonnier le négociateur du prince; puis, cherchant à pallier une si monstrueuse infraction, il allègue qu'il trahiroit la confiance de Buonaparte, dont il a les pleins-pouvoirs, s'il souscrivoit aux conditions accordées par le colonel Saint-Laurent. Il exagère à dessein le danger qui environne le duc d'Angoulême, et refusant de le laisser libre de se diriger sur Marseille, il affirme avec une impudente fausseté que le drapeau tricolore flotte sur cette ville, tandis que le marquis de Rivière envoie au contraire une colonne de Provençaux occuper le pont de Tarascon pour assurer la retraite du prince.

L'armée continuoit son mouvement sur la Palud, quand une dépêche envoyée par le général d'Aultanne informa S. A. R. que Gilly, refusant de ratifier la première convention, en avoit rédigé une seconde qui ne différoit que par le choix du port de Cette pour l'embarquement, au lieu de celui de Marseille.

Un pareil changement, exigé par un tel homme et dans une telle conjoncture, sembloit cacher une perfidie. On savoit que les émissaires des rebelles travailloient avec ardeur à la défection de l'armée royale; ils s'attachoient surtout à entraîner le 10ᵉ régiment. « Buona-
» parte, disoient-ils aux soldats de ce corps,
» vient d'envoyer l'ordre de vous tous désarmer
» et même de vous décimer, si vous faisiez
» une plus longue résistance. La cause des
» Bourbons est tout-à-fait perdue; il est temps
» de songer à sauver vos personnes du nau-
» frage; hâtez-vous de vous éloigner et de
» quitter des drapeaux que vous ne pouvez
» plus défendre. » La désertion se mit alors

parmi ces braves; mais le plus grand nombre tint ferme malgré l'abattement général et les suggestions perfides. Une foule d'indices laissoient entrevoir des intentions sinistres à l'égard du prince. Ses principaux officiers, alarmés de plus en plus, le conjurent de nouveau de s'éloigner seul par la route des montagnes, et de gagner Sisteron pour s'y réunir au lieutenant-général Ernouf. Mais le duc d'Angoulême persiste dans sa résolution magnanime; il ne veut pas exposer, par une fuite honteuse, la vie des braves qui ont tout quitté pour le suivre, et qu'il espéroit sauver par une négociation.

A la chute du jour, le baron de Damas, de retour au quartier-général, annonça que tout venoit d'être réglé d'après les bases déjà convenues, qu'il alloit repartir immédiatement pour tout conclure et pour faire signer le traité au général Gilly, et que S. A. R. pouvoit sans inconvénient se rendre à la Palud avec ses troupes. En effet, le lendemain 7 avril à sept heures du matin, M. de Damas rapporta la convention qui régloit les conditions suivantes: l'armée royale étoit licenciée et les gardes nationaux rentroient dans leurs foyers après avoir déposé les armes; tout ce qui s'étoit passé antérieurement au présent traité devoit rester et demeurer dans l'oubli; les troupes de ligne se dirigeroient sur les garnisons qui leur seroient assignées, et les officiers de tout grade seroient libres de donner leur démission; S. A. R. se rendroit au port de Cette, et s'y embarqueroit avec sa suite pour telle destination qu'il lui plairoit de choisir; des postes de l'armée du général Gilly seroient placés à chaque relais pour protéger le voyage du prince, auquel on rendroit tous les honneurs dus à son rang s'il en témoignoit le désir; enfin les officiers et autres personnes de sa suite auroient la faculté de le suivre et de s'embarquer sur le même navire. Il fut en outre convenu qu'aucune troupe de ligne, excepté les escortes, ne se trouveroit sur le passage du prince, et que jusqu'à sa sortie du royaume le présent traité resteroit secret (1).

Tout sembloit réglé sous la garantie de l'honneur militaire. Les témoignages de douleur et de regrets qui éclatoient de toutes parts rendirent cette journée à la fois triste et touchante.

---

(1) Voyez le texte de cette convention militaire dans les brochures qui ont été publiées sur les opérations de l'armée royale du Midi, sous les ordres de Monseigneur le duc d'Angoulême, etc.

Officiers et soldats vouloient suivre leur prince chéri, jouet de la fortune, et s'embarquer sur le même vaisseau. S. A. R. ne pouvant satisfaire au vœu de son cœur en admettant à son bord tant de serviteurs fidèles, leur représenta qu'en s'expatriant ils deviendroient moins utiles à la cause du roi. Cette scène fut déchirante ; chaque officier, chaque soldat fondoit en larmes ; le prince lui-même étoit vivement ému. Mais fidèle au mouvement généreux qui l'avoit porté à traiter avec des rebelles, le spectacle même d'un si admirable dévouement ne servit qu'à l'affermir dans sa résolution. Il rassura, il consola chaque officier, presque chaque soldat, les remerciant avec effusion de leur attachement et de leurs services. La fidélité du capitaine Failly et des vingt-cinq chasseurs sous ses ordres (1) servant de garde au prince ne se démentit pas un seul instant jusqu'à la fin, malgré l'exemple du régiment dont ils faisoient partie, et qui s'étoit joint aux insurgés. C'étoit à la fois un sujet de consolation et de douleur pour le prince, que ces témoignages de dévouement qu'on lui prodiguoit dans l'infortune. Son cœur se brisoit à

---

(1) Du 14ᵉ régiment.

la seule idée de laisser des Français si loyaux exposés à la mauvaise foi de l'usurpateur et à la vengeance de ses satellites. Dans sa sollicitude sur la détresse de ses compagnons d'armes, dont il se séparoit avec tant d'amertume, le prince oubliant sa propre détresse, épuisa sa cassette en gratifications et en secours.

Son exactitude à exécuter la capitulation en ce qui concernoit l'armée royale se fit remarquer dès le jour même. Les gardes nationaux et les volontaires royaux furent licenciés; le régiment royal Étranger sortit de la Palud, et les ordres furent donnés de remettre toute l'artillerie aux officiers de Gilly chargés de la recevoir. Quelle séparation! Officiers et soldats accablés de douleur saluoient encore de leurs vœux et de l'expression touchante de leur dévouement le prince auguste qui les forçoit pour ainsi dire de le laisser en otage à ses ennemis les plus acharnés. C'étoit surtout pour conserver le sang des braves dont les derniers efforts eussent été inutiles à la cause du roi, que le duc d'Angoulême avoit adhéré aux conventions du Pont-Saint-Esprit et de la Palud. Noble confiance dont abusoit la fourberie! Bientôt, en effet, les clauses en furent violées avec autant d'indignité que de perfidie. L'infraction eut lieu le jour même, et fut signalée par l'arrivée à la Palud d'un officier supérieur de l'armée rebelle, le général Letellier qui se présenta pour rassembler le 10e régiment, le passer en revue et nommer un nouveau colonel. Tout le régiment fit éclater son indignation. Des larmes ruisseloient sur la figure mâle et guerrière des grenadiers qui la plupart rompoient la crosse de leur fusil en s'écriant : *On ne peut plus servir!* d'autres refusoient de s'assembler ; d'autres, par leur attitude énergique, forçoient le général à suspendre son opération; l'honneur planoit sur cette poignée de braves. Le colonel comte d'Ambrugeac vint annoncer au duc d'Angoulême que plus de vingt officiers de son régiment vouloient donner leur démission. Cet exemple alloit être suivi par la presque totalité des officiers de l'état-major. Le prince avoit accueilli leurs derniers adieux avec autant de bonté que de calme, leur montrant dans l'avenir une confiance, qu'on eût prise pour une inspiration divine.

Le licenciement avoit continué jusqu'à la chute du jour; et le village de la Palud se trouvoit déjà évacué par les troupes royales, le 10e régiment excepté. Au bruit et aux agitations de la journée avoit succédé un morne silence, quand, à neuf heures du soir, on entendit un grand bruit de chevaux. C'étoient cinquante chasseurs destinés à escorter le prince, et qui venoient de l'armée rebelle. Ils se rangent aussitôt sous les fenêtres de S. A. R. avec une attitude menaçante, qui contraste avec la contenance triste mais fière des grenadiers postés aussi devant la maison du prince. Ceux-ci avoient conservé leurs cocardes blanches. Ils laissèrent échapper l'expression de la plus vive douleur quand ils virent le duc d'Angoulême monter en voiture sous la garde de ses ennemis, et n'emmener que les officiers de sa maison, tels que le duc de Guiche, le vicomte d'Escars, le baron de Damas et le vicomte de Levi (1). Ainsi accompagné, le prince rencontra sur la route plusieurs postes de cavalerie et d'infanterie qui, au mépris du traité et de toutes les convenances, poussoient les cris de *vive l'empereur!* La noble résignation du prince n'en étoit ni au dernier outrage ni à la dernière épreuve.

Tout étoit prêt pour l'exécution du traité ;

---

(1) Le comte de Polignac avoit été expédié la veille à Cette pour y préparer l'embarquement.

à neuf heures du soir S. A. R. devoit se mettre en route. Mais Grouchy descendoit le Rhône, accompagné de Corbineau, aide-de-camp de Napoléon. Il intercepte la dépêche de Gilly, arrive à midi à son quartier général, lui fait de vifs reproches, et annonce l'intention de s'emparer de la personne du prince, et d'arrêter son départ. Le commissaire Teste désapprouvoit aussi la capitulation, et se rendoit à Montpellier dans la vue de garder au moins le prince comme otage. Grouchy avoit fait inviter le lieutenant-général baron de Damas à une conférence, pour lui déclarer qu'il ne pouvoit ratifier la convention conclue avec Gilly, ce général n'ayant pas, disoit-il, les pouvoirs nécessaires pour traiter : « Ma tête, ajouta Grouchy, ré-
» pond de mon obéissance aux ordres que j'ai
» reçus, et je dois en attendre de nouveaux. »

En arrivant, S. A. R. reçut de ce général la note suivante :

« Monseigneur le duc d'Angoulême ayant
» capitulé avec le général Gilly, et le général
» en chef qui arrive à l'instant au Pont-Saint-
» Esprit n'ayant point eu de part à cette capi-
» tulation, le général est forcé par ses instruc-
» tions de ne l'approuver qu'après avoir pris
» les ordres de S. M. Son altesse royale est

» priée ou de s'arrêter au Pont Saint-Esprit, ou
» de se rendre à petites journées à Cette. Les
» ordres de S. M. arriveront avant que S. A. R.
» allant à petites journées, puisse être rendue à
» sa destination. »

Cette note insidieuse ajoutoit la dérision à l'outrage. Le prince la lut sans surprise comme sans abattement. Il étoit visible que la convention alloit être foulée aux pieds à son égard comme elle l'avoit déjà été avec barbarie envers ses propres soldats.

Et c'étoit un général français qui, dans le seul intérêt de son ambition, s'empressoit d'échanger, contre de nouvelles grâces de l'usurpateur, la liberté et la vie d'un fils de France, héritier de la couronne de saint Louis, et dont un traité solennel avoit garanti la sûreté!

Gardé à vue et conduit à la maison du maire qui lui étoit préparée, le prince fut entouré aussitôt d'une forte garde et de sentinelles placées à toutes les issues, et même jusqu'aux toits. Il ne fut permis à aucune personne de sa suite de sortir ni de communiquer au dehors, à l'exception du baron de Damas, particulièrement chargé de traiter avec les généraux ennemis. Toutes les maisons voisines étoient gardées. Le 13ᵉ régiment de ligne et la gendarmerie fournis-

soient les postes. Les soldats faisoient entendre autour de l'auguste prisonnier des propos et des cris effrénés qui rappeloient le règne de la terreur. Le drapeau tricolore flottoit aux fenêtres de S. A. R. Mais la Providence veilloit. Elle se servit de la fourbe même de ses ennemis pour protéger ses jours. Telle étoit la nature de cette exécrable rébellion que le prince ne put échapper que par une sorte de miracle au dernier et au plus atroce des crimes prémédités contre sa personne. Le lendemain de la capitulation, les relais de poste étant commandés à Nismes pour son passage, des satellites s'embusquent entre cette ville et le pont de Lunel; une voiture survient; les sicaires courent sur elle avec des démonstrations menaçantes. « Vous vous trompez, s'écrie M. La-
» zare, maire d'Uchaud, qui alloit être vic-
» time de la méprise, vous vous trompez, je
» ne suis pas le prince! » Ainsi S. A. R. ne dut son salut qu'à l'infraction de Grouchy, tant la Providence est impénétrable dans ses desseins!

A peine au pouvoir de ses ennemis, Mgr le duc d'Angoulême donna l'exemple de la véritable grandeur. S'oubliant lui-même pour ne songer qu'à la France, il écrivit à son auguste père du fond de sa prison avec la simplicité

d'un héros : « Je suis résigné à mon sort ; je ne
» crains ni la mort ni la prison ; que le roi ne
» consente à rien d'indigne de la couronne
» pour me tirer d'embarras. » Paroles mémorables d'un prince qui, après s'être battu comme
Henri IV, se montroit dans les fers le digne
rejeton de saint Louis et de François Ier.

La journée du lendemain s'annonça sous de
plus effrayans auspices : l'appareil militaire fut
encore plus menaçant. Un officier de gendarmerie entre dans l'appartement de Monseigneur,
et lui annonce qu'il a l'ordre de ne pas le perdre
de vue ; le duc est persuadé alors que l'arrêt
de sa mort est déjà porté, et qu'il ne tardera
pas à partager la destinée du malheureux duc
d'Enghien. Ses serviteurs sont en proie aux
plus vives alarmes ; lui seul se montre calme
et tranquille, supérieur à tout par sa résignation
et son courage, moins occupé de lui que des
siens. Il veut seulement connoître son sort, et
charge le baron de Damas de s'en assurer. A
peine cet officier-général a-t-il fait part à
Grouchy de l'objet de sa mission, que ce dernier s'écrie : « Comment, mon nom seroit-il
» accolé à un pareil forfait ! — Mais pourquoi,
» lui dit alors M. de Damas, avec de telle
» dispositions, avez-vous accepté une mission

» semblable? — J'avois refusé deux fois, et à
» la troisième j'ai craint pour ma tête (1);
» je n'ai d'ailleurs que vingt mille francs de
» rentes, et plusieurs enfans, » répond Grouchy
en serrant les mains de M. de Damas, et en
témoignant une sorte de désespoir. « Vous nous
» feriez pourtant fusiller si on vous l'ordonnoit,
» lui dit M. de Damas. — Et pourquoi, s'écrie-
» t-il, Monseigneur n'a-t-il pas fui; pourquoi
» ne fuit-il pas encore (2)? » M. de Damas
objecta que S. A. R. n'avoit pas voulu se mettre
seule à couvert par la fuite, et que tant qu'il
lui resteroit un serviteur dévoué elle ne l'abandonneroit pas sans avoir assuré son sort. Alors
Grouchy promit de l'informer des ordres qu'il
recevroit. Si l'arrêt de mort étoit prononcé
il l'engageoit à faire évader Monseigneur,
et à s'éloigner lui-même (3). Quant à la

---

(1) Quoi ! Napoléon auroit menacé la tête de Grouchy, grand-officier de la couronne, qui par son crédit et sa popularité, étoit une sorte de puissance, tandis qu'il n'avoit pas même assez d'autorité pour faire fusiller les royalistes, proscrits nominativement, qui tomboient en son pouvoir !

(2) Avec des sentinelles jusque sur les toits !....

(3) Cet entretien est tiré de la propre déposition de M. le baron de Damas, aujourd'hui commandant de la 8ᵉ division militaire.

précaution effrayante dont S. A. R. étoit l'objet, il rejetoit tout sur l'aide-de-camp Corbineau, qui le surveilloit lui-même, et qui s'étoit chargé spécialement de la garde du prince. On avoit trouvé un prétexte pour resserrer davantage le royal prisonnier, en supposant l'existence d'un complot à l'effet de l'enlever, et où l'on impliquoit le maire du Pont-Saint-Esprit. Le prince ne se délivra du gardien incommode que venoient d'aposter Grouchy et Corbineau, qu'en donnant sa parole d'honneur qu'il ne chercheroit point à s'évader.

Sa constance ne fut point ébranlée par l'effrayante perspective que laissoient entrevoir les précautions minutieuses apportées autour de sa personne, gardée alors par les régimens qui s'étoient le plus signalés dans la révolte du Midi (1).

Fidèle aux conventions alors même que ses ennemis les fouloient aux pieds, le prince, informé que le colonel Magnier, ardent pour la cause royale, refusoit de poser les armes, depuis la violation du traité de la Palud, lui enjoint de maintenir la parole donnée.

Pendant sa captivité, S. A. R. eut une con-

---

(1) Tels que les 13e, 49e, 63e de ligne, et le 8e léger.

noissance plus complète des événemens qui venoient de ranger Bordeaux, Toulouse, Carcassonne et Montauban sous les lois de Napoléon. Voici ce qui s'étoit passé.

Bordeaux avoit lutté huit jours contre l'inaction de son gouverneur, qui n'avoit usé des pouvoirs extraordinaires dont l'avoit investi le roi, que pour faire prévaloir l'autorité de l'usurpateur: c'est ainsi qu'il endormit le courage des Bordelais, qu'il laissa le poison de la défection s'insinuer parmi les soldats, et qu'il donna le temps à Clausel d'envoyer ses émissaires pour s'assurer du commandant de la citadelle de Blaye.

Profitant de cet avantage, ce général, escorté par un gros détachement de gendarmerie, s'étoit remis en marche sur Bordeaux, se faisant précéder de proclamations et d'ordres du jour, où les mots *honneur et patrie* étoient profanés.

« Napoléon, disoit Clausel, a repris sa place
» sur le trône de France; Paris s'est précipité
» tout entier au-devant de lui. Nous allons enfin
» jouir d'une paix honorable et solide; nous
» allons recueillir le fruit de notre gloire.
» Napoléon promet de nous faire arriver à un
» degré d'élévation dont les annales des nations ne fournissent pas d'exemple. »

En vain cinq cents volontaires bordelais s'établissent sur la rive gauche de la Dordogne pour disputer le passage au lieutenant de Buonaparte; en vain une première fusillade engagée d'une rive à l'autre tourne à l'avantage des royalistes et fait renaître l'espérance; des traîtres apostés jettent le désordre dans les rangs, et un ordre du jour, signé du général Mignotte (1) fait retirer la garde nationale, et laisse libre aux rebelles le passage de la Dordogne. En même temps la garnison de Blaye, séduite, arbore l'étendard de la révolte. Cette défection prévue, sans que le gouverneur ait rien fait pour la prévenir, déchire le voile. Clausel, avec ce renfort, parle déjà en maître, tandis que le gouverneur et les généraux, levant le masque, expriment des doutes sur la fidélité de la garnison. Ce fut alors que le courageux président de la chambre des députés (2), dont le dévouement à la cause du roi croissoit en proportion du danger public, proposa d'éloigner la garnison; le gouverneur s'y refusa. C'étoit avec des demi-mesures, des

---

(1) Commandant la gendarmerie du département de la Gironde.
(2) M. Lainé.

trahisons voilées, que Bordeaux alloit être livrée aux satellites de Buonaparte. Des bords de la Dordogne, Clausel offre déjà une capitulation annonçant qu'il a dans la villes des intelligences sûres : « La garnison, dit-il à » l'officier (1) envoyé vers lui en parle- » mentaire, la garnison est depuis trois jours à » ma disposition, elle n'obéit qu'à moi. » Puis il vante *l'indulgence* dont veut bien user l'empereur, qui n'en excepte que la tête de M. Lynck, maire de Bordeaux. Un seul cri se fait alors entendre dans la ville : *Des armes! des armes! combattons! combattons!* L'agitation et le tumulte sont au comble. Les autorités réunies s'en remettent à MADAME. « Aucun sacrifice » ne me sera impossible, dit l'auguste princesse, pour ma chère ville de Bordeaux. » Le gouverneur interpellé, déclare que la garnison est dans des dispositions inquiétantes. M. Lainé insiste pour qu'elle soit dirigée sur Bayonne. Le gouverneur objecte que cette mesure accéléreroit la défection. M. Lainé demande que cette déclaration soit donnée par écrit : « Que l'univers, que la postérité sachent, » s'écrie ce courageux citoyen, qu'une prin-

---

(1) M. de Martignac.

» cesse auguste, qui s'appelle Marie-Thérèse,
» défendue par l'amour de toute une popula-
» tion, et garantie par deux rivières, n'a cédé
» qu'à l'absolue nécessité, et n'a pas fui de-
» vant un prévôt et quelques gendarmes. »

Mais Clausel avoit déjà passé la Dordogne, et ne trouvant plus d'obstacles, il pouvoit se rendre maître de la ville par la défection de la garnison, ou par de simples menaces. MADAME reçut ces nouvelles avec une fermeté d'âme que rien ne pouvoit ébranler. Ne songeant plus qu'à la sûreté de Bordeaux, elle prit la résolution de s'en éloigner, malgré les prières, les larmes, le désespoir des volontaires royaux qui ne demandoient qu'à combattre. Les autorités locales, à l'issue d'un conseil, dépêchent un officier à Clausel, et conviennent avec ce général que ses troupes resteront jusqu'au lendemain sur la rive droite de la Garonne, sans y arborer le drapeau tricolore, pour que la retraite de MADAME puisse s'opérer sans troubles, et que ses yeux ne soient pas blessés par les couleurs de la révolte.

Mais des mouvemens violens et une agitation extrême se manifestoient dans la ville et jusque dans les appartemens du château royal. Céder sans coup férir aux soldats de Buona-

parte choquoit tellement les Bordelais, que rien au monde n'eût pu les faire passer de sang froid de la domination des Bourbons à celle de l'usurpateur. On parloit hautement de se défendre, même d'attaquer Clausel. Mais déjà ses émissaires excitoient ouvertement les soldats à la sédition, et leur distribuoient des cartouches, tandis que la plupart des officiers-généraux déclaroient qu'ils ne répondoient plus de la sûreté de Bordeaux, ni de celle de MADAME. D'un autre côté, les royalistes étoient persuadés que la vue seule de MADAME ramèneroit sous les drapeaux du roi la troupe de ligne égarée par des traîtres. Au milieu du choc violent des opinions, l'auguste princesse n'hésite pas à prendre un parti décisif : elle ordonne aux généraux d'assembler les troupes dans leurs quartiers. « J'irai juger moi-
» même, dit-elle, de la disposition du soldat. »
Les généraux obéissent, sans pouvoir dissimuler leur dépit. A deux heures, MADAME monte en voiture découverte ; une escorte nombreuse l'environne à cheval, et présente l'aspect imposant d'une marche guerrière. On arrive à la caserne Saint-Raphaël. Un profond silence y régnoit. MADAME met pied à terre, passe deux fois avec dignité dans les rangs,

fait former les troupes en carré, se place dans le centre, et adresse cette courte harangue aux officiers :

« Messieurs, vous n'ignorez pas les événemens
» qui se passent en France ; un étranger vient
» s'emparer du trône de votre roi légitime.
» Bordeaux est menacé par une poignée de
» révoltés ; la garde nationale est déterminée à
» défendre la ville ; voilà le moment de mon-
» trer qu'on est fidèle à ses sermens. Je viens
» ici vous les rappeler. Etes-vous disposés à se-
» conder la garde nationale dans les efforts
» qu'elle pourra faire pour défendre Bordeaux
» contre ceux qui viennent l'attaquer ? Répon-
» dez franchement, je l'exige. » Un silence profond succède à cette noble interpellation. « Vous ne vous souvenez donc plus, reprend
» Marie-Thérèse, des sermens que vous avez
» renouvelés il y a peu de jours entre mes
» mains ? S'il reste encore parmi vous quel-
» ques hommes fidèles à la cause du roi, qu'ils
» sortent des rangs, et qu'ils s'expriment sans
» détour. » Alors on vit quelques épées nues en l'air. « Vous êtes en petit nombre, ajoute
» MADAME ; mais n'importe, on connoît au
» moins ceux sur qui on peut compter. » Rien ne pouvoit déjà plus ranimer le zèle des soldats ;

on l'avoit éteint. Là ne se borna point l'amertume de cette journée. L'esprit de révolte se montra sous une forme plus hideuse à la seconde caserne. Ce fut inutilement que MADAME essaya d'y ramener les soldats dans le chemin de l'honneur. Que pouvoit-on espérer d'une troisième tentative auprès de semblables troupes ?

Le Château-Trompette vit les derniers efforts de la constance héroïque de Marie-Thérèse. Quelle réception y étoit préparée à l'auguste fille de tant de rois ! A peine a-t-elle passé avec sa suite les sombres voûtes de ce château fort, qu'elle est frappée de la contenance morne et de l'air farouche d'une soldatesque mutinée, rangée sous les armes. Sans s'émouvoir, MADAME prononce, avec autant de fierté que d'énergie, ces paroles qui, dans d'autres temps, auroient touché les cœurs les plus endurcis : « Hé quoi ! » est-ce à ce même régiment d'Angoulême que » je parle ? avez-vous pu oublier les grâces » dont vous avez été comblés par mon époux ? » ne le regardez-vous donc plus comme votre » chef, lui que vous appeliez *votre prince ?* » Et moi, dans les mains de qui vous avez » renouvelé votre serment de fidélité...., moi, » que vous nommiez *votre princesse....* ne me

» reconnoissez-vous plus? » L'expression du regret et du repentir parut alors sur les traits de quelques soldats ; mais les officiers virent de sang-froid les pleurs de l'indignation et de la pitié que leur endurcissement arrachoit des yeux de l'héroïne royale. « O Dieu ! ajouta-
» t-elle avec l'accent de la plus vive douleur.....
» après vingt ans d'infortune, il est bien cruel
» de s'expatrier encore. Je n'ai cessé de faire
» des vœux pour le bonheur de la patrie, car
» je suis Française, moi !.... et vous n'êtes plus
» Français. Allez, retirez-vous. »

Un roulement de tambours se fait entendre, et MADAME, suivie de son escorte, repasse, le cœur déchiré, sous les batteries de ce triste fort. Une scène consolante l'attendoit sur le quai de la Garonne, où elle trouva rangée en bataille la garde nationale qui, à la vue de la profonde douleur répandue sur les traits de l'auguste princesse, fit entendre des cris unanimes de respect et d'amour. MADAME obtient un moment de silence, et, debout dans sa calèche, elle adresse à la troupe nombreuse qui l'entouroit ces paroles touchantes : « Je viens
» vous demander un dernier sacrifice. Pro-
» mettez-moi de m'obéir dans tout ce que
» je vous commanderai. — Nous le jurons. —

» Hé bien, continue MADAME, il est inutile de
» chercher à se défendre; je viens de m'as-
» surer que la garnison est contre nous;
» vous avez assez fait pour l'honneur; con-
» servez au roi des sujets fidèles pour un temps
» plus heureux. Je prends tout sur moi; je
» vous ordonne de ne plus combattre. — Non,
» non, s'écrient des milliers de voix; relevez-
» nous de notre serment, nous voulons mourir
» pour le roi, nous voulons mourir pour vous. »
Tous se pressent autour de la calèche royale; les
uns saisissant les mains de la princesse, les baisent avec respect et les inondent de larmes; d'autres demandent, pour toute grâce, qu'il soit
permis aux Bordelais de répandre leur sang
pour les Bourbons. L'enthousiasme est porté jusqu'au délire.

Méconnue par une garnison en révolte,
mais accablée de protestations de fidélité par
toute la population de Bordeaux, la fille de
nos rois voyoit devant elle, sur l'autre rive de
la Garonne, le lieutenant de Buonaparte posté
avec ses soldats. Il étoit témoin des hommages
qu'on prodiguoit à l'auguste princesse; aucun
des accens d'amour de tout ce peuple ne pouvoit lui échapper, ils parvenoient distincte-
ment jusqu'à ses satellites. Clausel en est alarmé;

il fait braquer ses canons contre la ville, où le drapeau blanc flottoit à toutes les fenêtres. MADAME, se tournant vers les généraux qui l'avoient suivie pendant cette péuible journée : « C'est vous, Messieurs, leur dit-elle, qui de-
» vez me répondre de la sûreté de la ville ;
» préservez-la de tout désordre, et maintenez
» vos troupes : vous l'avez en votre pouvoir.
» — Nous le jurons à V. A. R. — Point de ser-
» mens : obéissez au dernier ordre de la fille
» de votre roi. » A peine MADAME a-t-elle achevé ces mots, qu'un grand tumulte et des coups de fusil se font entendre. Les cris : « On
» tire sur la garde !..... » excitent dans toute la ville un frémissement d'horreur. Des citoyens venoient de tourner leurs armes contre quelques-uns de leurs officiers soupçonnés de trahir les intérêts du roi ; le sang avoit coulé ; les balles avoient sifflé autour de la fille de Louis XVI. Ferme dans ce nouveau péril, et bravant les soldats de l'usurpateur, qui apprêtoient leurs armes menaçantes, on la vit telle qu'elle s'étoit montrée jadis au milieu des assassins et des bourreaux de sa famille. La plus violente agitation régnoit dans tout Bordeaux, lorsqu'à un signal donné par Clausel, le drapeau tricolore fut arboré sur les tours du château

Trompette. Ce pouvoit être le prélude du massacre des citoyens, ou d'une trahison ouverte. Déjà la défection des généraux se montroit sans déguisement, comme celle des soldats. La fidélité restoit sans espérance, et la ville étoit en péril. S'en séparer étoit le plus pénible sacrifice que pût offrir le cœur de Marie-Thérèse. Elle n'hésite plus, lorsqu'il s'agit de préserver Bordeaux et ses habitans. A la nouvelle de cette triste séparation, la ville est plongée dans le deuil; on ne voit plus que des larmes; on n'entend plus que des sanglots. A huit heures du soir, MADAME se jette dans une voiture escortée par quelques zélés serviteurs, par cette même garde à cheval qui veilloit sur ses jours, et vouloit protéger sa retraite. L'orpheline de France qui, le jour même, idole des Bordelais, avoit fait en personne un appel à la bravoure et à l'honneur des troupes, cherchoit alors sa sûreté dans la fuite, offrant ainsi au monde un nouvel exemple du néant des grandeurs humaines.

Le 2 avril, elle arriva à Pouillac, où tout étoit prêt pour son embarquement sur le sloop de guerre anglais *le Wenderer*. A peine est-elle à bord, qu'elle y est suivie par ses gardes fidèles, dans de petites embarcations. Profondément émue de ce touchant témoignage, Marie-Thérèse détache elle-même le panache qui orne sa coiffure, et le jette au milieu de ses gardes, en s'écriant, pour leur rendre l'espérance : « Adieu ! soyez sûrs que je vous recon- » noîtrai tous à mon retour; oui, je vous re- » connoîtrai tous ! » On vit à l'instant tomber à genoux tous les témoins de cette scène de respect, d'amour et de bonté. Le sloop mit à la voile, et porta la princesse à Saint-Sébastien, d'où elle repassa en Angleterre.

Bordeaux venoit de succomber. Clausel y avoit fait son entrée le 2 avril, replaçant cette ville loyale sous le joug de fer de Buonaparte. Un petit nombre de révoltés avoit applaudi à cette conquête facile de l'astuce et de la trahison sur le devoir et la fidélité. Assujétis au pouvoir militaire, les habitans de Bordeaux n'adoucirent l'amertume de leurs regrets que par la lecture des adieux touchans que leur avoit laissés la duchesse d'Angoulême (1).

Non-seulement le comte Lynch, proscrit par Buonaparte, alla chercher un asile sur une terre étrangère, mais encore d'autres Bordelais (2) dédaignèrent la sûreté et la protection

---

(1) Datées de Bordeaux, le 1er avril.
(2) M. de Montdenard, M. Lainé, etc.

qu'on leur offrit au nom du gouvernement usurpateur. Comme président de la Chambre des Députés, M. Lainé protesta contre tous les décrets par lesquels l'oppresseur de la France prononçoit la dissolution des Chambres; puis il repoussa, dans une notification publique, les offres de sûreté que lui faisoit Fouché, ministre de la police. « Je déclare, dit-il, que si Napo-
» léon et ses odieux agens ne me respectent pas
» assez pour me faire mourir pour mon pays,
» je les méprise trop pour recevoir leurs invi-
» tations outrageantes. » M. Lainé s'éloigna d'une terre envahie par la fraude et le crime, et alla chercher au loin un refuge contre la tyrannie militaire.

Un tel gouvernement étoit seul capable d'insulter à la fille de nos rois, et d'oser appeler *femme furieuse* l'auguste princesse dont les vertus, les malheurs et le courage excitoient l'admiration de l'Europe entière. Telle fut l'héroïne de Bordeaux.

La nouvelle de la capitulation de cette ville importante parvint rapidement à Toulouse, et y accéléra la révolution buonapartiste. On a vu plus haut que le général Chartrand avoit remis au lieutenant-général Delaborde les instructions de l'usurpateur. Les commissaires du roi avoient cru parer à la défection en éloignant quelques régimens suspects (1); mais il restoit une garnison (2) entièrement dévouée aux conjurés. Une poignée de volontaires royaux, rassemblés à la tête, ne pouvoient tenir sans le peuple et les trois mille hommes de garde nationale que renferme Toulouse. Malgré leur dévouement, les Toulousains étoient découragés depuis la retraite du roi. Le lieutenant-général Delaborde, épiant la disposition des esprits, prépara sourdement la défection des troupes avec les généraux Cassan et Cassagne, et les officiers à demi-solde. Tout étant prêt, Delaborde propose au maréchal Pérignon de se mettre à la tête du mouvement : le maréchal s'y refuse. Les commissaires du roi, instruits qu'on projette de les arrêter, s'obstinent à rester à leur poste, se confiant dans l'éloignement des troupes. Mais le général, qui n'avoit hésité que pour frapper des coups plus sûrs, faisoit revenir sur Toulouse quatre compagnies d'artillerie qui avoient reçu l'ordre de rétrograder sur Narbonne. Ces troupes bivouaquent de nuit aux portes de la ville sans que les agens du roi

---

(1) Le 69e de ligne, la majeure partie du 3e d'artillerie, et le 15e de chasseurs.

(2) De 900 hommes.

en aient le moindre indice. Au point du jour les conjurés font entrer l'artillerie, pour ainsi dire à la sourdine, en enveloppant de paille les roues et les trains. La troupe rebelle, de concert avec la garnison, occupe en un moment tous les postes, comprime la garde nationale, et cerne l'hôtel des commissaires. A leur réveil, les habitans stupéfaits se trouvent asservis par la soldatesque. Delaborde fait arborer le drapeau tricolore, et, donnant au général Cassan le commandement supérieur de Toulouse, reconnoît publiquement l'autorité de Napoléon. « Nous avons proclamé de nou-
» veau, dit-il à ses soldats, le héros du siècle,
» le premier des braves, celui dont la vie doit
» nous être encore utile, celui qui se fait une
» gloire de nous tout devoir. »

Les commissaires du roi étant au pouvoir de la force armée, l'un, M. de Damas-Crux, fut conduit sur les frontières d'Espagne; l'autre, M. de Vitrolles, retenu prisonnier pour avoir perdu un temps précieux, fut transféré à Paris. Le maréchal Pérignon se retira dans ses terres. Maître ainsi de Toulouse, le général Delaborde y affermit le pouvoir de Napoléon, et bientôt tout le Languedoc se courba sous les aigles rebelles.

Dès le 4 avril, Chartrand, revenant de Montpellier où sa présence avoit accéléré la défection, étoit rentré à Carcassonne pour y faire aussi reconnoître l'usurpateur. Déjà il avoit chargé un gendarme de remettre un bouquet de violette au colonel de la gendarmerie : tout étoit expliqué par ce signe de ralliement des parjures. Accompagné des chefs militaires, Chartrand se présente chez le préfet, et lui annonce les ordres de l'empereur. « Je ne connois point l'empereur, » lui dit le baron Trouvé ; je suis préfet du roi et » je n'ai d'ordre à recevoir que de S. M. » En vain Chartrand allègue que la révolution est faite à Montpellier. — « Que m'importe, dit le préfet » de l'Aude ; l'exemple du préfet de l'Hérault » n'est point une règle pour moi..... Général, » poursuit-il en s'approchant de Chartrand, le » roi ne m'a pas fait l'honneur de me nommer » chevalier de Saint-Louis ; mais je ne serai » jamais ni traître ni parjure. » Chartrand crie à l'insulte. « Je vous parle avec la vivacité d'un » homme d'honneur, reprend le digne magis- » trat ; votre mission auprès de moi ne réussira » point. Forcé de céder à la force, je vous » déclare d'avance que je resterai étranger à » tout ce qui sera fait contre l'autorité du roi. »

La nuit tout entière fut employée à des

conciliabules et à des orgies qui faisoient assez pressentir quel seroit l'événement du lendemain. Résolu de n'intervenir dans aucun des actes qui se préparoient, le préfet de l'Aude écrivit au général Pouget, commandant du département, qu'il se démettoit de ses fonctions, et rentroit sans regret dans l'obscurité. A dix heures, le 5 avril, un rassemblement d'officiers à demi-solde fait entendre les premiers cris de *vive l'empereur!* Les vociférations de ce ramas de parjures et de traîtres jettent la consternation dans toute la ville de Carcassonne. Les tambours battent le rappel de la garde nationale, et presque personne ne se réunit au cortége qui proclame Napoléon. Contre l'avis du général Pouget, les plus furieux forcent la préfecture, arrachent les fleurs de lis, mettent à leur place le drapeau aux trois couleurs. Un groupe d'officiers à demi-solde s'annonce par des cris séditieux et par des imprécations contre le préfet; mais rien n'intimide ce magistrat; il montre à ces furieux le calme d'une conscience pure. Toute la ville, moins un petit nombre de traîtres et de méchans, étoit plongée dans la stupeur. L'illumination, commandée par les militaires, fut un signe de deuil. Au bout de trois jours, le colonel de la gendarmerie enjoignit au préfet, au nom du général Delaborde, de sortir *dans une heure* du département de l'Aude. Le préfet se récria contre ce procédé d'un aga de janissaire, et ne céda qu'à la force (1).

Tous les départemens, toutes les villes du Midi se soumettoient à leur tour, subjugués par leur garnison ou par les officiers à demi-solde, qui presque partout faisoient la révolution. La ville de Montauban conservoit encore toute l'attitude de la fidélité et du courage, dix jours après l'occupation de la capitale par l'usurpateur. Ce fut le 4 avril qu'on y apprit la chute de Toulouse et les détails de la trahison qui avoit livré Bordeaux aux rebelles. Tout étoit soumis autour des Montalbanais; les routes de Paris, de Bordeaux et du Languedoc étoient interceptées. Une ville de vingt-cinq mille âmes, ouverte et sans défense, céda après un conseil de guerre comme l'eût fait une place forte abandonnée à elle-même. Montauban quitta son attitude hostile, sans prendre celle de la soumission. Tels furent les événemens

---

(1) Le secrétaire général de la préfecture (M. Daniel), le sous-préfet de Carcassonne (M. de Carrière); celui de Castelnaudary (M. de Marsolan), et celui de Narbonne (M. d'Auderic), cessèrent tous quatre leurs fonctions à l'exemple du préfet.

qui précédèrent de peu de jours la captivité du duc d'Angoulême. A cette affreuse nouvelle, un cri de douleur s'étoit échappé du sein des provinces du Midi; les royalistes, oubliant tous leurs maux, n'avoient plus songé qu'aux dangers du prince.

La France entière en frémissoit, tant le souvenir de l'horrible meurtre de Vincennes étoit encore récent! On se représentoit la joie sinistre de l'usurpateur à la vue de sa nouvelle victime, et ses mains se plongeant de nouveau dans le sang auguste dont elles étoient déjà teintes.

Cet homme salua encore une fois la fortune quand il sut que le neveu du roi, que le gendre de Louis XVI étoit en son pouvoir. Il se hâta de faire connoître au général Grouchy toute *sa satisfaction*; mais bientôt une foule de réfléxions opposées vinrent assiéger son esprit. C'étoit par la violation manifeste d'une convention solennelle que le héros du Midi étoit tombé dans ses mains : déloyauté si honteuse aux yeux même de ses ministres, qu'ils en rejetoient l'opprobre sur les gardes nationaux de l'Isère et de la Drôme qui, disoient-ils, étoient arrivés sur les flancs de l'armée royale, et *n'avoient pas voulu reconnoître la capitulation*.

L'usurpateur alloit-il traîner au supplice, sous les tours de Vincennes, ce fils de France, comme il y avoit conduit le petit-fils du grand Condé? N'avoit-il pas à redouter et le déchaînement de l'opinion publique et la juste indignation de l'Europe, lui qui annonçoit avec emphase qu'un règne doux et paisible effaceroit les souvenirs de sa tyrannie, qu'une constitution libérale seroit accordée aux vœux des citoyens; qu'un nouveau Champ-de-Mai retraceroit ces antiques assemblées où les Français se gouvernoient eux-mêmes; et enfin que la paix générale consoleroit les Français. Oseroit-il retenir dans les fers ou vouer à la mort le prince auguste qui n'avoit combattu que pour les droits légitimes de sa maison et dans l'intérêt de la France? Il fut, dit-on, en suspens quelques heures. Plus timide depuis le renversement de sa haute fortune, il entendit, au défaut du cri de sa conscience, les menaces de l'avenir. Lui et ses conseillers n'osèrent se charger de ce crime énorme. La politique seule sauva la vie du prince. On assure toutefois que Napoléon vouloit offrir à Louis XVIII la cruelle alternative d'abdiquer la couronne, ou, par son refus, de vouer à la mort son propre neveu. On ajoute qu'il ne se rendit qu'à l'observation que lui fit un de ses ministres, que sa conduite à l'égard du duc d'Angoulême pourroit un jour dicter aux souverains celle qu'ils auroient à tenir à son égard. Il frémit, et manda à Grouchy, le 11 avril, de faire conduire et embarquer le prince au port de Cette. « Vous aurez soin » seulement, ajoutoit-il, de demander au duc » d'Angoulême qu'il s'oblige à la restitution » des diamans de la couronne, qui sont la pro- » priété de la nation (1). »

Le 14 avril au soir, l'aide-de-camp Corbineau fit dire à S. A. R., par le baron de Damas, que sa liberté auroit lieu immédiatement, si elle prenoit l'engagement formel de faire restituer les diamans de la couronne qui se trouvoient tous entre les mains du roi ou de MADAME. Le prince répondit que MADAME n'avoit rien qui appartînt à la couronne, et qu'il ne pouvoit s'engager à aucune restitution semblable, le roi étant le maître; mais qu'il ne voyoit aucun inconvénient à promettre d'en faire la de-

(1) « Si quelque chose appartient aux Bourbons, héritiers » des Capets et des Valois, ce sont ces diamans achetés de leurs » propres deniers, et par cette raison même appelés *joyaux de* » *la couronne* ; le plus beau de ces joyaux, le Régent, offre » dans son nom seul la preuve incontestable qu'il étoit une pro- » priété particulière. » (*Rapport sur l'Etat de la France;* par le vicomte de Chateaubriand.)

mande, puisque sa liberté en étoit le prix. Le baron de Damas fut autorisé à rendre cette réponse par écrit, si on l'exigeoit; elle forma un article supplémentaire de la capitulation, sans toutefois que S. A. R. voulût y engager sa responsabilité.

Après qu'on eut ainsi levé tous les obstacles, il fut réglé que le prince partiroit le lendemain, accompagné du lieutenant-général de gendarmerie Radet (1). A l'heure fixée, S. A. R., entourée des officiers de sa maison, alla joindre, à pied, sa voiture, et reçut partout sur son passage, de la part du peuple, que les gendarmes cherchoient inutilement à écarter, les plus touchans témoignages de regrets, de respect et d'amour.

Hommes, femmes, enfans, vieillards, tous à l'envi s'efforçoient d'exprimer leur attendrissement profond, soit par un sentiment expressif, soit par des sanglots, soit par les cris à demi étouffés de *vive le roi ! vivent les infortunés, vive notre prince et sa sainte famille !* Jamais la fidélité ne rendit au malheur un hommage plus pur et plus sincère. Vivement ému, le prince

---

(1) Le même qui, en 1809, s'étoit emparé de la personne du Pape Pie VII, et avoit conduit le Saint-Père prisonnier en France et à Savone.

s'éloigna, et dans la nuit même passa rapidement à Nismes et à Montpellier, où, par un excès de défiance et de précaution, défense étoit faite aux habitans de sortir de leurs maisons. Le lendemain, 16 avril, à huit heures du matin, S. A. R. arriva au port de Cette, et descendit chez le maire de la ville, l'un des plus zélés serviteurs du roi (1). Le bruit s'y étoit répandu que l'auguste prisonnier avoit été dépouillé indignement par les rebelles, avant son départ du Pont-Saint-Esprit. En un instant, la population entière de la petite ville de Cette, émue par la nouvelle d'une spoliation si lâche, qui, au fond, n'avoit rien de réel, accourut sur le port, offrant au prince et déposant à ses pieds, avec enthousiasme, tout ce qui pouvoit adoucir son pénible voyage. On assure qu'animés des mêmes sentimens, l'un des principaux négocians de Montpellier s'empressa d'offrir à S. A. R. l'hommage d'un riche portefeuille.

Tandis qu'on employoit ainsi la journée en préparatifs pour l'embarquement du prince, les révolutionnaires de Montpellier et de Nismes se flattoient encore de le garder comme ôtage ; tel étoit du moins leur projet : le commissaire

---

(1) M. Ratye fils.

impérial Teste, leur chef, ne l'avoit pas déguisé sur toute la route. Arrivé à Cette en même temps que S. A. R., il déclara publiquement qu'elle ne partiroit pas, et que des ordres à ce sujet alloient venir de Paris. On a dit depuis, mais sans preuves, que Napoléon revenu à ses inclinations naturelles, et n'écoutant plus que ses défiances et les suggestions de ses adhérens du Midi, avoit révoqué l'ordre de l'embarquement, mais heureusement trop tard. Le prince avoit mis à la voile le soir même du 16 avril, à bord du vaisseau suédois *la Scandinavie*. Ce ne fut pas sans une profonde émotion que se séparant de ce bon peuple, qui lui avoit donné tant de preuves de fidélité et de dévouement, il vit disparoître les côtes de France. Mais les royalistes se sentirent enfin soulagés lorsqu'ils apprirent qu'un vent favorable emportoit rapidement vers une terre hospitalière l'espoir et l'honneur de la France. Le 18 avril, au matin, S. A. R. arriva à Barcelonne, après une traversée de trente-cinq heures; elle y fut reçue avec les honneurs et les égards dus à son rang par le marquis de Campo Sagrado, capitaine général de la province.

Ainsi se termina une entreprise digne d'un sort plus heureux, et par la valeur de son auguste chef, et par l'intrépidité des compagnons d'armes accourus à sa voix.

Quelle différence dans nos destinées, si le duc d'Angoulême, pénétrant jusqu'à Lyon, eût pu s'y réunir à la majorité fidèle dont les vœux l'appeloient en secret; s'il eût pu rallier dans cette importante position les peuples ardens et courageux du Midi et de l'Ouest! Partout l'espérance eût fortifié les courages ou relevé les cœurs abattus. Tant de Français qui, désespérant de la patrie, se laissoient subjuguer par la terreur, et croyoient à la défection de l'Europe, auroient fui ou déserté les drapeaux de la rébellion. Alors le nouveau Marius eût pu être renversé sans le secours de l'étranger, et la patrie eût été sauvée trois mois plus tôt par ses propres enfans; alors les libérateurs de la France seroient sortis du sein même de ses provinces, comme ceux de l'Espagne sortirent jadis des montagnes des Asturies; alors enfin, nous aurions prouvé, par un grand exemple, que le sort de la France doit cesser de dépendre de la capitale, et que le gouvernement n'est pas légitime par cela seul que le siége en est Paris.

Pendant cette expédition rapide et brillante, quoique malheureuse, et qui déjà a pris son rang parmi les hauts faits d'armes de notre

histoire, M⁸ʳ le duc d'Angoulême montra autant de fermeté et de courage que s'il eût passé sa vie dans les camps. Le premier sous les armes, le dernier à la retraite, présent partout, prompt à l'exécution, résigné dans le malheur, il fit revivre en lui tous les héros de sa race. Devançant le jugement de la postérité, la saine partie de la nation s'écrie en contemplant ce petit-fils d'Henri IV : « A
» vous, prince, appartient le nom de héros, et
» non aux dévastateurs du monde. A vous
» sont dus et l'honneur et la gloire, et non à
» ces guerriers d'un courage féroce et vénal.
» Trahi, réduit à composer avec des rebelles,
» vous aimâtes mieux, digne prince français,
» vous exposer à la vengeance de l'implacable
» ennemi de votre maison, que d'abandonner
» vos braves soldats. Quel autre qu'un héros
» eût refusé de mettre sa vie en sûreté avant
» d'avoir pourvu à la conservation de ses fidèles
» compagnons d'armes? Hommage aussi aux
» royalistes du Midi, que leurs perfides adver-
» saires ont osé représenter comme des incen-
» diaires, des dévastateurs, des assassins, tan-
» dis que, pour défendre le trône légitime,
» ils s'honoroient par la discipline la plus par-
» faite, couchoient sur la dure, respectoient

» les chaumières comme les châteaux, parta-
» geoient leur bourse et leur pain tantôt avec
» les prisonniers, et tantôt avec de pauvres la-
» boureurs; c'étoient pour Dieu, le roi et la
» patrie qu'ils se battoient. Tant de courage et
» de constance ne purent triompher, il est
» vrai, de l'impitoyable destin, qui réservoit
» à la France de si grandes calamités. »

La captivité, l'embarquement du héros du Midi furent pour tous ses habitans des signaux de détresse et de soumission. Marseille eut l'honneur de succomber la dernière, avec dignité, prudence, et conservant dans sa chute une attitude noble qui imposa à ses ennemis.

Ce fut à Manosque, le 11 avril, que le lieutenant-général Ernouf apprit le malheureux résultat de la capitulation de la Palud. Il se flattoit encore de préserver la Provence avec le secours du maréchal Masséna, et d'empêcher l'armée de Grouchy de pénétrer dans cette province fidèle. Mais à son entrée à Aix, le lendemain, il est informé que le pont de Bompart est occupé par ce lieutenant de Buonaparte, et que le maréchal Masséna vient d'abandonner la cause des Bourbons. Ici les aveux, les actes imprimés de ce maréchal ne laissent plus aucun doute sur ses intentions et sur sa conduite. C'est dans Toulon qu'il a préparé sa défection avec une sorte d'appareil et de pompe. Le 12 avril il y proclame Napoléon le souverain le plus légitime qui fût jamais; lui qui avoit juré naguère de verser jusqu'à la dernière goutte de son sang pour défendre le trône de Louis XVIII. C'est à Toulon qu'il promène triomphalement dans un char le buste de l'usurpateur, à la face de dix mille spectateurs confondus et atterés. C'est de là qu'il dénonce comme royalistes le préfet (1) et le maire de Marseille; c'est de là qu'il écrit au préfet que, si, dès le lendemain, le pavillon tricolore n'est pas généralement arboré, il marchera avec de l'artillerie et des troupes afin de réduire la seule ville de l'empire qui se refuse, dit-il, à reconnoître le grand Buonaparte que la France a choisi pour souverain; c'est de là enfin qu'il fait à l'usurpateur ce rapport si connu, et dont la première phrase contient une excuse du retard apporté à l'exécution des ordres qu'il avoit reçus de lui (2).

Marseille venoit de se soumettre à la sommation menaçante du maréchal, lorsque, dans

---

(1) Le marquis d'Albertas.
(2) Par ses propres aides-de-camp qui, selon les bulletins de Napoléon, étoient venus à Lyon dès le 12 mars, recevoir ses ordres.

la soirée du 13 avril, parut aux portes de la ville le corps d'armée du général Ernouf, mèche allumée, avec la cocarde blanche et le drapeau blanc, quoique l'étendard tricolore flottât déjà sur les édifices publics. Cette ville fidèle voyoit rentrer dans son sein, alors que tout étoit subjugué, ses propres enfans avec la bannière des lis et aux cris de *vive le roi!* Le lieutenant-général Ernouf disperse aussitôt son armée, afin que chaque soldat puisse conserver ses armes, donnant ainsi les moyens à une troupe de royalistes d'opposer à l'oppression une plus longue résistance. Le peuple, accouru en foule, l'accompagne chez lui pour honorer son dévouement. Le lendemain, le général rassemble ses officiers, et en leur annonçant qu'il est dans la dure nécessité de quitter ses compagnons d'armes, il leur fait entrevoir les événemens qui se préparent pour arracher la France à l'usurpateur.

Cependant Grouchy venoit d'entrer en Provence, comme dans un pays ennemi, avec une armée qui fourmilloit d'officiers plus indisciplinés que les soldats. La ville d'Orgon eut à souffrir d'une soldatesque à qui les chefs donnoient l'exemple de tous les excès; la plupart des maisons furent enfoncées ou pillées. Marseille avoit tout à craindre d'une troupe qui, par ses propos insultans et ses chants de provocations, portoit l'effroi dans l'âme des citoyens paisibles. La contenance calme et ferme de la garde nationale imposa aux soldats de Buonaparte, et Grouchy quitta Marseille sans oser désarmer les citoyens.

Fier de la soumission des départemens méridionaux, Napoléon rassemble (1) sur la place du Carrousel une vingtaine de régimens venus de la rive gauche de la Loire, et dans une harangue adressée aux soldats et aux officiers formés en cercle, il annonce que le drapeau tricolore flotte dans tout le Midi. Reprenant son arrogance, et faisant allusion aux souverains alliés : « Soldats, dit-il, nous ne voulons pas nous
» mêler des affaires des autres nations ; mais
» malheur à ceux qui voudroient se mêler des
» nôtres, pour nous traiter, comme Gênes
» ou Genève, en nous imposant des lois
» que la nation ne veut point ! Ils trouve-
» roient sur nos frontières les héros de Ma-
» rengo, d'Austerlitz et d'Jéna ; ils y trou-
» veroient le peuple entier, et s'ils ont six
» cent mille hommes, *nous leur en opposerons*

---

(1) Le 10 avril.

» *deux millions.* » Ceci n'étoit pas une simple rodomontade ; c'étoit l'annonce de la levée générale de tous les hommes en état de porter les armes, que méditoit Napoléon, et qu'il décréta peu de jours après. N'osant parler de conscription, voulant éviter une dénomination odieuse, ou plutôt dédaignant une mesure qui ne lui auroit donné que trois cent mille soldats, il étoit décidé à lever la nation tout entière.

Il profite d'un heureux concours d'événemens qu'il ne doit qu'à la trahison, pour abuser et la France et l'Europe, en faisant annoncer par des salves d'artillerie, dans les places frontières, ce qu'il appelle la fin de nos troubles civils, tandis que les départemens de l'Ouest sont à la veille de se soulever.

Le Midi fut traité comme un pays conquis. La persécution s'étendit rapidement sur les volontaires royaux. Elle avoit commencé dès le 9 avril, au Pont-Saint-Esprit, par les actes d'inhumanité qui signalèrent la violation du traité de la Palud. Les sauf-conduits donnés aux soldats de l'armée royale n'avoient pu les soustraire aux outrages et aux violences. On avoit vu le 13ᵉ régiment d'infanterie et les officiers à demi-solde se tenir comme en embuscade au Pont-Saint-Esprit, et de là se jeter sur les volontaires désarmés pour les maltraiter et les dépouiller. La rage de ces forcenés ne put s'assouvir que par le meurtre. Plusieurs soldats royalistes furent massacrés sous les fenêtres même de Gilly. L'un d'eux, tombé sur l'une des piles du pont, fut sauvé miraculeusement, et guérit de ses blessures pour rester comme un témoignage vivant de tant d'atrocités.

Les volontaires royaux qui pénètrent dans le Gard par des routes détournées y trouvent les mêmes périls. Les uns sont égorgés à Arpailhargues (1) et à Yeuset, dans des maisons qui leur ont offert une hospitalité trompeuse; d'autres sont assassinés en plein champ. Des postes de troupes de ligne détroussent, pillent, mutilent dans les grands chemins les malheureux royalistes qui rentrent dans leurs foyers. Une partie de ceux de l'Hérault qui s'étoient jetés dans la Vaunage sont dépouillés et maltraités; quelques uns même y perdent la vie. La population presque entière de la Gardonnenque, de la Vaunage et du Vauvert, excitée par les révolutionnaires, se lève contre les volontaires royaux qui, sans armes et isolés cherchent à regagner Mont-

---

(1) Petit village aux environs d'Usez; une vingtaine de volontaires royaux y furent massacrés par les habitans.

pellier, Beziers, Toulouse et Perpignan. La Providence avoit délivré, comme par miracle, les volontaires à cheval de Toulouse, au moment où près d'entrer dans une gorge du côté de Pompidou, dans la Lozère, ils y étoient attendus par la population en masse qui, du haut des rochers, les eût écrasés en faisant rouler sur eux des quartiers de pierre (1). Ils avoient opéré leur retraite avec peine, Saint-Jean du Gard, Anduse, Alais, et tous les pays circonvoisins étant au moment de s'insurger. Une partie des volontaires toulousains fut désarmée à Nismes; l'autre se dirigea à travers les montagnes jusqu'à Toulouse. Errans et fugitifs, ils partagèrent le sort de leurs princes, et s'estimèrent heureux de souffrir ainsi pour leur roi. Riches et propriétaires la plupart, ils furent accablés de vexations et de taxes énormes, imposées arbitrairement par les lieutenans de l'usurpateur. Les bataillons royaux de Vaucluse partagèrent la persécution. En vain déposent-ils les armes pour rentrer librement dans leurs foyers. Réduits à passer au Pont-Saint-Esprit, ils sont maltraités et pillés par les soldats de Buonaparte qui, en les voyant, faisoient entendre

---

(1) Le sous-préfet de Florac ne négligea rien pour leur faire éviter le danger.

le cri assassin *à l'eau ! à l'eau !* S'échappant de leurs mains ils errent d'abord dans les montagnes du Languedoc ; puis se rapprochant d'Avignon, ils arrivent au Ponté, à une demi-lieue de la ville, et trouvent de nouveaux persécuteurs parmi leurs propres compatriotes réunis aux démagogues de Saint-Saturnin et de Vedennes, qui renouvellent sur eux les excès commis au Pont-Saint-Esprit. Le 10e régiment, si fidèle au duc d'Angoulême, devint aussi un objet de haine et d'animosité pour les buonapartistes. Il eût été pillé à son passage à Valence par l'armée de Grouchy, si les bagages n'eussent été placés dans les rangs avec un bataillon de garde. Avertis, à deux lieues de Grenoble, que le canon est braqué pour tirer sur lui à mitraille, il se hâte de prendre une route plus sûre. A Châlons, les braves soldats du 10e se voyant insultés par des attroupemens hostiles, les dispersent à coups de plat de sabre ; à Paris, Napoléon dans un discours amer et menaçant, leur déclare qu'ils iront au feu sans cartouches ; enfin à l'armée ils se voient en butte à la haine des régimens embrigadés avec eux.

Mais que peut-on comparer à l'acharnement dont les volontaires du Gard furent victimes ?

Plus près de leur pays, et connoissant mieux les routes, ceux qui avoient échappé à la fureur des soldats de Gilly et de Grouchy se flattoient de courir moins de dangers à Nismes. Vain espoir! La garde urbaine, dont une compagnie portoit le nom de chasseurs de l'île d'Elbe, gardoit les avenues de la ville avec la troupe de ligne. Les volontaires royaux qui tomboient entre leurs mains s'estimoient heureux quand ils n'étoient que dépouillés et maltraités. Le passage de Nismes devint bientôt si dangereux qu'il fallut se réfugier dans les montagnes les plus désertes pour échapper à la fureur des rebelles. On élève à près de trois cents le nombre des royalistes massacrés dans le Gard (1).

Durant le cours de ces atrocités, Gilly revenoit de l'expédition du Saint-Esprit. La garde urbaine, allant au-devant de lui et de ses satellites, offrit d'indignes lauriers à ces violateurs des traités, aux persécuteurs des défenseurs du trône. On les réunit à Nismes dans un banquet civique. Tous les partisans de l'usurpation, simples citoyens ou magistrats, concoururent aux frais de cette Saturnale, à l'issue de laquelle

---

(1) Les contrôles présentent un vide de quatre cents volontaires. Cent ont péri sur le champ de bataille : que sont devenus les trois cents autres?

les soldats dévastèrent deux maisons de royalistes pour mieux semer la terreur dans le parti fidèle.

A peine les volontaires royaux en fuite arrivoient-ils dans leurs familles qu'on les arrachoit aux embrassemens de leurs mères et de leurs épouses, sous prétexte qu'ils appartenoient à l'armée active. Ceux du Gard, sans distinction d'âge, de rang, ni de fortune, furent désignés pour l'armée de Napoléon. Plusieurs officiers étoient détenus dans la citadelle de Nismes, d'où on les transféra dans les places de Besançon, Béfort et Grenoble ; d'autres, tels que le colonel Magnier et le capitaine Esperandieu, furent enfermés au château d'If. Ce ne fut qu'après le rétablissement de l'autorité du roi qu'ils purent reparoître librement dans leurs foyers. On poursuivit partout les volontaires comme déserteurs, et le séquestre fut ordonné sur les biens des royalistes qui, en fuite ou à l'écart, ne cherchoient qu'à se soustraire aux vengeances et aux persécutions ; on les assimila aux serviteurs fidèles qui avoient suivi le roi, sans être arrêtés par des préventions décourageantes ni par le spectacle de l'infortune des premiers émigrés. Il suffisoit à un royaliste du Midi de donner le moindre ombrage à la faction triomphante pour être atteint soit par l'exil, soit par les arrestations arbitraires. On eût dit que l'usurpateur et ses adhérens se vengeroient de la fidélité et du courage des défenseurs du trône qui venoient de les forcer de diriger contre eux les troupes destinées à la conquête du Piémont et de l'Italie.

D'un autre côté, les récompenses furent prodiguées par Napoléon à ceux qui l'avoient servi avec le plus de zèle dans cette espèce de combat livré à légitimité, au malheur et à la vertu. Chartrand obtint le commandement d'une brigade (1), et Gilly des faveurs plus éclatantes. Il vint dans la capitale rendre hommage à son maître, et y recevoir le prix de ses odieux exploits. Nommé comte, commandant de la 9e division militaire, il obtint aussi le titre et les pouvoirs de commissaire extraordinaire dans le Midi (2). L'attente du commissaire impérial Teste ne fut pas non plus déçue; en récompense de ses services, et de ceux qu'il pouvoit rendre encore, il reçut le commissariat général de police de

---

(1) Dans le corps d'armée du général Mouton-Lobeau; il fit partie ensuite de l'armée de la Loire, fut traduit, en 1816, devant une commission militaire, à Lille, condamné à mort, et exécuté.

(2) Compris dans l'ordonnance du 24 juillet: il a été condamné à mort par contumace, en 1816.

Lyon (1); de là il lui étoit facile d'exercer sa suprématie sur les révolutionnaires des provinces méridionales. Le général Delaborde fut nommé conseiller d'Etat, et la pairie fut réservée à Decaen et à Clausel; enfin jusqu'au bâton de maréchal de France fut prodigué à Grouchy pour avoir retenu prisonnier le duc d'Angoulême, au mépris d'une capitulation solennelle. Tout le Midi fut consterné, et bientôt un voile funèbre s'étendit sur le reste de la France.

---

(1) Lieutenant du huitième arrondissement de police, comprenant les départemens du Rhône, de l'Ain, de l'Allier, de la Nièvre, de Saone et Loire, de la Loire, du Puy-de-Dôme, de la Drôme, du Mont-Blanc, et du Jura.

FIN DU TOME TROISIÈME.

TABLE DES MATIÈRES.

LIVRE XXII.

Situation intérieure de la France après la paix de Paris. — Administration royale. — Etat politique de l'Europe. — Congrès de Vienne. — Opérations du congrès. — Plaintes des mécontens. — Fermentation générale. — Napoléon et Murat se concertent Pag. 1.

LIVRE XXIII.

Conspiration du 20 mars. Pag. 43.

LIVRE XXIV.

Préparatifs de Napoléon à l'île d'Elbe : il met à la voile, et débarque au golfe Juan. — Sa marche vers le Dauphiné. — Conduite des autorités locales. — Dévouement des Provençaux paralysé. — Leur indignation contre le maréchal Masséna. — Mesures du gouvernement royal; situation de Paris à la nouvelle du débarquement de Napoléon. — Départ de MONSIEUR pour Lyon. — Défection du colonel Labedoyère ; occupation de Grenoble par Buonaparte. — Ses premiers décrets. — Défection de la garnison de Lyon; soulèvement de la populace; entrée de Buonaparte dans cette ville. — Ses décrets de Lyon. — Sa nouvelle politique. — Ses adieux aux Lyonnais. Pag. 137.

LIVRE XXV.

Révolte des lieutenans-généraux d'Erlon et Lefebvre-Desnouettes. — Résistance honorable du général d'Aboville à la Fère et des chasseurs de Berry à Compiègne. — Dénonciation à la Chambre des Députés contre le maréchal Soult. — Le duc de Feltre reprend le porte-feuille de la guerre. — La conspiration du Nord est déjouée. — Paris manifeste sa fidélité pour les Bourbons. — Armement des volontaires royaux. — Arrivée du maréchal Ney à Besançon. — Sédition du 76e régiment à Bourg en Bresse. — Défection du maréchal Ney. — Marche de Buonaparte sur Paris. — Tableau de cette capitale pendant la crise du 20 mars. — Arrivée de Napoléon à Auxerre. — Séance royale. — Défection de la garnison de Paris. — Départ du Roi. — Consternation des Parisiens. — Invasion des Tuileries par les buonapartistes. — Entrée sinistre de Buonaparte dans Paris. Pag. 214.

LIVRE XXVI.

Paris au 21 mars. — Grande revue au Carrousel. — Harangue de Napoléon à ses soldats. — Etablissement du gouvernement usurpateur. — Ses premiers actes. — Défection de l'ancienne garde impériale. — Dévouement et fidélité du maréchal duc de Reggio et de son fils. — Défection du général Rigau à Châlons-sur-Marne. — Résistance honorable du maréchal duc de Bellune. — Retraite de Louis XVIII et de sa maison militaire. — Son licenciement à Neuve-Eglise. — Défection entière de la Franche-Comté, de toute l'Alsace et de la place de Metz. — Energie du congrès de Vienne. — Déclaration du 13 mars. — Projet d'enlèvement de l'archiduchesse Marie-Louise et de son fils. — Traité du 25 mars, base de la croisade européenne contre Napoléon. — Tentative infructueuse pour armer la Vendée. — Soumission d'Angers, Nantes, Rennes, Tours, Orléans, et des provinces du Maine et de Normandie. Pag. 318.

LIVRE XXVII.

Situation de Bordeaux aux approches du 20 mars. — Départ de Mgr le duc d'Angoulême pour Nismes. — Ardeur et dévouement des royalistes du Midi. — Organisation de l'armée royale. — Sa marche vers Lyon. — Le général Debelle, à la tête des révoltés de la Drôme, s'oppose aux desseins de Mgr le duc d'Angoulême. — Combat de Montélimart. — Succès de l'armée royale. — Combat de Loriol; passage de la Drôme et défaite des buonapartistes par Mgr le duc d'Angoulême. — Entrée de S. A. R. à Valence. — Préparatifs de défense à Lyon. — Levée en masse contre les royalistes. — Mission des généraux Piré et Grouchy contre le duc d'Angoulême. — Marche du lieutenant-général Ernouf sur Gap et Grenoble. — Défection du général Gardanne. — Conspiration du Midi. — Mission du général Chartrand. — Révolte des garnisons de Nismes et de Montpellier. — Gilly, à la tête des rebelles, occupe Saint-Esprit, et coupe la retraite à l'armée royale. — Convention militaire de la Palud. — Captivité du duc d'Angoulême. — Héroïsme de la duchesse d'Angoulême à Bordeaux. — Entrée du général Clausel dans cette ville. — Soumission de Toulouse, de Montauban et de Carcassonne. — Embarquement du duc d'Angoulême à Cette. — Défection du maréchal Masséna. — Soumission de Marseille. — Persécution et massacre des volontaires royaux. Pag. 385.

www.ingramcontent.com/pod-product-compliance
Lightning Source LLC
Chambersburg PA
CBHW070838230426
43667CB00011B/1843